빚 권하는 사회, 빚 못 갚을 권리

제윤경 지음

빚
권하는 사회

빚
못 갚을 권리

왜 빌린 자의
의무만 있고
빌려준 자의
책임은 없는가

⫴책담

약탈자에 맞선 통렬한 외침에
응원을 보내며

유종일
KDI국제정책대학원 교수, 지식협동조합 좋은나라 이사장

개인의 자유로운 선택과 경쟁을 바탕으로 하는 시장경제는 참 좋은 경제제도다. 시장 수요로 표현되는 사회적 가치(사람들이 원하는 것)를 생산해내는 사람에게 보상이 주어지는 정의로운 제도이고, 그 가치를 가장 효율적으로 생산하는 기업으로 자원이 배분되는 효율적인 제도다. 이런 일을 더 잘하는 방법을 고안하도록 끊임없이 혁신을 고취하는 역동적인 제도이기도 하다. 그래서 나는 시장경제를 강력하게 옹호한다.

그러나 시장을 적절하게 규제하고 보완하지 않으면 시장경제는 아주 나쁜 제도로 전락하고 만다. 혁신적이고 효율적인 방

법으로 사회적 가치를 생산하여 돈을 버는 것이 아니라 남의 것을 빼앗고 약자를 착취하여 돈을 버는 일이 많아진다면 정의가 무너지고, 효율이 망가지며, 혁신도 지체될 것이다. 돈과 힘, 정보를 가진 자가 못 가진 자들을 쥐어짜면서 양극화는 날로 심화되고 공동체는 파괴될 것이다. 그래서 재산권 보호와 더불어 약자 보호를 위한 규제는 건강한 시장경제 발달의 필수 요소다.

안타깝게도 오늘날 한국 경제의 현실을 둘러보면 가치 창출보다 가치 약탈로 돈을 버는 일이 만연하고 있음을 확인할 수 있다. 대주주에 의한 소액주주 권리 침탈, 생산성은 증가하는데 실질임금은 올려주지 않아 기업 이윤만 확대시키는 노동 착취, 대기업이 하청기업을 쥐어짜는 불공정 거래, 장사 좀 잘되면 임대료를 올려버리는 건물주에 의한 임대인 갈취, 본사가 가맹점이나 대리점을 후려치는 갑질 횡포 등이 그런 사례다.

정보의 비대칭이 크고 돈의 힘이 적나라하게 작용하는 금융산업의 경우에 문제는 더욱 심각하다. 금융기관은 위험한 투자를 감행해서 고수익을 거두고 그러다 망하면 국민의 세금으로 구제받는다. 지식과 정보가 부족한 금융소비자들을 꼬드겨서 고위험 상품에 투자하게 하고, 망하면 투자자 책임이라고 발을 뺀다. 금융의 못된 짓 중에서도 가장 악질적인 행위는 약탈적 대출이다. 빚을 갚을 능력이 없는 사람들에게 마구잡이로 돈을 빌려주고 온갖 비인간적인 방법을 동원하여 두고두고 '마른 수건 쥐어짜기'로 돈을 뽑아내는 일이다. 이는 가계부채 통계에도 잡히지 않는 비참함과 신음소리를 우리 사회 밑바닥에 양산하고 있다. 일시적 돌림병보다 훨씬 심각한 사회적 해악이다.

시장을 맹신하는 이들, 약탈적 자본의 변호인들은 규제를 무조건 반대한다. 거래 당사자들이 서로의 선호와 필요에 의해 합의한 거래라면 정부가 끼어들 이유가 없다는 것이다. 약자를 보호한다는 규제가 오히려 약자에게 해가 된다고 주장한다. 예를 들어, 아동노동을 금지하면 아동이 벌어오는 작은 임금이라도 꼭 필요한 가난한 가정에 큰 타격이 될 수 있으며, 이자율을 제한하면 급전이 필요한 서민들은 돈 빌릴 길이 막혀 큰 피해를 입을 수 있다고 한다.

일리가 있는 듯하지만 잔인하고 무식한 주장이다. 이런 거래는 본인의 미래를 위해 나쁜 것임을 알면서도 당장 사정이 급하여 마지못해 하는 것이지 진정으로 자유롭고 자발적인 거래는 아니다. 이런 다급한 상황에 처한 사람들에게는 사회가 도움을 주어 스스로의 미래를 파괴하는 일이 없도록 해야 한다. 이것이 바로 복지다. 어린이는 학교에 갈 수 있도록 하고, 가족이 직장을 잃거나 병이 들어서 급전이 필요한 경우에 사회보험으로 해결해 주는 것이 현대 복지국가의 기본 정신이다. 약자 보호를 위한 규제와 약자가 약탈적 거래를 거부하고 시장 경쟁에 효과적으로 참여할 수 있도록 뒷받침하는 복지시스템은 서로 맞물리는 것이며, 이는 건강한 시장경제 발달의 필수 요소다.

사실 경제적 약자에 대한 착취가 만연했던 19세기 자유방임 자본주의 시대에 비해 규제와 복지가 발달한 20세기에 경제성장률이 훨씬 높았다. 하버드대학교의 클라우디아 골딘Claudia Goldin 은 20세기가 '인적 자본'의 세기였다고 말한다. 약자들의 미래를 파괴하지 않고 사회가 '인적 자본' 축적을 책임져서 모두의 생산성이 높아졌기 때문에 성장도 잘했다는 것이다. 그런데 20세기 말엽 1980년대 이후에 글로벌 금융자본주의가 득세하면서 규제와 복지를 반대하고 시장 만능을 외치는 신자유주의 사조가 유행하게 되었다. 우리나라의 경우는 규제와 복지를 제대로 해본 적도 없으면서 이 몹쓸 사조까지 들여와서 약자들이 살기 참 어려운 나라가 되고 말았다. 양극화가 날로 심화되고 만성적인 민생 위기가 지속되고 있다.

2008년 글로벌 금융위기를 계기로 신자유주의의 폐해를 절감하고 1대 99 사회의 모순을 해결해야 한다는 목소리가 높아졌다. 우리나라에서도 지난 총선과 대선 당시에 주요 정당과 후보들이 이구동성으로 경제민주화와 복지국가를 외쳤다. 약자 보호

와 복지 확대로 모두가 더불어 잘사는 나라를 만들자는 데 국민
적 합의가 형성되었다. 박근혜 후보는 '국민행복기금'을 통하여
악성 채무에 시달리는 서민들의 문제를 해결하겠다는 공약도 내
놓았다. 하지만 박근혜 정부가 출범하고 난 후 얼마 되지 않아 경
제민주화는 실종되었고, 복지 공약은 후퇴를 거듭했다. 그 빈자
리에는 경제 활성화와 규제 완화가 들어섰으니 그야말로 후안무
치고 공약 사기다.

이 책은 우리 사회에 만연한 약탈적 대출의 문제를 파헤치고
있다. 금융회사는 책임을 피하고 서민들은 죽어나는 현실을 고
발하고 있다. 어떻게 '국민행복시대'가 '서민절망시대'가 되어버
렸고, '국민행복기금'은 '은행행복기금'으로 전락했는지 보여준
다. 그리고 이 책은 악성 채무에 시달리는 이들에게 가진 자들이
덮어씌운 '도덕적 해이'라는 올가미를 벗어던지고 이젠 빚을 그
만 갚으라고 권한다. 우리 사회가 이들에게 채무노예 상황에서
벗어나 새 출발을 할 수 있는 기회를 주어야 한다고 주장한다. 위
기에 처한 사람들에게 고리로 급전을 빌려주는 것이 아니라 복지
제도로 구원의 손길을 뻗는 나라다운 나라가 되자고 호소한다.

이 책의 저자 제윤경 에듀머니 대표는 오랫동안 약탈적 대출
의 피해자들을 돕기 위해 씨름해온, 시궁창 속의 연꽃 같은 존재

다. 어느 학자나 정치가 못지않게 중요한 경제민주화의 전사다. 그는 말한다. "나는 아주 상식적인 생각을 바탕으로 채무자 구제 운동에 점점 깊이 빠져든다. 어떤 단단한 신념이나 이론, 이념 같은 것들 때문이 아니다. 그저 사람들이 돈 때문에 죽거나 좌절하거나 지옥 같은 삶을 살지 않기를 바랄 뿐이다. 돈보다 사람이 중요하다는 생각, 금융권의 수익성 때문에 사람들의 인격을 모욕해서는 안 된다는 아주 평범하기 그지없는 생각뿐이다." 이 평범한 생각은 사실 현대사회의 역사적 진보를 뒷받침한 위대한 생각이며, 단단하고 정교한 이론과 완전히 부합하는 생각이다. 이 평범한 생각이 천대를 받은 결과가 세월호의 비극이고 메르스 사태의 공포다.

많은 이들이, 특히 빚에 시달리는 이들이 이 책을 읽었으면 좋겠다. 나는 제윤경 대표의 외침이 더 멀리 더 크게 들리도록 확성기 역할을 해야겠다.

모두가 빚으로부터 해방되는
그 날을 꿈꾸며

이 책을 쓰는 사이에도 가계부채 총액은 여러 차례 기록을 깨고 있습니다. 지난해부터 원고를 쓰기 시작해 글을 다듬으면서 저는 몇 번이나 숫자를 바꿔야 하는 불편을 겪고 있습니다. 아마 이 책이 출간될 때쯤에는 또 다른 기록 경신이 있지 않을까, 하는 생각마저 듭니다.

올 4월 한 달에만 가계 빚이 10조 원 이상 증가했습니다. 한 달 증가 폭으로는 가장 큰 규모입니다. 총액의 기록을 깨는 것으로도 모자라 월 단위 증가액도 기록을 갈아치우고 있습니다. 이 정도라면 가계 빚 문제에 있어 우리 경제는 심각한 중병을 앓고 있는 상태임이 분명합니다.

그런데도 여전히 정부는 '관리가 가능하다'며 한 걸음 물러서 있고 상당수 경제학자들도 아직은 괜찮다고 주장합니다. 사람들은 빚 때문에 소비할 여력이 줄어들고, 더 높은 이자의 빚으로 기존 빚을 갚는 일이 반복되면서 자살이라는 극단적 선택에 이르기도 하는데 그들의 말이 과연 옳을까요? 지독한 빚 독촉을 견디지 못하고 절망에 빠진 사람들 가운데 혼자 세상을 등지는 것이 아니라 가족들과 함께 죽음을 선택하는 비극이 이어지고 있습니다.

올 초 일가친척이 모두 모이는 설날, 거제의 한 가족이 싸늘한 시신으로 발견되었습니다. 검찰의 부검 결과 35세의 가장이 배우자와 아이들을 숨지게 한 뒤 스스로 자살한 것으로 밝혀졌습니다. 배우자는 물론 꽃 같은 자식들마저 함께 죽일 수밖에 없었던 이 비극의 배경은 평소 '빚 문제로 고민해왔다'라는 한 줄의 말로 요약할 수 있습니다.

1월에는 전남 여수에서 채무와 생활고에 시달리던 20대 가장이 가족들을 차에 태워 바다에 추락시킨 뒤 자신만 살아 나와 집에서 목숨을 끊은 사건이 있었습니다. 지난해 12월에는 40대 가장이 사업 실패로 큰 빚을 안고 세 살 된 딸과 함께 세상을 등졌습니다. 10월에는 한 가족이 부동산 경매로 빚만 안게 되자 엄마와 딸이 먼저 죽고 남편이 뒤따라 자살하는 사건도 발생했습니다. 당시 열세 살이었던 딸은 '나랑 엄마랑 먼저 갔다고 너무 슬퍼하지 마. 그리고 따뜻하게 입고 잘 차려 먹고. 나랑 엄마랑 의식이 있어도 깨우지 말고 행복하게 가게 해줘'라는 슬픈 유서를 남겼다고 합니다. 거의 한 달에 한 번 꼴로 가족 동반 자살과 같은 끔찍한 사건들이 이어지고 있습니다.

국민이 아니라, 금융사가 아프지 않게 '관리'하는 정부 정책

이쯤 되면 이들을 죽음으로 내몬 빚의 위력은 '반드시 갚지 않으면 도덕적으로 비난받아 마땅한 사회적 명령' 수준이라고 할 수 있을 것입니다. 가계부채가 1,200조 원이 넘어서고 빚으로 인한 자살 사건이 연이어 발생해도 우리 사회는 개인 빚을 탕감해주거나 깎아주는 일은 절대 있어서는 안 될 일처럼 금기시합니다. 모두가 한 목소리로 빚을 갚지 못하는 사람을 '죄인'으로 단정 짓습니다.

이런 현실에서 정부의 "관리 가능하다"는 말은 대체 무슨 뜻일까요? 사람들이 빚으로 고통받지 않고, 빚에 허덕이며 극단의 선택을 하지 않으며, 빚 독촉 때문에 인권이 침해되는 일이 없도록 하는 관리일까요? 아니면 은행을 비롯한 금융사들이 망하지 않게 하는 관리일까요?

후자라면 경제학자들조차 여러 지표들을 종합해 근거가 있다고 하니 정부의 주장이 일단은 맞는다고 해둡시다. 그러나 정부의 "관리 가능하다"는 말의 관점이 후자에 국한되어야 할까요? 사람들이 죽어나가든 말든, 공공연하게 인권이 침해되든 말든, 금융사만 안전하면 정부의 할 일은 없는 걸까요? 세월호와 같은 대형 사고가 발생할 때마다 우리는 '국가란 무엇인가'라는 뼈아픈 질문에 직면합니다. 그만큼 정부의 무능 앞에서 꽃다운 아이들이, 힘없는 서민들이 죽음을 당하고 외면을 당하는 처절한 현실 때문입니다.

금융사들의 건전성 지표에 별다른 징후가 없으니, 그러니까 연체율도 안정되어 있고 부실비율도 높지 않으니 개인들의 빚은 늘든 말든, 가계부채 비율이 가처분 소득 대비 160퍼센트 넘어 전 세계적으로 최고 수준으로 악화되든 말든, 금융사가 아프지 않는 한 어떤 조치도 취하지 않는 정부를 보면서 다시 한 번 '국가란 무엇인가'라는 질문이 머릿속을 맴돕니다.

물론 정부는 간혹 '안심전환대출' 같은 대책을 내놓기도 합니다. 그러나 정부가 LTV, DTI 등의 규제를 완화해 빚을 늘리던 가운데 유일하게 내놓은 채무자 대책이었던 안심전환대출은 그야말로 또 하나의 엉터리 메르스 대책과 같았고 많은 사람들이 이에 분노했습니다. 30퍼센트가 넘는 고금리에 신음하는 사람들은 제쳐두고 4퍼센트도 안 되는 저금리로 담보대출을 갖고 있는 사람들에게만 혜택이 돌아가는 정책이었으니까요.

마치 병든 사람들은 모르겠고 건강한 사람들이 병들지 않게 영양제를 주겠다는 식입니다. 물론 건강한 사람을 더 건강하게 만드는 일이 나쁜 것은 아닙니다. 다만 병든 사람들이 적지 않고 그들은 절실하게 정부의 대책을 필요로 하는데 정작 그들을 외면하면서 건강한 소수를 위한 정책만을 고집하는 것은 문제입니다. 전염병 공포가 사회 전체를 감염시키고 있는 가운데 관광객들에게 한국 관광 중 메르스에 걸리면 보험금을 주겠다고 하는 황당한 정책과 같습니다. 무능을 넘어 생각이 없는, 분노의 감정조차 생기지 않을 정도로 어처구니가 없는 정부의 대책들입니다.

거의 모두가 빚을 진 사회, 각자도생을 부추기는 환경

이와 같은 정부의 잔인한 정책이 반복되는 데는 여론의 영향도 없지 않습니다. 우리나라 사람들은 연체자에 대해 관대하지 않습니다. 빚을 갚지 못하는 상태를 용납하지 않으려 하는 사회적 정서가 강합니다. 아마 '내 빚' 때문에 '타인의 빚'에 인색해지는 것이 아닐까 싶습니다.

현재 우리나라 사람들의 10명 중 6~7명이 채무를 짊어지고 있습니다. 사람들은 빚에 대해 그 어느 때보다 개인주의적 입장으로 공감보다는 배척, 연대보다는 각자도생해야 할 상황에 처해 있습니다.

자신은 월급이 들어오자마자 30퍼센트 이상을 이자 비용으로 지출하며 살아가고 있으니 빚 때문에 힘든 사람들을 구제해야 한다는 이야기가 불편하게 느껴질 만도 합니다. 내가 힘겹게 갚고 있으니 다른 사람들도 이유 불문하고 갚아야 한다고 믿게 됩니다. 결국 채무자 구제 프로그램은 언제나 인기 없는 정책이 되고 맙니다. 그 덕에 언론은 이자를 깎아주거나 채무 취약 계층들을 구제하는 프로그램에 '형평성' 문제를 제기하거나 '도덕적 해이'라며 무차별 공격을 가합니다. 정부가 의도적으로 이러한 감정을 이용하고 있는 것이 아닐까 하는 생각까지 들 정도입니다.

당신의 빚을 헐값에 팔아먹는 야만적 금융 시스템

이렇게 제 빚 갚기에도 벅찬 많은 사람들은 각자도생하느라 금융 시스템 안에서 벌어지는 야만적인 실상을 눈치 채지 못합니다. 특히 채권이 땡처리 되고 있다는 사실을 아는 사람은 거의 없습니다. 책 본문에서 자세히 설명하겠지만 금융사들은 연체된 채권을 오래 보유하지 않습니다. 3개월 이상 연체되면 대부업체 등에 헐값에 팔아버립니다. 10년 이상 빚을 갚지 못해 추심에 시달리는 채무자들은 때에 따라 대부업체들이 바뀌어가며 빚 독촉을 한다고 고통을 호소합니다. 대부업체가 바뀔 때마다 추심 강도가 강해지는 것은 물론입니다.

이러한 빚 땡처리는 미국에서는 금융위기 이후 위기 대책의 하나로 이뤄진 불가피한 조치였다고 합니다. 금융위기를 극복해야 한다는 명분으로 금융사들에게 부실자산을 쉽게 처리하도록 함으로써 부채 조정을 신속하게 해준 것입니다. 그러나 이러한 정책이 어려움에 빠진 채무자를 보호하는 것을 막았고, 경기 침체의 강화 및 사회적 비용의 증가를 가져왔다는 비판을 받기도 합니다.(유경원 상명대 금융경제학과 교수, 지식협동조합 좋은나라의 제16회 정책포럼 "가계부채 문제, 진단과 처방" 토론회 내용 중).

금융사의 부실은 손쉽게 처리함으로써 부실대출의 실태를 감추고, 채무자는 여러 채권자에게 시달리도록 하는 채권 땡처리 사업이 우리나라에서는 일상적입니다. 게다가 금융사는 채권 땡처리 시장에서 또 다른 수익원을 확보합니다.

저는 이러한 야만적인 현실을 내버려두어서는 안 된다고 생각했습니다. 물론 돈을 빌렸으면 갚아야 하는 것이 상식입니다. 하지만 못 갚을 경우 어떤 형태의 형벌도 감수해야 한다는 식의 생각을 강요하는 것은 야만적입니다. 강의를 하러 다니면서 많은 분들에게 채권이 땡처리 되고 있다는 사실을 알렸습니다. 역시나 대부분의 사람들이 저처럼 놀라움과 분노를 표했고 이런 현실을 바꿔야 한다고 말했습니다. 은행은 물론이고 정부 기관인 예금보험공사와 자산관리공사에서조차 채권을 대부업체에 매각하고 있는 현실에도 많은 사람들이 황당해 했습니다.

여기서 저는 '빚은 반드시 갚아야 한다'는 사회적 감성은 약속을 지켜야 한다는 정도의 상식이었음을 알게 되었습니다. 사람들이 말하는 이 약속은 인권이 침해되고 모욕적이며 권리가 쉽게 매매 되는 시장까지 허용하는 것은 아니었습니다. 단지 많은 사람들이 채권시장에서 벌어지는 이 끔찍한 일들에 대해 잘 모르고 있었을 뿐입니다. 그래서 채권 소각 운동을 시작했고 이제는 그 운동을 좀 더 일상적이고 적극적으로 전개하기 위한 또 하나의 프로젝트를 준비하고 있습니다.

야만적 금융 시스템을 역이용하는 '주빌리 은행'의 꿈

저는 '주빌리 은행'을 만들어 사람들을 빚으로부터 자유롭게 해주는 꿈을 실천하기 시작했습니다. 채권시장에 직접 뛰어들어 채권을 매입해 괴롭히는 것이 아니라 자유롭게 해줄 것입니다. 우리가 사들인 채권을 회수하기 위해 가재도구들을 압류하는 것이 아니라 복지를 연계해 더 나은 일자리를 갖도록 도울 것입니다. 전화를 걸어 빚 갚으라고 위협을 가하는 것이 아니라 용기를 주고 함께 문제를 해결하자고 독려할 것입니다. 집에 찾아가 아이 앞에서 망신을 주는 것이 아니라 함께 미래 설계를 하고 저축 계획을 수립할 것입니다.

금융위원회가 추산하는 채무 취약 계층이 350만 명에 달하고, 매일 40여명이 자살하는 끔찍한 나라, 대한민국. 사회적으로 가장 큰 손실은 사람을 잃는 것입니다. 빚 독촉에 시달리는 많은 분들이 한때는 우리 사회 건실한 일꾼이었고 한 가정의 든든한 가장이었습니다. 금융사들이 인격 없는 돈벌이에 혈안이 되어 있는 동안 우리 사회는 가장 큰 자산인 사람을 잃고 있습니다. 우리는 그 누구라도 그런 끔찍한 환경에 방치해서는 안 된다고 믿습니다. 그것이 바로 제가 이 책을 쓰고 많은 사람들과 주빌리 은행을 만드는 이유입니다.

한 블로거가 우리나라의 심각한 자살률을 선명하게 그려내는 작업을 했습니다. 그에 따르면 매일 직장인들이 퇴근을 하는 6시 즈음 고등학교 한 반의 학생 수 만큼이 자살을 합니다. 한 달이면 300세대 아파트 주민 전체가 자살하는 수준입니다. 지금 대한민국은 매달 세월호의 비극을 반복하고 있는 셈입니다. 먹고살기 힘든 나라에서 점점 살아남기 힘든 나라로 변하고 있다는 말이 결코 과장이 아닙니다. 자살의 가장 큰 사유 중 하나가 빚 문제라고 한다면, 빚 문제는 이제 일상의 테러나 다름없습니다. 분노할 겨를도 없이 소리 소문도 없이, 모든 것이 자기 탓이라는 자책과 더불어 숨소리조차 내지 못하고 당하고 마는 테러입니다.

시민들의 모금을 통해 오래 연체된 채권들을 매입해 구제하는 사업인 주빌리 은행은 특정 채무자만을 구제하고자 하는 프로젝트는 아닙니다. 저는 이 프로젝트를 통해 우리 사회가 빚 문제에 있어서도 연대할 수 있고, 소리 내어 저항할 수 있고, 분노할 수 있고, 나아가 함께 대안을 만들 수 있음을 말하고 싶습니다. 빚 때문에 생과 사를 넘나드는 사람들, 일상이 파괴될 위험에 처한 사람들, '빚진 죄인'이라는 심정으로 극단적인 수치심에 괴로워하는 사람들에게, 당신들도 존엄하게 살 권리가 있고 그 권리를 함께 지키고 되찾자는 연대의 목소리가 가 닿기를 바랍니다. 궁극적으로는 제도적인 안전망이 마련되어야 하지만 당장 구멍 난 틈 안에서 벌어지는 금융의 약탈적인 행태를 함께 지적하고 개선하고 틈을 메우는 것부터 시민들과 함께 하려 합니다.

여전히 '그래도 빚은 갚아야 하지 않나?'라는 의구심이 떨쳐지지 않을 수 있습니다. 하지만 언론과 금융에 의해 숨겨진 잔혹 스토리들을 낱낱이 접하고 나면 전혀 다른 생각이 들 것입니다.

이 책에 서술한 수많은 채무자들의 고통, 그들의 일상을 훔쳐가는 금융의 맨얼굴을 보고 나면 많은 독자들의 마음에 자연스럽게 주빌리 은행의 착한 주주가 되겠다는 생각이 들 것이라 기대해봅니다.

| 차례 |

3장 금융제도: 1대 99, 법은 누구의 편인가 143

4장 독촉: 추심은 어떻게 인간의 권리를 침해하는가 193

1장

—

빚,
왜 나만의
문제가 아닌가

가난할수록 불평등을
옹호하는 사회

이상한 일이다. 인류 역사 상 가장 불평등이 심각한 세상을 마주하고 있고, 경제학자들 사이에서 오랜만에 불평등이 핵심 논쟁거리가 되고 있는데도 여전히 '세상은 조용하다.'

1990년에는 영국의 〈선데이타임스The Sundays Times〉가 선정하는 200대 부자 목록에 들어가는 영광을 거머쥐려면 5,000만 파운드(한화 약 870억 원)만 있으면 됐다. 그런데 2008년에는 4억 3,000만 파운드(한화 약 7,500억 원)가 필요하다. 부자 대열의 문턱이 아홉 배나 껑충 뛰어오른 것이다.

세상에는 어느덧 흔해 빠진 이야기가 되어버린 불편한 숫자들이 넘쳐난다. 전 세계 최고 부자 1,000명의 부를 모두 합치면 가난한 사람 25억 명의 부를 합한 것의 두 배에 가깝다. 최상위 1퍼센트 부자들의 재산을 모두 모으면 하위 50퍼센트의 사람들이 가진 재산 총합에 거의 2,000배에 이른다. 지구에서 생산된 재화의 90퍼센트를 상위 20퍼센트가 소비하고, 가장 가난한 사람 20퍼센트는 겨우 1퍼센트만을 소비한다.

1960년대에는 미국 내 대기업 최고경영자의 세후 평균 보수가 공장 노동자 평균 임금의 열두 배였다. 하지만 40년이 지난 2000년에는 531배로 늘었다. 중간 계층의 사람들도 노력하면 더 잘살 수 있다는 신화가 완전히 깨지고, 그 자리를 1퍼센트의 부자와 99퍼센트의 빈자라는 극단적인 불평등이 채우고 있음을 보여주는 증거는 곳곳에 넘쳐난다.

요즘 한국은 '피케티앓이' 중이다. 불평등과 관련된 세계적 논쟁에 불을 지핀 프랑스의 경제학자 토마 피케티Thomas Piketty는 《21세기 자본》이라는 책을 통해 경제학계의 수퍼스타로 부상했다. 그의 핵심 이론은 자본 수익률이 경제성장률보다 높다는 것이다.[1] 자본 수익률이 경제성장률보다 높다는 것은 그만큼 임금

1 자본 수익율이 경제성장률보다 높다는 피케티의 핵심 공식은 최근 그레고리 맨큐 등의 주류 경제학자들로부터 거센 비판을 받았다. 피케티가 사용한 통계자료에 오류가 있다는 주장과 '불평등은 경제성장의 결과인 동시에 경제성장의 원동력'(앵거스 디턴)이라는 비판에 직면한 것이다. 이에 피케티는 새로운 논문에서 이 공식을 일부 수정하였으나 이 공식이 21세기의 불평등의 궤적을 예측하는 유일한 지표가 아니며 다양한 불평등 심화 요소가 있다고 반박했다.

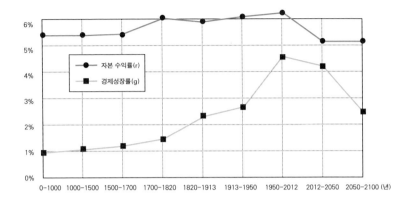

고대부터 현대까지 인류의 자본 수익률과 경제성장률
자료: 토마 피케티, 《21세기 자본》, 장경덕 외 옮김, 글항아리, 2014

으로 돌아가야 할 몫이 소수의 자본 수익으로 귀결됨으로써 불평등이 극대화된다는 것을 의미한다.

대한민국의 통계치가 반영되지 않았지만 우리나라 사람들이라면 누구나 자본 수익률이 열심히 일해서 얻는 대가보다 크다는 것을 직관적으로 알고 있다. 열심히 일해서 부자가 될 가능성보다 부동산 투자나 재테크로 부자가 될 확률이 더 높다는 믿음은 보편적이다. 특히 피케티 비율 중 하나인 β값에 주목할 필요가 있다. β값은 자본의 가치를 국민소득으로 나눈 값으로, 이 수치가 크면 클수록 국민소득에 비해 자본의 가치가 높다는 것을 의미한다.

1장 빚, 왜 나만의 문제가 아닌가

칼폴라니연구소 정태인 소장은, 2014년 9월 새로운사회를여는연구원과 함께 한국은행과 통계청이 최근 발표한 국민대차대조표를 근거로 한국의 β값을 추산했다. 정태인 소장의 계산에 따르면 2000년에 5.8이었던 수치는 2012년 7.5까지 껑충 뛰어올랐다. 이는 국민소득에 비해 자산의 총합이 일곱 배가 넘는다는 말이다. 피케티의 책에서 β값이 가장 큰 나라들은 이탈리아와 일본인데, 이들 나라의 β값은 5에서 6이다. 결국 이 계산에 따르면 우리나라는 국민소득에서 자산가가 가져가는 몫이 가장 높은, 가장 불평등한 나라라는 결론이 나온다. 이 분석의 진위 여부를 떠나 우리나라 사람들은 불평등에 대한 상대적 박탈감과 좌절감이 크다.

"돈이 돈을 번다고 생각하세요?" 교육을 할 때마다 수강생에게 묻는 질문이다. 수년간 강의를 하며 이 질문을 던져보았는데 수강생들의 반응은 한결같았다. 돈이 돈을 버는 것이 당연하고 명백한 사실이라고 여기고 있었다. 이어서 두 번째 질문을 던진다. "그렇다면 당신의 돈은 돈을 벌고 있나요?" 이 질문에는 대부분 씁쓸한 웃음을 지으며 그렇지 않다고 답한다.

"나는 열심히 뼈 빠지게 일해도 부자가 되기는커녕 가난해지지 않으면 다행인데, 누군가는 휴가를 간 사이에도 부동산과 주식으로 통장에 돈이 흘러 들어온다." 이는 한창 재테크가 유행하던 2000년대에 베스트셀러《부자 아빠 가난한 아빠》로 일본과 우리나라에서 큰 인기를 얻은 로버트 기요사키가 '부자 아빠'를 정의한 말이다. 이 말은 '부자 아빠'에 대한 보통 사람들의 상대적 박탈감을 적나라하게 표현한다. 겨우겨우 힘들게 현상을 유지하고 있지만 어떤 이에게는 돈이 알아서 굴러 들어온다. 게다가 일찌감치 재테크에 성공한 그 어떤 이는 나와 그리 멀지 않은 이웃이기도 하고 동창이기도 하다. 경우에 따라서 그 동창은 학창시절 나보다 공부도 못했던 친구이다. 노력 여하에 따라 평가받는 것이 아니라 운과 횡재에 따라 서열이 뒤집힌다는 부정의를 뼈저리게 체감한다.

재테크가 대중화되고 자산 투자 열풍이 일면서 지독한 상대적 박탈감이 보통 사람들의 마음을 할퀴고 있지만 세상은 고요하다. 2008년, 그리고 2013년 촛불을 든 시민들이 거리를 채웠지만 그것도 불평등에 대한 문제제기는 아니었다. 게다가 사람들은 이런 지독한 불평등 앞에서 그저 침묵하는 것에만 그치지 않는다. 많은 사람들이 이러한 불평등을 받아들일 뿐 아니라 적극적으로 소수의 편에 선다. 가난할수록, 비참할수록 소위 이기는 자의 신념을 자신의 것으로 동일시한다.

1장 빚, 왜 나만의 문제가 아닌가

2012년 18대 대통령 선거 당시, 우리는 가난한 사람들의 이해하기 어려운 선택을 목도했다. 소득과 학력이 낮을수록 복지보다는 부자 감세를 외치는 후보에게 표를 던지는 경향이 뚜렷했다. 반면에 화이트칼라, 대학 재학 이상의 학력을 갖출수록 보편적 복지, 부의 재분배를 강조하는 후보를 더 많이 선택했다.

경제학자 소스타인 베블런^{Thorstein Veblen}은 《유한계급론》에서 가난한 사람들이 더 보수화 된다고 말한다. 흔히 몹시 가난한 사람들이 현실에 대한 변화를 강렬하게 원할 것 같지만, 오히려 현재의 상태에 적응하기 위해 모든 에너지를 소모해버린 탓에 기존의 방식에 순응하는 보수주의 성향을 띠게 된다는 것이다.

지그문트 바우만^{Zygmunt Bauman} 또한 《왜 우리는 불평등을 감수하는가》에서 "우리는 소수의 능력을 잘 보살피고 다듬고 뒷받침해주고 보상을 제공하는 것이 다수의 행복에 이르는 최선의 길이라고 믿도록 교육과 훈련을 받아왔다"라고 말한다. 가난한 사람들은 교육과 훈련으로 형성된 믿음에 균열을 내고 팔을 들어 변혁을 외칠 만큼 여유롭지 않다. 그들에겐 이성적으로 세상을 바라보며 문제를 제기할 만큼의 정신적 에너지가 남아 있지 않다. 그들은 불평등을 받아들이고 소수를 위한 피라미드 안에서 그나마 아래쪽의 자리라도 유지해야 한다. 지그문트 바우만의 말처럼 가난한 이들에게 피라미드는 "좌절과 자책감을 덜어주는 역할도 함으로써 사다리의 아래쪽에 있는 모든 이들에게 복음"으로 작용한다.

좌절과 자책감을 외면하면서 그나마 적응하고 있는 현실에서조차 도태될지 모른다는 모호한 공포심을 회피하는 것이 가난한 사람들이 선택하는 타협이다. 소수가 움켜쥐는 돈과 권력을 인정하고 그들의 승리에 아낌없이 환호해줌으로써 가까스로 현상을 유지하는 것이 그들에게 최선으로 받아들여지고 있다. 이는 셰필드대학교 인류지리학 교수인 대니얼 돌링Daniel Dorling이 말한 '부정의의 교리'로 승화된다. 우리가 사는 사회의 이데올로기적 구조는 정의롭지 못한 교리로 가득 차 있으며 그것들은 '확신'으로 자리 잡고 '타당한' 것으로 둔갑한다. 흔히 이성적으로 검증하기 힘든 교리들은 힘없고 나약하며 불안하고 아슬아슬한 현실에 거주하는 사람들에게 큰 영향을 미치는 법이다.

그러나 가난한 현실을 유지하고자 하는 사람들만이 타협을 선택하고 승자의 편에 서는 것이 아닌 듯하다. 사다리의 중간쯤에 겨우 매달려 있는 사람들조차 금융 시스템 안에서는 승자들의 주장을 고스란히 자신의 신념 속에 흡수해버린다.

왜 승자에게는
책임을 묻지 않는가

일련의 금융사고 사례를 보면 우리 사회의 보통 사람들이 어떻게 승자의 신념을 자신의 것으로 내면화하는지를 뚜렷이 알 수 있다. 저축은행의 파산 과정과 증권사의 부도덕한 판매 과정에서 수많은 금융 투자 피해자가 생겨났다. 그러나 우리 사회는 저축은행과 증권사, 그와 연계된 기업의 책임에 매우 관대한 태도를 보였다. 그에 비해 투자자는 '투자는 자기 책임'이라는 금융 논리로 어쩔 수 없는 피해자로 남아야 했다. 승자의 신념이 사회적으로 내면화되었다는 것을 확인하기 위해 다음 몇 가지 질문에 솔직히 답해보자.

2011년 저축은행들의 파산 도미노가 시작되던 때였다. 평범한 직장인 김자영 씨는 10년간 어렵게 모은 돈 5,000만 원을 잃게 되었다. 그녀가 가입한 상품은 원금이 보호되는 일반 예금이 아닌, 후순위채권 투자 상품이었다. 졸지에 5,000만 원을 잃은 김자영 씨를 어떻게 평가할 수 있을까? 여기에는 두 가지 시각이 있다.

1. 김자영 씨가 일반 예금보다 이자가 더 많은 후순위채권에 투자를 한 것이기 때문에 큰돈을 손해 본 것은 안타깝지만 이는 전적으로 김자영 씨의 책임이다.

2. 후순위채권은 저축은행이 김자영 씨로부터 돈을 빌린 것이고, 빌린 돈은 반드시 갚아야 한다. 따라서 김자영 씨는 자신이 투자한 돈을 회수하기 위해 저축은행의 임원들을 상대로 끝까지 투자금을 청구해야 한다. 또한 저축은행의 임원 및 판매원들은 고객에게 돈을 빌렸기 때문에 상환에 대한 책임을 져야 한다.

너무 복잡하다면 질문을 쉽게 풀어보자. 김자영 씨가 저축은행의 금융상품에 가입해 손해를 보았다. 이는 누구의 책임인가? 1은 투자자 김자영 씨의 책임이라는 해석이고, 2는 저축은행의 책임이라는 해석이다. 당신이라면 몇 번을 고르겠는가?

이 질문은 위험한 금융상품에 가입해 투자금을 잃게 되었을 때 금융사의 잘못과 투자자의 잘못 중 어느 것이 더 큰지를 묻는 질문이다. 이와 비슷한 다른 경우도 한번 생각해보자.

박원식 씨는 동양시멘트가 발행하고 동양증권에서 판매하는 회사채에 1억 원을 투자했다. 그런데 회사채를 발행한 동양시멘트가 법원에 기업회생 신청을 하는 바람에 1억 원 중 상당액을 손해 보게 되었다. 이 경우 역시 투자 손해에 관련된 문제다. 박원식 씨를 어떻게 보아야 할까?

1. 박원식 씨는 더 높은 수익을 실현하기 위해 동양증권에서 판매하는 회사채에 투자했다. 더 높은 수익에는 위험이 따르기 마련이다. 따라서 안타깝지만 손해는 어쩔 수 없다.

2. 동양시멘트는 동양증권을 통해 박원식 씨에게 돈을 빌린 것이고, 빌린 돈은 반드시 갚아야 한다. 따라서 동양시멘트가 빚을 깎기 위해 법원에 회생신청을 한 것은 도덕적 해이다. 법원은 도덕적 해이를 방지하기 위해 동양시멘트의 회생신청을 기각해야 하고, 동양시멘트 임원은 박원식 씨의 돈을 어떻게든 갚아야 한다.

3. 동양증권은 동양시멘트의 부실함을 제대로 확인하지도 않은 채 대신 돈을 빌렸기 때문에 박원식 씨에게 빌린 돈을 일부 변제해야 한다.

이 사례 또한 간단히 정리해보면 다음과 같다. 박원식 씨는 동양증권에서 가입한 금융상품으로 손해를 보았다. 과연 책임은 누구에게 있을까? 1은 투자자에게 책임이 있다는 해석이다. 2는 동양시멘트, 3은 동양증권에 각각 책임이 있다는 시각이다.

비슷한 경우지만 여기서는 금융상품을 판매한 회사와 금융상품의 발행 주체를 구분해서 묻고 있다. 돈을 빌린 것은 동양시멘트고, 그 채권을 판매한 것은 동양증권이다. 투자자와 채무자, 판매자 중 누구의 책임이 가장 큰지를 묻는 질문인 것이다.

위의 두 질문은 각각 2011년 삼화저축은행의 영업정지로 시작된 상호저축은행 사태와 2013년 동양증권 회사채 사건을 소재로 한 것이다. 저축은행들은 예금에 가입하러 온 소비자에게 후순위채권을 판매했다. 후순위채권이란 기업이 돈을 빌린 후 (채권 발행 기관이) 부도가 나거나 파산했을 경우 일반 채권자에게 빌린 돈을 갚고 난 뒤에 변제하겠다고 약속하는 금융상품이다. 이름 그대로 변제 순위가 나중인 채권이다.

좀 더 쉽게 표현하면 부도나 파산 후 빚잔치를 벌일 때 가장 나중에 갚아주겠다고 약속하는 상품이다. 일반적으로 원금이 보장되는 예금 상품에 비해 대단히 위험할 뿐 아니라 선순위채권에 비해서도 투자한 돈을 회수하지 못할 위험이 클 수밖에 없다. 판매 과정에서 이러한 위험을 소비자에게 쉬운 언어로 설명했다면 후순위채권에 가입할 사람은 그리 많지 않았을 것이다.

"고객님 이 상품은 우리(저축은행)가 자금 사정이 어려워서 고객님께 돈을 빌리는 건데요. 우리가 이미 여러 형태로 많은 고객으로부터 돈을 융통했습니다. 이 상품은 다른 분들께 빌린 것보다 이자는 더 드리지만 그 대신 우리가 부도가 나게 되면 가장 나중에 갚아주겠다고 약속하는 상품입니다"라고 상품의 본질을 있는 그대로 표현해서 설명했다면 평생을 시장에서 장사만 하고 살아온 어르신들이 그런 상품에 가입했을까? 그러나 판매 과정에서는 모호한 이름의 '후순위채권'이라는 상품명으로 위험에 대한 정보가 '설마' 속에 묻힌 채 팔려나갔다. 투자에 따른 위험과 수익을 판단할 능력은 판매 과정에서 고려의 대상이 아니었다.

동양증권 사태 또한 마찬가지다. 동양증권은 부실한 동양그룹 계열사들의 회사채와 기업어음을 '묻지마' 판매했다. 그 결과 피해자만 4만여 명, 피해 금액은 1조 7,000억 원 가량이 발생했다. 부실 경영으로 자금난을 겪고 있는 그룹 계열사들의 채권을 경제 지식이 없는 보통 사람에게 마구잡이로 판매한 것이다. 물론 '안전하다'는 판매 직원들의 말이 보증으로 따라붙은 채였다.

자, 각각의 질문에 어느 쪽으로 마음이 움직이는가? 두 상황을 바라보는 시선 중에서 첫 번째 시선은 투자자 혹은 (돈을 빌려준 형태의 투자이므로) 채권자의 책임을 묻고 있다. 저축은행 사태를 바라보는 두 번째 시선과 동양증권 사태를 바라보는 두 번째와 세 번째 시선은 판매사 혹은 (돈을 빌린 형태의 투자이므로) 채무자의 책임을 묻고 있다.

저축은행 사태가 시작되고 동양증권 사태로 사회가 떠들썩하던 당시 사건 초기에는 많은 사람들이 금융회사를 향해 분노했다. 언론들도 피해자들의 눈물과 하소연, 투자된 돈의 사연을 소개하느라 정신이 없었다. 그러나 한 해에도 몇 차례씩 대형 사고가 터지는 '다이내믹 코리아'에서 이런 사건이 언론을 오래 장식할 리 없다. 다른 대형 사건이 하나 더 터지고 이내 금융사고는 또 다른 분노에 밀려 관심에서 멀어지기 시작한다. 바로 그때 언론들은 조심스럽게 '투자자 책임'을 꺼내든다. 금융사고에 냉정을 찾은 대중들도 무심해지기 시작한다. 투자한 사람이 잘 알아보고 투자했어야 한다며 피해자들의 억울한 사연을 외면한다. 이는 사태 해결을 위한 금융회사와 금융 당국의 책임을 덮도록 묵인한다.

어느새 대중들은 투자자 책임론에 감정적으로 치우쳐 금융 피해자들의 눈물을 잊어버린다. 이 같은 판단은 '투자 상품을 판다는 건 소비자에게 돈을 빌리는 행위'라는 사실이 숨겨지면서 더욱 정당화된다. 혹은 투자란 돈을 빌려주는 행위의 연장선상에 있는 것이지만 처음부터 회수 불능이 전제된 빚이기 때문에 투자자가 손해 보는 것은 어쩔 수 없다고 쉽게 결론짓는다.

판매 과정에서 발생한 사기 판매에 대해서도 여전히 대중은 같은 태도다. 소비자들 누구나 한 번쯤 경험해봤을 정도로 금융 상품의 불완전 판매가 심각한 수준임을 알면서도 결론은 바뀌지 않는다. '소비자가 책임져야 한다'는 말에 많은 사람들이 암묵적으로 동의해버린다. 돈을 빌린 금융회사와 부실기업은 형식적으로 사과하는 것으로 경제적 책임을 회피해버린다. 이것이 모두 투자자 책임이라는 부정의의 교의가 작동하는 과정에서 이루어지는 게임의 결과다. 개인 투자자와 금융회사의 치열한 게임에서 승자는 언제나 금융회사이다.

승자는 가난한 사람 때문에 손해 보지 않는다

이번에는 다른 경우를 살펴보자. 연소득 4,000만 원인 이주연 씨는 생활비가 부족해 은행에서 마이너스 통장으로 3,000만 원을 빌렸다. 그런데 갑자기 직장에서 해고되는 바람에 3,000만 원을 갚지 못할 처지가 되었다. 이주연 씨의 채무 불이행은 은행 처지에서는 투자금을 날릴 위험을 의미한다. 자, 이제 이주연 씨와 은행에 대해 어떻게 판단해야 할까?

1. 은행은 이주연 씨의 직장이 고용불안에 취약할 수 있다는 점을 예상할 수 있어야 했지만 그러지 못했기 때문에 투자자로서 손해를 보는 것이 불가피하다.

2. 빌린 돈은 반드시 갚아야 하기 때문에 은행은 이주연 씨에게 수단과 방법을 가리지 않고 빚을 회수할 수 있다.

이는 앞의 두 상황과 매우 다른 듯하지만, 사실상 구조는 같다. 1은 투자자 혹은 채권자 책임을 강조했고, 2는 채무자의 책임에 더 높은 무게를 두었다. 다른 점이 있다면 이번에는 투자자가 금융회사이고 채무자는 개인이라는 점이다.

아마도 눈치 빠른 독자라면 이 질문을 듣는 순간부터 우리가 모순된 교리에 빠져 있음을 눈치 챘을 것이다. 우리는 승자에게는 관대하고 약자에게는 도덕적으로 엄격한 잣대를 적용하고 있다. 우리의 자동화된 의식은 개인이 금융 회사에 빌려준 돈은 떼여도 어찌할 수 없다는 식으로 움직인다. 반대로 개인 채무자에 대해서는 '반드시 빚을 갚아야 한다'는 의식이 자동으로 작동한다. 그에 따라 채권자가 채무자에게 가혹하게 추심하는 것도 어쩔 수 없는 일이라고 받아들인다.

은행이 투자자로서 개인 투자자에 비해 더 많은 정보와 전문성을 바탕으로 투자를 결정할 수 있다는 점도 현실에서는 과감히 무시된다. 저축은행과 증권사에 돈을 빌려주었던 투자자에게 비정하게 적용했던 '투자자 책임' 원리는 은행에는 예외가 된다. 대신 저축은행과 증권사에 적용하지 않은 도덕적 잣대를 개인 채무자에게 엄격하게 강요한다.

'무덤까지 가져가서라도 빚을 갚아야 한다'는 대중의 매서운 명령은 금융사가 아닌 개인 투자자를 향해서만 쏟아진다. '투자자가 잘 알아보고 투자했어야지'라는 식의 투자자 책임론은 은행이 투자자일 때는 완전히 빗겨간다.

오로지 승자에게만 유리하게 적용되는 게임의 룰은 대다수 소비자들의 상식으로 자리 잡혀 있다. 그뿐 아니라 그것은 매우 강력한 교리가 되어 사회를 구조화해버린다.

당신의 빚이 탕감되었습니다!

"4년 전 은행들이 구제 받았습니다. 이제 우리 차례입니다."

미국의 오큐파이Occupy Wall Street(OWS) 팀이 2012년 시민들의 빚 155억 원을 소각했다. 오큐파이 팀은 2008년 미국의 금융위기 이후 만들어진 시민단체다. 2008년 금융위기는 150년의 역사를 자랑하는 리먼브러더스가 파산하고 그 여파로 압류 주택이 폭증하는 등 극심한 경제적 혼란을 야기했다. 시민들은 하루 아침에 모든 것을 빼앗겼다. 하지만 월가의 금융자본은 달랐다. 정부가 시민들의 혈세로 구제금융을 퍼부어 망해가는 금융회사를 회생시키려 기를 쓰는 와중에도 금융회사 임직원들은 상상을 초월하는 보너스를 챙겼다. 그들은 반성은커녕 대단히 뻔뻔했고 시민들은 분노했다.

시민들은 그 유명한 구호 "우리는 99퍼센트다"를 외치며 1퍼센트를 위해 작동하는 월가에서 장기간 노숙 시위를 전개하기도 했다. 미국 드라마를 보다 보면 몇 가지 공통적인 주제가 자주 등장한다. 주로 미국 시민들에게 충격을 주었던 것들인데, 9.11 테러와 이라크 전쟁, 그리고 바로 월가에서 벌어진 이 운동이다. 그 정도로 오큐파이 운동은 미국인에게 상당한 인상을 남겼다.

〈컨티넘Continuum〉이라는 드라마는 월가의 탐욕에 대해 미국인들이 느낀 감정을 적나라하게 보여준다. 이 드라마는 미래 시점인 2076년의 경찰과 '리버8'이란 테러리스트 조직이 2012년으로 거슬러 올라와 대결을 벌이는 타임슬립 영화다. 리버8은 미래에서 과거로 되돌아와 미래를 바꿀 결정적인 인물을 제거하는 임무를 수행한다. 드라마에서 2076년 미래의 국가는 노골적으로 기업 국가로 묘사된다. 지금처럼 기업이 정치인에게 간접적인 권력을 행사하는 형태의 친기업적 국가가 아니라 기업이 곧 국가이고 정부다.

드라마의 시즌 1, 6화에서는 테러리스트 조직이 과거로 거슬러 넘어와 세계적 기업의 최고경영자 헨리에타 셔먼을 납치한다. 그리고 그녀가 자신의 죄를 고백하는 장면을 인터넷 방송으로 내보낸다. 헨리에타 셔먼은 화면을 응시하며 이렇게 털어놓는다. "나는 범죄자이다. 투자자의 돈을 갈취했고 수익을 조작했다. 리버8은 나의 잘못된 인생관을 보여줬기에 이런 처벌을 받아들인다." 아마도 미국인들의 상당수는 월가의 최고 경영진에게 이런 고백을 듣고 싶어 하는지도 모른다.

2012년 오큐파이 팀은 운동 일주년 기념으로 롤링주빌리 Rolling Jubilee 프로젝트를 시작했다. '주빌리'는 일정 기간마다 죄를 사해준다는 의미의 기독교 전통이다. 우리나라 말로 '희년[2] 운동'이라 번역되는데 부채 탕감과 노예 해방, 토지 반환 등이 롤링주빌리 운동의 주요 내용이다. 오큐파이 팀은 "교육, 의료, 주거 등과 같은 삶의 기본적인 요소 때문에 서민들이 빚을 져서는 안 된

---

2 희년(Year of Jubilee, 禧年)은 이스라엘에서 50년마다 공포된 안식의 해로 구약성서 《레위기》 25장에 기록되어 있다. 희년에는 노예를 해방시켰으며 가난 때문에 조상의 소유물을 팔아야 했던 사람들에게 그것을 되돌려주었다. 이는 50년간 축적된 불평등을 바로 잡고 안식과 자유를 다시 실현시키는 것에 목적이 있다.

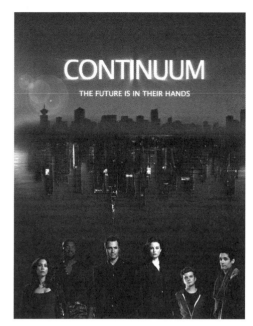

미래의 테러리스트 리버8은 현재의 세계적 기업의 최고경영자를 납치한 후, 그가 자신의 죄를 자백하는 장면을 인터넷 방송으로 내보낸다. 미국 시민들의 상당수는 월가의 최고경영진에게 이런 고백을 듣고 싶어 하는지도 모른다.

다"고 강조한다. 롤링주빌리 프로젝트는 약탈적 채무 시스템이 우리의 가정과 사회에 미치는 악영향을 폭로하고, 시민들이 그러한 채무 시스템에 빠지지 않도록 교육하는 것을 주된 목적으로 시작되었다. 그와 동시에 오큐파이 팀은 은행들이 채권을 헐값에 팔아치우면서도 채권의 2차 시장에서 채무 전체에 대해 독촉받는 서민들은 방치하고 있는 현실을 폭로했다.

오큐파이 팀은 2012년 한화 155억 원가량의 채무를 소각하고 다시 2014년 40억 원가량의 대학생 학자금 빚을 탕감했다.

1장 빛, 왜 나만의 문제가 아닌가

어떻게 이런 일이 가능했던 걸까? 시민단체가 대신 갚아주었다는 말인지, 은행들이 이런 선행을 하도록 했다는 말인지, 이런 운동을 처음 접한 사람들에게는 도무지 이해하기 힘든 이야기다. 시민단체가 어떻게 155억 원을 마련했는지도 의아한 일이다. 그러나 이 단체가 155억 원가량의 채권을 소각하는 데 들어간 돈은 우리나라 돈으로 7억 원에 불과하다. 대학생 학자금 빚 40억 원을 확보하는 데에는 1억 원의 돈을 사용했다. 이야기가 점점 미궁 속으로 빠져드는 느낌이 드는가?

이 운동을 이해하려면 우선 채권시장에 대해 알아야 한다. 여

2012년 오큐파이 팀은 롤링주빌리 프로젝트를 시작했다. 그들은 "교육, 의료, 주거 등과 같은 삶의 기본적인 요소 때문에 서민들이 빚을 져서는 안 된다"고 강조한다.

기서는 간단히 설명을 하겠다. 금융회사들은 오래 연체된 채권을 보유하거나 직접 연체자를 대상으로 추심하지 않는다. 대개 다른 추심회사에 팔아버린다. 이때 오래 연체된 채권은 제값을 받지 못하고 할인된 가격으로 거래된다. 그 거래 가격이 미국의 경우 원래 가격의 5퍼센트 미만이다. 이러한 채권 거래의 시장 구조를 이용해 155억 원은 5퍼센트 가격인 7억 원으로, 40억 원은 2퍼센트도 안 되는 1억 원으로 채권을 매입한 뒤 빚을 탕감할 수 있었다.

미국의 롤링주빌리 프로젝트 소식에 나를 비롯해 몇몇 시민 단체 활동가들은 자극을 받았다. 미국은 파산법원을 통해 파산 제도의 문턱을 낮춰 신속하게 파산과 새 출발을 지원하고 있는 것으로 알려져 있다. 그럼에도 이러한 운동을 통해 채무자들의 새 출발을 더 적극적으로 지지하고 있다니 놀라운 일이었다.

우리나라는 파산과 개인회생의 문턱이 지나치게 높아 장기 연체자가 350만 명이 넘고, 부실채권 거래 시장은 은행권에서만 연간 7조 원 규모에 달한다. 부실채권이란 3개월 이상 연체된 채권을 뜻한다. 은행들은 이렇게 3개월 이상 연체된 부실채권을 분기마다 매각 또는 상각 형태로 처리하고 있다. 이중 채권의 일부를 자산관리회사^AMC^라고 불리는 유동화 전문회사를 상대로 경쟁 입찰에 부치고 있는데, 연간 입찰 규모는 6~7조 원에 이른다. 부동산처럼 담보가 있는 채권은 70퍼센트 이상의 가격으로 거래되지만, 신용대출 등 담보가 없는 채권은 0퍼센트대부터 5퍼센트까지 말도 안 되는 헐값에 팔린다.

미국을 비롯한 선진국과 달리 우리나라의 부실채권 거래 시장은 대단히 크다. 앞서 지적한 대로 파산 및 개인회생 등의 채무조정 문턱이 지나치게 높아서 채무자들이 새 출발에 나서지 못한 채 채권이 마구 거래되고 있기 때문이다.

이러한 부실채권 거래 시장은 시민들에게 거의 알려진 바가 없다. 일부 재테크에 관심이 높은 사람들을 중심으로 부실채권 거래 시장이 일명 'NPL 재테크'[3]로 인식되고 있을 뿐이다. 빚을 연체하고 있는 채무자들의 빚 문서가 헐값에 마구 거래되고 있지만 그와 관련해 채무자의 인권을 중심으로 한 사회적 논의는 진행된 바가 거의 없는 실정이다. 부실채권 거래 시장에 대해서는 뒤에서 더 자세히 이야기할 것이다.

3　NPL은 Non Performing Loan의 약자로 금융기관의 대출금 중 3개월 이상 연체된 대출 채권을 말한다. NPL 재테크란 투자자가 저당권이나 가압류 등을 매입하여 경매를 통해 배당수익 및 낙찰 유입으로 투자수익을 얻는 것이다.

한국의 롤링주빌리를
시작하다

나는 연체자 민원 상담을 통해 부실채권 거래 실태에 대해 처음 알게 되었다. 솔직히 매우 놀랍고 당혹스러웠다. 개인의 채권이 이런 식으로 사고팔리면서 채무자에게 여러 채권자가 추심 행위를 할 수 있다는 사실에서 노예 시장을 떠올렸다. 그만큼 참혹하게 느껴졌다. 게다가 거래 가격이 그렇게 헐값임에도 채무자에게 채무 전체를 추심할 수 있다는 사실에 분노가 느껴졌다. 금융시장이 이렇게 잔인하게 작동하면서 채무자들이 제대로 된 새 출발의 기회도 얻지 못한 채 노예시장 같은 추심에 고스란히 노출되어 있다고 생각하니 화가 치밀었다. 그러나 이 문제를 사회적으로 제기하고 개선하기 위해 무엇을 어떻게 해야 할지 적당한 방법을 찾지 못했다. 부실채권 거래 시장은 사람들의 인지 범위 밖에서 또 다른 잔혹 스토리를 만들어내고 있다. 사람들의 인식은 그저 '빚을 갚아야 한다'와 '빌려준 돈을 돌려받기 위해 채권자가 할 수 있는 모든 행위는 정당하다'는 것에 머물러 있다.

그 인식의 틀을 깨고 실제 금융시장에서 벌어지는 복잡다단한 부실채권 거래 실태를 효과적으로 공론화할 방법은 어디에 있을까? 박근혜 정부가 출범하면서 야심차게 시작한 국민행복기금도 알고 보면 이러한 부실채권 거래 시장을 이용한, 불쌍한 국민들을 향한 잔인한 채권추심 프로그램일 뿐이다. 그러한 사실을 폭로했지만 여전히 사람들은 부실채권 거래 스토리를 이해하지 못한다.

그런 와중에 미국에서 들려온 롤링주빌리 이야기는 유난히 반가울 수밖에 없었다. 이 운동은 부실채권 거래 시장에 숨겨져 있는 이야기를 세상에 드러냈다. 금융 시스템은 채권마다 들어있을 사람들의 인격을 배제하고 오로지 액면가와 현금화 가능성만을 평가한다. 이런 저런 사연으로 빚을 갚지 못해 겪는 고통은 하나의 상품으로 물질화되었다. 연체할 수밖에 없는 아픔, 빚 독촉을 받으며 느끼는 압박감과 수치심 등이 채권의 회수 가능성에 따라 가격이 매겨져 여기저기 팔려 다니는 상품으로 전락한다.

모든 것을 화폐화해버리는 자본주의의 맨 얼굴이 그대로 드러나는 영역이 금융시장이다. 특히 채권시장에서는 실직이나 질병 등으로 빚 갚을 능력을 상실한 사람들의 이야기가 채권의 등급으로 매겨진다. 그 등급에 따라 사람들의 고통이 화폐의 세계 안에 갇혀버린다. 이제 금융 시스템은 사람들이 마땅히 느껴야 할 동정심, 안타까움, 고통에 대한 공감은 제거된 채 소시오패스와 같이 작동할 뿐이다.

이에 대해 경제학자 로버트 스키델스키^{Robert Skidelsky}와 에드워드 스키델스키^{Edward Skidelsky}는《얼마나 있어야 충분한가》에서 "모든 것의 가격은 알지만 그 어떤 것의 가치도 모르는 것을 냉소주의라 부를 수 있다면 세계 금융센터들은 냉소주의의 온상이다"라며 금융의 과도한 화폐화를 꼬집었다.

미국의 롤링주빌리 운동은 매스꺼울 정도로 비정한 금융 시스템의 작동 원리를 폭로하기 위해 기획되었다. 채권 소각 운동을 처음 제안한 뉴욕대학교 앤드류 로스^{Andrew Roth}교수는 영국 일간지 〈가디언^{The Guardian}〉과의 인터뷰에서 이 운동의 "진짜 목적은 부채 시장의 속성에 대한 지식을 전파하는 것"이라고 설명했다. 또한 스트라이크뎁트^{Strikedebt.org}라는 홈페이지에서 그는 이렇게 역설했다.

"채무자에게서 모든 빚을 받아내려는 채권 매입자의 잘 알려지지 않은 암흑 속 투기 시장에서 은행들은 단 몇 페니에 채권을 팔아버린다. 롤링주빌리는 채권을 구입함으로써 이 시장에 개입하고 채권 매입자들의 손에 채권이 들어가지 않도록 막으며, 구입한 채권은 그대로 버린다. 우리는 이익을 보려고 이 시장에 뛰어드는 것이 아니라 사람들이 서로 돕게 하고 약탈적 부채 시스템이 우리의 가정과 사회에 미치는 영향을 알리고자 뛰어드는 것이다. 99퍼센트를 위한, 99퍼센트에 의한 구제인 것이다."

이 끔찍한 시장 구조를 확인한 뒤 우리는 '땡처리' 되고 있는 채권을 확보해 소각하자는 획기적인 아이디어를 얻었다. 앤드류 로스 교수는 이러한 채권의 땡처리 시장을 두고 '좀비 채권시장'이라고 표현한다. 채무자들은 교육비와 의료비 때문에 생겨난 빚으로 삶과 죽음을 오가는데 정작 채권은 끝까지 살아서 좀비처럼 사람을 괴롭힌다는 뜻이다.

바로 이렇게 채권의 2차 시장에서 좀비처럼 떠도는 채권들을 매입하거나 기부 받는 방식으로 채권 소각 운동이 시작되었다. 이 운동은 성남시와 서울시 등의 지자체와 시민단체가 함께 채권을 확보하고 종교단체가 모금에 동참하면서 확산되고 있다. 지난해 4월부터 올 3월까지 792명의 빚 51억 3,000만 원을 소각했고 곧 더 큰 규모의 빚 탕감운동이 준비 중이다.

우리는 미국의 롤링주빌리 운동과 같은 방식으로 운동을 전개했다. 미국의 경우와 마찬가지로 채권을 특정해서 매입할 수는 없다. 채권의 2차 시장에서 부실채권은 뭉치로 거래되기 때문에 일일이 특정인의 채권만을 확인해 매입하기가 어렵다. 또한 부실채권은 흔히 경매 방식으로 거래되는데, 우리가 직접 경매에 참여할 수는 없다. 이를 극복하기 위해 우리가 직접 대부업체

이제 우리도 한국의 롤링주빌리 운동에 착수했다. "99퍼센트를 위한, 99퍼센트에 의한 빚 탕감 프로젝트"가 시작된 것이다.

등록을 하고 채권 경매시장에 참여하기로 했다. 지금까지는 대부업체를 설득해 채권을 확보해왔다.

대부업체를 통해 확보된 채권을 소각함으로써 부실채권 거래시장을 효과적으로 고발할 수 있게 되었다. 부실채권 거래 시장에서는 3개월만 연체해도 대부업체 등으로 채권이 헐값에 팔려나가고 있었다. 이 사실을 알게 된 많은 시민들이 내가 처음에 느꼈던 만큼의 충격을 느꼈다고 말한다. 우리가 확보해 소각한 채권에 해당하지는 않지만 당장 빚을 갚기 어려운 분들은 상담을 통해 문제를 해결해주고 있다. 그러면서 우리는 점점 더 큰 채무자 운동의 미래를 기획했다. 빚은 반드시 갚는 것이 아니라 형편이 되는 대로 갚아야 한다는 사회적 믿음을 보편적인 것으로 만들기 위해서다.

우리는 미국의 롤링주빌리 운동과 마찬가지로 채권을 소각한 뒤 개별 채무자에게 다음과 같은 편지를 보냈다.

"당신의 채권을 우리가 가지고 있습니다. 그러나 당신은 이 빚을 갚지 않아도 됩니다. 당신의 빚은 소각되었습니다."

미국에서는 롤링주빌리 팀의 편지에 수많은 사람들이 감사의 회신을 했다고 한다. 그러나 우리나라에서는 주소지도 불분명한 채무자들에게 이 편지가 제대로 도착할 리가 없었다. 800여 통을 보냈지만 전화 혹은 편지로 회신이 온 것은 10여 통에 불과했다.

그럼에도 많은 시민들과 채무자들에게 이 운동이 갖는 의미는 크다. 우리가 상식으로 여겼던 "빚은 반드시 갚아야 한다"라는 믿음이 약탈적인 금융구조를 정당화시켜주고 있었다. 돈을 빌리면 갚아야 하지만, 그에 못지않게 돈을 빌려준 금융권의 책임도 간과할 수 없다. 돈을 빌려준 금융권의 책임을 정확히 따져 묻지 않는 가운데 금융사업은 상상을 뛰어넘을 정도로 비정하게 전개되고 있다.

금융권의 책임을 묻는 것은 가혹하게 채권 추심을 할 수 있는 제도적 환경을 허용하지 않는 것에서 시작된다. 금융회사들이 채무자에게 빌려준 돈을 잘 회수하기 위해서 필요한 것은 가혹한 추심이 아니라 채무 상환에 따른 인센티브다.

채무 상환이 어려워진 고객에게는 상환이 가능한 조건으로 일정을 재조정해주는 것이 채권자의 의무여야 한다. 채무 재조정을 해주기는커녕 헐값에 대부업체에 팔아버리며 가혹한 추심을 조장하고 있다니 기가 막힌 일 아닌가? 만약 금융권에서 대부업체에 채권을 팔아버리는 대신 적극적으로 채무 재조정을 해준다면 채무자도 빚을 잘 갚기 위해 더 높은 근로 동기를 갖게 될 것이다. 여전히 금융권에서는 채무 재조정이 채무자의 도덕적 해이를 야기할 것이라 주장하지만, 대부분의 채무자들은 채무 변제를 회피함으로써 갖게 되는 불이익과 신용신분의 추락을 원하지 않는다. 채무자들 대다수가 빚을 원활히 갚고 나서의 후련함과 신용사회의 신분 유지를 훨씬 더 선호할 수밖에 없다. 대부업체에 팔려나간 채권을 소각해주었을 때 한 채무자에게서 온 답장의 내용이 이를 증명한다.

"'당신의 빚이 소각되었습니다'라는 편지를 받고 20여 년간 저를 쫓아다닌 빚이 사라졌다는 것을 알았습니다. 20대에 생긴 400여만 원의 빚이 40대에 1,900만 원이 되었고, 갚아도 갚아도 빚은 계속 늘었습니다. 빚 때문에 제대로 된 직장을 가질 엄두도 내지 못했습니다. 이제는 안정적인 일을 가질 수 있다는 자신감이 생겼습니다."

대부업체에 채권을 넘기기보다 채무자의 형편에 맞춰 기다려주는 상환 프로그램을 진작 적용해주었다면 그는 지난 20여 년의 세월을 다르게 살았을지도 모른다.

빚, 하면 생각나는
모럴 해저드

"아니 왜 빚을 없애줘야 하지? 그럼 빚 갚는 사람만 바보 되는 것
아닌가? 내 빚부터 깎아주든가."
"뜻도 좋고 나는 충분히 동의하지만 아마도 모럴 해저드가 발생
한다고 야단이 날 텐데."

빚을 탕감해준다는 이야기를 들었을 때 사람들이 일반적으
로 보이는 반응이다. 대다수 사람들이 보이는 첫 번째 반응은 반
복학습으로 자동화된 조건반사와 같다. 후자의 경우는 경제에
관심이 많거나 경제 분야 종사자, 혹은 자신이 연체나 채무 불이
행으로 빚 독촉을 받은 경험이 있어 그 고통을 이해하는 사람들
이 보이는 반응이다.

이 두 부류는 빚 탕감에 대해 반대와 찬성이라는 '견해'의 차
이를 보이고 있다. 이러한 견해 차이에도 이들에게는 공통점이
있다. '빚 탕감'이란 말만 떠올려도 마치 파블로프의 개처럼 도덕
적 해이라는 자동화된 사회적 신념이 작동한다.

'빚을 안 갚을 수도 있다'는 것은 우리 사회에서 금기나 다름
없다. 이 사회가 빚을 지나치게 권하고 있으며 이는 대단히 큰 문

제라는 사실에 모두들 공감한다. 그럼에도 빚을 줄여주거나 탕감해주는 것에 대해서는 '일부러 갚지 않는' 파렴치한 짓이라는 인식이 머릿속에 각인되어 있다.

빚에 대해 이런 형태의 자동화된 의식을 갖게 된 배경에는 금융권과 언론의 집요한 노력이 전제되어 있다. 금융권은 언론을 통해 연체자들을 도덕적으로 큰 문제가 있는 사람으로 끊임없이 낙인찍는다. 반복 학습의 결과 사람들은 빚을 떠올리면 일단 '반드시 갚아야 할 것'으로 인식한다. 특히 우리나라에는 직간접적으로 빚을 떼인 경험이 있는 사람이 많다. 우리 문화에서는 이웃과 동료, 친척과 가족이라는 공동체적 감수성 때문에 다른 사람에게 비교적 쉽게 돈 부탁을 한다. 금융회사들은 이를 이용해 세계적으로 찾아보기 힘든 연대보증이라는 제도를 만들어 사람들의 관계를 빚으로 엮어버렸다.

빚으로 엮인 관계는 외환위기를 지나며 끔찍한 관계로 돌변했다. 친인척과 이웃, 직장 동료를 비롯해 사람들이 각자 속해 있던 많은 공동체 안에서 감당키 힘든 금융사고를 겪었다. 순식간에 많은 사람들이 자신이 만져보지도 못한 돈을 갚아야 하거나 빌려준 돈을 떼일 상황에 처했다. 게다가 돈을 빌린 사람들이 고통스러운 모습으로 살거나 어떻게든 갚아야 한다며 허리띠를 졸라매고 죄인처럼 사는 것이 아니라, 원래의 평범한 삶을 유지한다. 경우에 따라서 돈을 떼인 자신보다 더 좋은 차를 타며 아이들에게도 스마트폰을 사준다. 분노와 억울한 감정이 솟구칠 수밖에 없다.

이런 식의 이야기들은 빚 탕감에 대한 사회적 거부감을 형성하는 데 큰 힘을 발휘한다. 개인적인 경험은 금융회사들이 만드는 도덕적 해이론과 결합해 빚을 갚지 못하는 사람들에 대한 가혹할 정도로 엄격한 도덕적 평가를 정당화시킨다.

가난한 연체자의 삶은 이렇게 무너진다

텔레비전 드라마를 보면 부잣집이 하루아침에 망해 빚쟁이들이 집에 몰려오는 장면이 자주 등장한다. 반질반질한 잔디가 마당 가득 펼쳐진 이층집의 화려한 거실이 주요 무대다. 빚쟁이들의 아우성 사이로 모자를 쓴 집행관들이 집 안의 살림살이에 냉정하고 침착하게 빨간 딱지를 붙이는 모습과 주인공들의 절망적인 표정이 교차하며 앞으로 펼쳐질 진부한 전개를 예고한다. 드라마는 곧이어 이들의 시련과 고난, 사랑과 배신, 야망과 성공이라는 식상한 이야기를 풀어놓는다.

빨간 딱지는 이렇게 빤한 드라마 속 부잣집에 들어차 있는 고

부잣집의 고가 살림에만 빨간 딱지가 붙는 것이 아니다. 가난한 집에 있는 낡은 밥솥이나 냉장고, 철지난 브라운관 텔레비전에 딱지가 붙는 것까지 법적으로 허용된다.

가의 살림살이에나 붙는 역경의 상징이다. 인생의 꼭대기에서 잠시 미끄러져 내려와 시련을 극복해나가는 진부한 이야기 안에서 한 시절 겪어내는 시련을 상징한다. 그러나 드라마의 판타지를 걷어내고 현실을 들여다보면, 가난한 집의 낡은 밥통에 붙어 있는 빨간 딱지의 처절한 실상만이 남는다. 역경과 반전이 있는 스토리가 아니라 처절한 가난에 법과 제도가 얼마나 철두철미하게 작동하고 있는지 확인할 수 있는 가혹한 현실이다.

"아무도 없는 집에 문을 따고 들어와 압류 딱지를 붙여 놨어요. 이제 어떻게 해야 하죠?"

혼자 아이 둘을 키우는 어느 여성의 눈물 섞인 하소연이다. 38세의 그녀는 드라마에서 보았던 하루아침에 몰락한 부잣집 사모님이 아니다. 낮에는 일용직을, 밤에는 식당 일을 병행하며 남편이 남기고 떠난 빚을 갚느라 고된 삶을 사는 가난한 두 아이의 엄마다. 그녀는 4년 전 남편과 별거를 시작했다. 생계형 맞벌이 부부였으나 어느 날 남편이 실직을 했다. 남편은 아내에게 그 사실을 숨겼고 그 사이 카드 빚은 크게 늘었다.

몇 개월간 남편이 카드 돌려 막기로 키운 빚은 아내가 보증을 서서 대부업 대출로 갚아야 할 지경에 이르렀다. 그러나 그렇게 갚아도 카드 빚은 다시 생겼다. 부부 싸움이 잦아졌고 결국 별거로 이어졌으며 빚은 연체 상태가 되었다. 아내는 홀로 일용직과 식당 일을 병행하면서 되는 대로 조금씩 갚아 나가고 있었다. 그러나 여기저기 쌓여 있는 빚은 갚는 속도보다 연체이자가 불어나는 속도가 더 빨랐다. 카드 빚은 가까스로 줄여 가고 있었지만 대부업체에서 빌린 돈은 연체이자가 붙어 원금의 3배 쯤인 2,000여만 원으로 불어났다.

어느 날 집에 돌아와 보니 집 안 가재도구들에 빨간 딱지가 붙어 있었다. 대부업체에서 유체동산[4]을 압류해버린 것이다. 드라마에서 보았던 것처럼 고가의 가구에 붙은 딱지가 아니다. 낡은 밥통, 철지난 브라운관 텔레비전 등에 붙어 있는 빨간 딱지의 소름끼치는 리얼리티다.

민사집행법상 채권자들은 채무자가 채무 이행을 하지 못할 경우 채무자가 지닌 모든 자산에 대해 압류를 행사할 수 있다. 민사집행법 195조는 의복, 침구, 가구, 부엌가구 등의 일부에만 압류금지를 지정하고 나머지 집 안의 온갖 살림살이에 대해서는 압류를 허용하고 있다. 즉 가난한 집에 있는 밥솥, 냉장고, 텔레비전, 아이들의 데스크톱 컴퓨터에 딱지가 붙는 것까지 법적으로 가능한 것이다.

심지어 압류는 채무자가 없는 시간에도 가능하다. 아무도 없는 집에 열쇠공을 불러 문을 따고 들어가 딱지를 붙여도 법적으로 전혀 문제되지 않는다. 한 푼이라도 벌어보겠다고 고군분투하며 하루를 보내고 고된 몸을 집 안에 들여놓자마자 궁상맞은 살림살이에 붙은 빨간 딱지와 마주하게 되는 것이다.

오랫동안 채무자 상담을 해온 민생연대에 따르면 그들의 하소연에는 "어찌할 수 없는 슬픔, 두려움, 공포, 당혹스러움 등이 얼룩져 있고 한마디로 '죽고 싶은 심정'이라는 구체적인 표현이

---

4 냉장고, 텔레비전, 가구 등 가재도구나 사무실에서 쓰는 집기와 비품 등을 말한다. 과거에는 민법에서 동산을 가리키는 말로 쓰였다. 지금은 동산에 채권 및 다른 재산권을 합쳐 넓은 의미로 사용한다.

아련히 흐른다"고 한다.

채권자들이 그 가재도구를 팔아서 채권을 회수할 생각인 걸까? 팔아봐야 채권 회수에 거의 도움이 안 될 정도로 값이 안 가는 물건들이다. 그럼에도 채권자들은 적극적으로 압류를 한다. 결국 압류 딱지를 붙이는 목적은 돈을 회수하려는 것이 아니라 망신을 주고 협박을 하겠다는 것이다. 더 험한 꼴을 보고 싶지 않으면 도둑질을 해서라도 갚으라는 무언의 압력이다.

대한민국의 법은 이렇게 무시무시한 채무 독촉을 허용하고 있다. 갚아도 갚아도 높은 이자로 불어나는 빚을 감당할 수 없는 가난한 사람들이 채권자들에게 탈탈 털리는 것을 허용하고 있다. 법은 그 가여운 사람들이 딱지가 붙은 전기밥솥으로 밥을 지어 먹을까 봐 뚜껑과 본체 사이에 딱지를 붙이는 것도 허용한다. 딱지가 훼손되면 안 되기 때문에 뚜껑을 열 수가 없다. 냉장고에도 냉장실과 냉동실 사이에 딱지가 붙는다. 냉장고 문을 열 수가 없다.

앞선 사례의 그 여성도 집에 들어서자마자 제일 먼저 아이들 얼굴을 보는 것이 부끄러웠다고 한다. 그래도 초등학교 5학년인 둘째는 엄마를 안쓰러워하는 기특한 딸이었다. 그 어린아이가 인터넷을 검색해 불법 사금융 피해 구제 상담을 진행하는 시민 단체인 민생연대를 찾아냈다.

이들이 이 끔찍한 날벼락을 피할 수 있도록 시민단체에서 할 수 있는 일이 있었을까? 모든 것이 법 집행의 테두리 안에서 이뤄진 일이기 때문에 빚을 갚는 것 외에 할 일이 없어 보인다. 다행히도 아주 치사할 정도로 조금 있는 법적 방어 수단을 활용해 극단적인 상황은 피했다. 빚은 남편의 빚이고, 법적으로 살림살이는 부부 공동 소유다. 남편 때문에 압류를 했으나 살림살이가 지닌 절반의 가치는 부인 몫이다. 경매가 시작되고 살림살이는 110만 원에 낙찰되었다. 낙찰 받은 입찰자에게 배우자가 절반의 값으로 다시 매입할 수 있다. 그녀는 50여만 원을 주고 자기 살림살이를 되샀다.

이 모든 황당한 일들은 가난한 사람들에게 법이 어떻게 집행되고 있는지를 적나라하게 보여준다. 더욱 안타까운 건 대부분의 채무자들이 법 안에 숨어 있는 최소한의 방어 수단을 잘 모른다는 것이다. 그들은 시민단체에 도움을 받는 건 생각조차 하지 못하고 절망에 빠진 채 삶과 죽음 사이의 경계로 내몰리고 있다.

딱지를 붙인다고 해서 지독한 이야기가 끝나는 것도 아니다. 이렇게 압류를 진행한 후 일주일이나 한 달 정도 지나면 경매 날짜가 정해진다. 앞서 이야기했듯이 압류 딱지를 붙이러 온 날 집에 아무도 없을 경우 열쇠공을 불러 문을 따고 들어올 수도 있다. 아무도 없는 집에 들어와 딱지를 붙이면 친절하게도(?) 압류 조서 문서를 보내주기도 한다.

경매 날짜가 정해지면 가난한 살림살이는 금융회사 직원과 집행관 그리고 브로커라고 불리는 중고상의 입회하에 흥정거리 신세가 된다. 물론 이 과정은 채무자의 집에서 벌어진다. 살림살이들이 금융회사를 통해 뿔뿔이 남의 손으로 넘어가는 광경을 봐야 하는 건 고통스러운 일이다. 하물며 이웃에게 들키기라도 하면 망신스러움과 수치심 때문에 더 괴롭다. 여기에는 정말 구역질나는 이야기들이 많다. 영화 〈레미제라블〉에 등장하는 1830년대 프랑스 뒷골목의 가난한 민중들에게서나 볼 법한 낡은 가난이 연상될 정도다.

경매 집행 당일 브로커가 오는 이유는 두 가지다. 실제 경매에 참여해 물건을 소유하는 경우가 첫 번째 유형이고 두 번째는 일단 경매에서 낙찰 받은 뒤 그 물건들을 다시 채무자에게 되파는 유형이 있다. 가난한 채무자의 살림살이를 확보해봤자 다른 곳에 팔 수도 없는 것들이 대부분이니 그냥 그 자리에서 채무 당사자에게 웃돈이나 받아먹겠다는 심보다. 심지어 단독 낙찰을 받으려고 혹시 다른 입찰자가 있나 눈치 보느라 배회하는 사람들도 있다고 한다.

민법과 민사집행법은 배우자에게 우선매수권과 배당권을 부여한다. 치졸하기 그지없는 법률 체계가 아닐 수 없다. 쉽게 말해, 부부의 재산에 대해 부부가 반반씩 소유했다고 전제하고 압류와 경매 절차 이후에 발생한 수익에서 배우자에게 절반의 배당을 요구할 수 있는 권리를 주거나 혹은 먼저 자기 집 살림살이를 살 수 있도록 치사한 배려를 하고 있는 것이다.

여기가 끝이 아니다. 너절하고 구질구질한 거래는 계속된다. 배우자가 매입할 때를 대비해 경매 참여자를 늘려 경매가를 높이는 경우도 있다. 혹은 브로커가 나타나 그러한 내용을 사전에 알려주거나 경매가를 낮추겠다는 등 도움을 주는 척하며 비용을 요구하기도 한다.

이런 일들은 드라마에서나 볼 수 있는 일이 아니다. 바로 우리 곁에서 지금도 일어나고 있는 일들이다. 세계 경제 순위 13위라는 선진국 대한민국에서 보통 사람들에게 종종 일어나는 일이다. 카드사들만 조사해도 압류 건수가 만 건이 넘는다. 대부업체와 사금융업체, 여타 제2금융권에서 벌어지는 건수까지 조사해본다면 사태는 매우 심각할 것이 뻔하다.

내가 말하려는 건 한때 잘나갔다가 하루아침에 부도가 난 사장님의 값비싼 명품 가구들에 붙어 있는 딱지가 아니다. 가난한 살림살이에 치사하게 붙어 있는 벌건 압류 딱지다. 가난한 집 아이들이 밥을 먹을 때마다, 텔레비전을 켤 때마다 우리 부모가 빚을 갚지 못하고 있다는 것을 처절하게 되새기도록 만드는 야만적인 형벌이다. 이러한 제도는 당연히 없어져야 한다. 이와 관련해 민생연대 등 시민단체들은 지속적으로 법 개정을 요구해왔다. 민생연대 송태경 사무처장은 구체적으로 이렇게 지적했다.

"채무자의 기초생활에 필요한 가스레인지, 냉장고, 텔레비전, 세탁기, 밥솥, 컴퓨터 등으로서 대법원 규칙이 정하는 액수 이하의 가전제품과 같은 유형의 법률적 규정을 현행 민사집행법의 '압류가 금지되는 물건'에 포함되도록 개선하여 가난한 이들의 볼품없는 가전제품 정도는 보호해주거나, 또는 '법원은 당사자가 신청하면 채권자와 채무자의 생활 형편, 그 밖의 사정을 고려하여 유체동산의 전부 또는 일부에 대한 압류 취소를 명'할 수 있으므로 위의 신설 규정의 취지에 맞게 대법원 규칙을 정할 필요가 있다."

그러나 정부 당국과 국회는 별 반응이 없다. 이에 대해 송태경 처장은 "'법치'를 빙자한 '야만의 지속'을 방치하고 있다"고 신랄하게 비판했다.

채권 회수를 목적으로 하는 유체동산 압류를 완전히 불가능하게 만들자는 것이 아니다. 일부러 망신을 주고 무언의 협박을 하겠다는 의도가 분명한 행위를 규제하자는 것이다. 그러나 이러한 주장조차 '상황은 안타까우나 그렇게 왜 감당 못할 돈을 빌렸느냐'는 질책 속에 묻힌다. 그러한 민사집행 절차가 없으면 고의로 빚을 갚지 않는 등 악용하는 사례가 많아지기 때문에 사연은 안타깝지만 어쩔 수 없으며, 도덕적 해이를 방지하기 위해 제도 개선은 불가하다는 주장이 여전히 힘을 얻고 있다.

그나마 2013년부터 금융감독원에서는 소액 채무자와 사회적 취약 계층의 가재도구 등 유체동산을 압류하는 행위에 대해 일부 제한하는 조치를 마련했다. 채무 원금이 월 최저생계비(150만 원) 이하인 경우 채무자의 유체동산을 압류할 수 없으며, 영구 임대주택 거주자, 기초생활수급자, 중증 환자, 장애인, 65세 이상 노인 등 취약 계층의 유체동산에 대한 압류도 할 수 없도록 했다. 그러나 금융감독원의 이러한 가이드라인은 강제성 없이 업계가 자율적으로 반영하도록 되어 있다. 따라서 실효성이 매우 적다. 법을 개정하지 않은 가이드라인은 그저 감독의 지침일 뿐 이를 어긴다 해도 처벌할 수 없기 때문이다.

그러한 지침은 사회 분위기에 따라 적용 내용이 달라지거나 일관성이 없기 때문에 현장에서도 반드시 지켜야 할 규정으로 해석하지 않는다. 단지 바람 한 번 지나가면 된다는 식이고, 오히려 이랬다저랬다 하는 식의 감독 지침은 불법 추심을 정당화시키는 계기가 되곤 한다. 게다가 보호의 대상에서 애매하게 비켜 있는 사각지대의 서민들은 아예 규제 대상에 포함되지 않는다는 것도 문제다. 근본적으로 금융감독원이 유체동산 압류가 채무 회수를 위한 실효적인 행위가 아닌 협박용에 지나지 않는 것이라고 해석한다면 굳이 소액 채무와 취약 계층, 즉 구 임대주택 거주자, 기초생활수급자, 중증환자, 장애인, 65세 이상 노인 등에게만 보호 규제를 적용해선 안 된다.

일반적인 서민들이 소유하고 있는 텔레비전과 전기밥솥 등의 가재도구도 값나가는 물건이 아니기는 마찬가지다. 금융감독원이 과도한 추심 행위를 규제하려는 의지가 있었다면 처음부터 몇백만 원의 고가 전자제품과 고가 가구 등 고급 가재도구를 열거하는 방식으로 규제를 만들고 입법화한 뒤 강력한 처벌 규정을 마련했어야 한다. 지금과 같은 식의 무슨 크리스마스 선물 같은 일회성 규제는 언론 보도용 전시성 행정에 지나지 않는다.

금융감독 당국이 이렇게 후진국형 빚 독촉 문화에 생색내기 식의 감독 지침만을 찔끔찔끔 내놓을 수 있는 것도 우리나라의 빚에 대한 감수성이 작동한 결과다. 금융감독 당국의 관료들은 늘 이렇게 말한다. "채권자의 재산권 행사를 지나치게 제한하는 규제는 곤란하다."

정부 관료들과 이야기를 나누다 보면 늘 답답함이 밀려온다. 도대체 누구를 위해 존재하는 공권력인가 싶다. 가난한 채무자에게 망신을 주는 행위를 못하게 하는 것이 왜 재산권 행사에 대한 지나친 간섭인가? 이렇게 따져 물어봐야 소용없다.

제도 개선에 있어서 가장 효과적인 방법은 여론을 움직이는 것이다. 법을 만들고 고치는 국회의원과 정부 관료 들이 여론에 따라 면피용 혹은 생색내기 식으로 마지못해서라도 반응하기 때문이다. 여기서 절망적인 점은 여론이 채무자에게 우호적이지 않다는 것이다. 처지를 바꿔 생각해보자. 물론 나는 죽어도 저런 상황에 처하지 않으리라 확신하겠지만, 만에 하나 어느 날 우리 집 가전제품들에 온통 빨간 딱지가 붙어 있다면 어떻게 행동하겠는가? 우리나라 자살률이 10년간 경제협력개발기구^{OECD} 국가 중 1위를 기록한 것은 결코 우연이 아니다.

불법 추심과
스톡홀름 증후군

불법 채권추심에 대해서도 이와 같은 비정한 도덕적 잣대가 따라붙는다. 불법 고리사채로 얻은 겨우 몇 천만 원의 빚 때문에 결국 갖고 있던 가게를 모두 빼앗긴 어느 여성 자영업자는 참다못해 경찰서에 신고를 했다. 동대문에서 가게를 네 개나 운영할 정도로 당찬 사장이었다. 그러나 우연히 쓰게 된 일수 빚에 삶이 송두리째 망가졌다. 이런 이야기를 들을 때도 많은 사람들은 이렇게 되묻는다. 불법적인 채권추심인데 왜 그냥 당하고만 있었을까? 그 정도 사업까지 하는 사람이 왜 그런 이상한 대출에 속아 넘어갔을까?

이런 질문은 보이스피싱을 당한 사람에게 쏟아지는 비난과도 비슷하다. 언론에 보이스피싱 사건이 도배되다시피 하는 데도 당한다는 건 바보 같은 일이라는 식이다. 더 큰 문제는 채무자 혹은 피해자가 자기 자신에게 이런 질책을 가하며 스스로를 할퀸다는 것이다. 그게 더 위험하다. 자아고갈 상태에 빠지기 때문이다. 자아고갈 상태는 문제를 개선하고자 하는 동기가 완전히 제거되거나 혹은 상태가 나아질 것이란 희망 자체가 남아 있지 않은 상태다.

행동경제학으로 노벨 경제학상을 수상한 대니얼 카너먼^{Daniel Kahneman}은 자아고갈 상태와 관련해 다음과 같은 실험을 진행했다. 실험 참가자들에게 감동적인 영화를 보여준 뒤 감정적 반응을 자제하도록 지시했다. 그 뒤 악력계를 얼마나 오랫동안 꽉 잡을 수 있는지 알아보는 테스트를 했는데 실험 결과가 좋지 않았다고 한다. 그는 "실험의 첫 단계에서 쏟은 감정적인 노력이 지속적인 근육 수축의 고통을 참을 수 있는 능력을 약화시키기 때문에 자아가 고갈된 사람들은 포기하려는 충동에 훨씬 더 취약해질 수밖에 없다"고 결론을 내렸다.

바보도 아닌데 모든 것을 불법적으로 빼앗길 동안 무엇을 했느냐는 가혹한 질문에는 사실 분명한 답이 있다. 처음에는 자아 고갈 상태라서 자신이 나름대로 저항해온 많은 이야기들을 제대로 표현하지 못하지만 천천히 지난 이야기를 꺼내다 보면 그 사람이 특별히 바보 같아서 당한 것이 아니라는 사실이 드러난다.

처음 돈을 빌릴 때는 모든 일이 잘 될 거라고 믿었지만 생각보다 일은 풀리지 않고 경기는 기대만큼 좋아지지 않는다. 그래도 처음에는 돈을 빌려 잘 갚았는데, 그러다 한두 번 연체를 하니 슬그머니 미안한 감정이 든다. 기를 쓰고 상황을 좋은 쪽으로 만들어보려고 새벽부터 밤늦게까지 전보다 더 열심히 일했지만 어느 순간 일수를 납입하지 못하거나 겨우겨우 이자만 갚고, 심지어 또 다른 급전이 필요한 일이 생긴다. 그럴 때마다 조금은 차갑고 매서운 곳이지만, 대부업체에 손을 벌려 약간 더 높은 이자의 대출을 받게 된다. 이런 일들이 반복되면서 결국 도저히 갚을 수 없는 수준까지 빚이 불어난다. 채무 독촉은 약간의 조롱으로 시작하다 협박으로 이어지고, 협박 뒤 조금은 부드러운 회유로 가게 하나를 저당 잡히고 나서야 며칠의 평화를 얻는다.

보통 사람들이라면 이런 일련의 과정을 거치면서 가진 것을 모두 빼앗길 수밖에 없다. 게다가 자신도 모르는 사이 스톡홀름 증후군에 걸린 듯이 의식이 변하고 만다. 스톡홀름 증후군은 범죄자의 감정에 동화되어 인질이나 피해자가 오히려 가해자를 감정적으로 지지하게 되는 증상을 말하는데, 채무자의 심리 상태에서도 이 같은 증상이 나타난다는 것이다. 미국의 심리학자 프랭크 옥버그$^{Frank Ochberg}$는 이와 관련해 다음과 같이 설명한다.

1. 피해자들이 느끼는 최초의 감정은 공포심이다.
2. 범죄자에게 지시를 받는 '어린아이처럼 되는' 경험을 한다. 작은 친절에 감사의 감정을 느낀다.
3. 범죄자가 자신에게 관대함을 발휘할 것이란 생각에 우호적인 감정을 가진다.

실제로 오랫동안 연 1,000퍼센트 이상의 고금리 빚을 갚느라 번 돈의 상당 부분을 빼앗기고 있던 어느 직장인을 상담한 적이 있다. 나는 당장 고발해야 하고 불법적인 이자 수취는 부당이득 반환 소송으로 되돌려 받을 수 있음을 알려주었다. 그러나 그 채무자는 매우 당혹스러워하면서 돈을 빌려준 사람이 얼마나 고마운 사람인지 역설하기 시작했다. 오히려 내가 당혹스러울 정도였다. 심지어 그가 정신적으로 문제가 있는 것이 아닌가 하는 생각까지 들었다. 매우 비참해 보였다.

그는 어깨가 축 쳐진 상태로 빚 독촉의 고통과 다음 달 이자를 못 낼 수도 있다는 두려움을 이야기하면서도 그 채권자의 감정에 동화되어 있었다. 모두 다 자기 잘못이고 돈을 빌려준 사람은 그저 자신이 어려울 때 도움을 준 사람이며, 독하게 독촉을 할 때도 많지만 간혹 자신을 안타깝게 여기며 친절을 베풀기도 한다는 것이다(사실 이때 보이는 친절은 대개 더 높은 이자율의 빚을 또 빌려주는 행위들이다).

이렇게 빚 독촉에 어이없게 당하는 사람들 중에는 온유한 성격의 소유자가 더 많은 것 같다. 사람을 잘 믿고 도덕적으로 흠이 없어야 한다는 인생관을 지닌 탓에 가혹한 환경을 잘 수용하도록 스스로에게 더욱 강요하는 건지도 모르겠다.

불법 추심을 당하는 동안 왜 신고하지 않았느냐는 반문도 현실에서는 채무자를 두 번 울리는 이야기에 지나지 않는다. 앞의 사례에서 여성 자영업자는 가게를 하나둘 빼앗기기 시작하면서 경찰에 여러 차례 신고했다. 그럴 때마다 경찰서에서는 '그러게 왜 그런 빚을 썼느냐'는 타박만 들었다. 신고 접수를 하기는 했지만 우리나라의 공권력이 민생 현장에서 어떻게 작동하는지는 이 책을 읽고 있는 독자들도 잘 알고 있으리라 생각된다.

새정치민주연합 최재천 의원실에서 운영했던 '민생고 희망찾기'의 도움을 받기까지 그녀는 불법 추심의 수렁에서 헤어나지 못했다. 민생고에 접수한 그녀의 하소연 중에는 "그저 돈이 급했던 마음에 대출 광고가 고맙기까지 했다"는 말도 있다.

우리가 생각하는 상식의 잣대로 채무자의 고통에 대해 매정하게 이야기하는 것은 매우 잔인한 사회적 폭력이다. 그 어떤 사람도 연체자들이 당하는 고통이 자기에게 닥쳤을 때 그들과 달리 이성적으로 문제를 해결할 수 있다고 장담할 수 없다.

간혹 빚에 관한 기사에 '빚은 무덤까지 가서라도 갚아야 한다'는 무시무시한 댓글이 달리기도 한다. 나는 그 댓글을 작성한 사람이 추심원일 거라고 억지로 믿는다. 도저히 보통 사람의 상식이라고 믿고 싶지 않다.

누구나 채무자가
될 수 있는 사회

문제는 빚을 반드시 갚아야 할 것으로 인식하면서 우리가 끌어안고 사는 근대적 공포에 연체자에 대한 회피 심리가 추가된다는 점이다. 지금 우리 대다수는 빚의 올가미에 사로잡혀 있다. 열 명 중 여섯 명에게 빚이 있는데, 이 정도면 자신도 언제 연체자가 될지 모른다는 잠재적 두려움은 사회 전반에 걸친 현상이라고 말할 수밖에 없다. 사회적 공포감은 예측 불가능하고 그 위협의 실체를 알 수 없으며, 따라서 대처 방법도 찾기 어렵다.

　가장 근원적이고 일반적인 공포감으로 죽음을 예로 들 수 있다. 인간은 근본적으로 죽을 수밖에 없는 운명이지만, 그 죽음이 언제 다가올지는 알 수 없다. 소멸의 확실성과 시기의 불확실성이 사람을 내재적으로 불안하게 만드는 것이다. 특히 공포감을 증폭시키는 것은 불확실성이다. 불확실성은 불안을 키우고 일상을 불행하게 만든다. 파블로프는 이와 관련해 종소리가 아닌 다른 방식의 실험을 추가했다.

　파블로프는 개에게 원과 타원을 보여주는 것으로 실험을 변형시켰다. 원을 보여준 뒤에는 먹이를 주고, 타원을 보여준 뒤에는 먹이를 주지 않았다. 개가 드디어 원과 타원을 구별해 각각의 상황에 맞춰 침을 흘리기 시작하자 파블로프는 좀 더 짓궂은 조건을 만들었다. 타원 모양을 원에 가깝게 함으로써 원과 타원을 구별하기 어렵게 만든 것이다. 원과 타원의 구별이 점점 어려워지면서 이제 개에게 먹이가 주어지는 조건은 불확실해졌다. 실험이 계속될수록 개는 낑낑거리기 시작하고 오줌을 흘리는가 하면 주변에 있는 물건을 물어뜯는 등의 이상행동을 보이기 시작했다. 이에 대해 파블로프는 신경증 환자와 비슷한 증세라고 판단하고 '실험적 신경증'이라 이름 붙였다.

　이 실험은 불확실성이 얼마나 큰 스트레스인지를 보여준다.

불확실성은 신경증 증세를 불러일으킬 만큼 불안과 불행의 중요한 전제 조건이다. 죽음에 대한 인간의 본질적 두려움은 죽음이 만들어내는 소멸 그 자체 때문이기도 하지만, 죽음 이후에 대한 모호함과 언제 죽을지 모른다는 불확실성에 기인한다. 그 공포심은 인간이 통제할 수 없는 것이다.

죽음 이외에도 사회적인 불확실성은 사람을 불안하게 만들고 더 나아가 공포심까지 갖게 만든다. 사회적 불확실성의 대표적인 것이 질병이나 실직 등이다. 질병은 그 자체로 사회적인 것은 아니지만 병에 걸려 경제적으로 맞게 될 고통은 사회적이다. 결국 사람을 늘 불안하게 만드는 것은 사회 안전망의 부재로 인한 경제적 추락이다.

지그문트 바우만은 이를 유동적 근대성이라고 표현한다. 지금은 모든 것이 유동적인 상태다. 근대 이후 자유가 늘었지만 자유의 실체는 개인에게 모든 책임을 전가한다. 병을 치료하기 위해 병원을 찾았으나 의사를 선택할 자유가 주어지면서 환자에게 병에 대한 책임까지 주어지는 식이다. 유동적 근대성이 만들어내는 사회적 공포감에는 금융 시스템이 만들어내는 것도 추가된다. 첨단 금융기법을 통해 자산 증식의 기회를 선택할 자유가 늘어났지만 그만큼 금융상품의 리스크는 개인에게 되돌아간다.

리스크란 흔히 우리가 계산할 수 있고 예측할 수 있는 위험이라고 정의된다. 그런데 바우만은 리스크란 일종의 속임수라고 말한다. "우리가 위험을 예측 가능하다고 믿게 하는 것, 그 가능성을 예측하고 계산할 수 있다고 믿게 하는 것이 리스크"라고 말한다. 채무를 상환할 수 있는지에 대한 위험성을 채권자가 아닌 채무자가 일방적으로 책임지게 만드는 금융시장 구조는 리스크의 속임수를 그대로 보여준다.

채무자는 자신의 채무 상환에 대한 리스크를 모두 예측하고 계산할 수 없다. 내가 얻을 빚을 확실히 다 갚을 수 있다는 가능성과 계산이 선명해진다면 굳이 빚을 두려워할 필요는 없다. 그러나 우리는 지금 갖고 있는 빚을 다 갚을 수 있을지 계산할 수도, 확신할 수도 없다. 현재 연체를 하지 않고 있다 하더라도 매달 월급이 입금되자마자 이자 비용과 각종 카드 결제금이 빠져나가는 현실에 익숙해져서 무력감에 빠진 경우도 흔하다.

자신의 현재 소득과 미래 소득, 직업의 안정성과 경기 변동에 따른 소득 변동을 예측해 채무 상환 가능성을 계산하면서 사는 사람은 극히 드물다. 대부분 자신의 채무 내용에 대해 금리 조건이나 상환 방식의 합리성조차 따지지 않는다. 그 결과 많은 사람들이 자신의 채무 상환 가능성에 대해 확실히 알지 못한다. 따져본 적이 없기 때문에 갚을 수 있을지, 언제 상환이 완결될지 모르는 경우가 허다하다.

이렇게 불확실한 상태로 부채를 관리하는 과정에서 우리는 무의식중에 연체자가 될 수 있다는 공포심에 조금씩 휩싸인다. 그것은 각종 미디어를 통해 접해온 지독한 빚 독촉의 현실이 내게도 닥칠 수 있다는 두려움이다. 그동안 열심히 살며 쌓아온 모든 것을 부정당하고 수치심과 상실감, 모욕감을 받아들여야 하는 것. 이것이 연체자가 되었을 때 마주해야 할 현실이다.

지나친 공포감은 마음 깊은 곳에서부터 그럴 수 있다는 가정 자체를 부정하는 방어기제를 형성한다. 최소한 살면서 그런 상황에 처하지는 않아야 한다는 강한 부정이 빚은 반드시 갚아야 한다는 사회적 신념을 단단하게 만들어버리는지도 모르겠다.

앞서 말한 대로 대부분의 가정이 현재 갚기 어려운 빚을 끌어안고 있다. 2015년 현재 우리나라 가계부채는 1,200조 원 가량이다. 국민 일인당으로 빚을 나눠보았을 때 어린 아이들까지도 2,400만 원의 빚을 갖고 있는 셈이고, 3인 가구라면 가구당 7,200만 원의 빚이 있다는 이야기다. 부채 규모는 가처분 소득 대비 160퍼센트를 넘어섰고, GDP(국내총생산)의 91퍼센트 수준까지 치솟았다. 금융회사 세 군데 이상에서 돈을 빌린 채무자가 328만 명이고, 빚을 갚지 못해 오랫동안 연체 중인 사람이 350만 명이다. 이쯤 되면 연체자가 될 수 있다는 사회적 공포심에서 자유로울 수 있는 사람은 그리 많지 않다.

특히 중산층으로 분류되는 4분위 가구(연 소득 4,320만~6,600만 원)의 가계부채가 2013년을 기준으로 했을 때 가장 큰 폭으로 증가해 중산층조차 빚을 줄이기는커녕 오히려 늘려야 할 위험한 상황에 내몰려 있다. 빚이 늘어난다는 것은 기존의 담보 대출 등 저금리 빚에 제2금융권의 고금리 빚이 추가되고 있다는 것을 의미한다. 통계청이 실시한 조사에 따르면 2013년 4분위 가구의 제2금융권 대출 비중은 29.4퍼센트로 2012년에 비해 5.3퍼센트 포인트 높아졌다. 가계부채 실태는 이미 상환 불능 상태라고 해도 과언이 아니다. 더욱이 이제는 중산층에게도 채무 불이행이 현실적인 문제로 치닫고 있다.

수많은 사람들이 잠재적 연체자로서 지금 당장 고통 속에 허덕이면서 빚을 갚고 있다. 이 같은 상황에서 빚을 갚지 못하는 몇몇 사람을 구제하는 게 형평성에 맞지 않다는 지적은 일면 납득이 가기도 한다. 그러나 내가 지금 어렵게 빚을 갚고 있으니 누군가 절대적으로 채무 상환이 불가능한 상황에 처해도 반드시 빚을 갚아야 한다는 명령은 나 역시도 언제 어떻게 저 대열에 낄지 모른다는 내적 불안만을 키울 뿐이다. 그러니까 우리가 연체자를 향해 던지는 도덕적 명령이 언제 내게로 다시 돌아올지 모른다는 두려움 속에 대부분의 사람들이 갇혀 있다는 말이다.

2장

—

대부업과
신용카드

:빚 권하는 사회의
두 기둥

국가가 뿌린 돈은
어떻게 폭탄이 되는가

　　　　　　　　　　　돈이 필요하면 빌려주겠다
는 공짜 돈의 유혹이 넘쳐흐른다. 비이성적 행동을 유발하는 일
들이 정부와 금융권, 광고 등을 통해 광범위하게 진행되고 있다.
박근혜 정부 출범 직후인 2013년 4월 1일, 생애 최초 주택구입
자에게 제한적으로 총부채상환비율DTI은 은행 자율, 주택담보인
정비율LTV은 70퍼센트까지 완화되었다. 그와 더불어 금리 인하,
세입자를 위한 집주인 담보대출 정책(목돈 안 드는 전세제도)도 제
시되었다. 같은 해 8월 28일 전월세 대책으로 1.3~1.5퍼센트 수
익의 손익 공유형 모기지 대출이 출시되었는데, 전월세 대책으
로 빚내서 집 사라는 정책을 내놓았다는 비판에 직면했다. 이후

2014년 2월 19일 저소득층을 위한 디딤돌 대출이 출시되었고, 7월 24일 LTV 70퍼센트, DTI 60퍼센트가 일괄 적용되면서 대출 관련 금융규제가 전면적으로 완화되었다. 또한 디딤돌 대출의 대상을 무주택자에서 1주택자로 확대하고 저소득층에 한정되었던 소득 제한도 완화했다. 급기야 최근에는 1퍼센트 모기지 대출 상품 출시와 함께 1.75퍼센트로 전격적인 금리 인하가 단행되었다.

당장 생활비가 부족한 사람에게 누군가 돈을 빌려줘서 빈 통장에 두둑한 목돈이 입금되었다고 생각해보자. 분명히 갚아야 할 돈인 것은 맞지만 이자율이 낮아 매월 나눠 갚아야 할 돈은 적다. 가령 1억 원을 빌렸다고 하자. 일을 해서 벌려면 수년간 뼈 빠지게 일하고도 겨우 쥘까 말까 할 큰돈이지만, 은행에서 1퍼센트 금리로 빌린다면 8만 4,000원의 이자만 갚으면 된다. 월세살이에서 벗어나지 못하던 사람에게 이 돈이 내 집을 마련할 수 있는 중요한 쌈짓돈이 된다면 흥분은 더욱 배가 될 수밖에 없다. 이러한 흥분은 비이성적 행동을 유발한다. 내 돈이 아닌 금융회사 돈으로 내 집을 갖게 된다지만 매월 나눠 갚아야 할 이자가 지나치게 높다면 공짜에 대한 흥분보다 걱정이 앞설 것이다. 그런데 이자가 충분히 갚을만 하다면 어떨까?

"하루에도 전화가 수십 통씩 걸려 와요. 나름대로 갚으려고 노력했어요. 임금이 몇 번 체불되는 사이 정신없이 빚이 불어났는데, 돈 빌려줄 때는 그렇게 친절하더니 하루만 연체해도 어찌나 사납게 말을 하는지, 그게 싫어서 자꾸 빚으로 빚을 갚게 되어버렸어요."

경기도 파주의 한 아파트에 사는 주부 김지숙 씨는 하루에 한 번씩 인터넷으로 자살이라는 단어를 검색한다. 죽을 만큼 고통스러운 현실을 만든 것은 아이러니하게도 이 가족에게 주어졌던 행운이었다. 1991년에 결혼할 당시 어렵사리 1,000만 원짜리 전세를 구할 수 있었다. 결혼과 동시에 아이를 출산했는데 남편의 소득은 80만 원에서 겨우 100만 원으로 늘었다. 어쩔 수 없이 출산 이후 맞벌이를 했지만 다시 4년 후 둘째가 태어났고 전세값은 그 사이 저축으로 해결하기 힘든 수준으로 뛰어올랐다. 반전세를 살 수밖에 없는 처지였다. 그때 김지숙 씨는 다들 그렇듯이 월세 내느니 돈을 빌려 집을 사고 이자를 내는 것이 더 낫다고 판단했다.

그들은 1998년에 5,000만 원의 빚을 끼고 8,000만 원짜리 집을 샀다. 당시만 해도 LTV가 없었기 때문에 가능한 일이었다. 그러나 식당에서 일을 하던 부인이 건강 상태가 좋지 않아 일을 그만두면서 이자 부담이 가계를 위협하게 되었다. 마침 집값은 2

년 사이 4,000만 원이나 올랐기에 팔아서 이자 부담을 없애는 것이 낫다고 여겼다. 운 좋게 시세 차익을 챙겼다고 생각했다.

문제는 빚을 갚고 남은 돈으로 다른 집을 사거나 전세에 들어갈 형편이 안 된다는 것이었다. 과감히 빚을 끼고 집을 사는 투자를 감행했기 때문에 시세 차익을 챙겼다고 생각했지만, 현실은 집 걱정 없는 삶을 허용하지 않았다. 바로 그때, 국민임대아파트에 입주하는 행운이 주어졌다. 보증금 4,000여만 원에 월세 17만 원짜리 집이었다. 이들에게 생긴 행운은 여기서 그치지 않았다. 3년 후 월세로 살던 국민임대아파트에 우선 분양권을 갖게 되었다. 당시 시세는 분양가에 비해 8,000만 원이 더 높았다. 분양을 받아 매입하기만 하면 내 집을 갖게 되는 것은 물론이고 8,000만 원의 시세 차익도 고스란히 이 가족의 몫이 되는 듯했다.

부족한 돈을 은행에서 빌리는 것은 전혀 어렵지 않았다. 남편의 소득도 꽤 올라 매월 300여만 원이 되었다. 마치 은행에서 주는 공짜 돈이 지렛대가 되어 때 되면 알아서 돈도 벌고 집도 갖게 되는 듯한 기분마저 들었다. 횡재도 이런 횡재가 또 있을까? 담보 대출 1억 원이 약간 걱정되었지만 이자율이 낮아 매월 40여만 원만 갚으면 된다고 생각했다.

그러나 이들에게 앞날을 열어주는 듯한 행운은 여기에서 끝난다. 그 행운이 고통으로 돌변하는 데는 그리 오래 걸리지 않았다. 남편이 다니는 회사 사정이 어려워지면서 월급이 밀리기 시작했다. 건강이 좋지 않은 부인이 허드렛일로 생활비를 충당해 보려 했지만 이자 비용까지 감당할 수는 없었다. 카드 결제가 어려워지기 시작했고 얼마 안 가 여러 장의 카드를 돌려막게 되었다. 바로 이때부터 1년 사이에 카드론 3개와 캐피털 대출 3개, 대부업 대출 2개, 저축은행 대출 2개 등 총 10개의 빚이 추가되었다. 금세 해결될 줄 알았던 남편의 소득 불안이 여러 차례 반복되면서 희망과 절망을 오가는 사이 어느새 다중 채무자가 되었다.

담보 대출 1억 원은 정부의 금리 인하로 이자 비용이 줄었다. 그러나 남편의 소득 불안으로 생겨난 제2금융권 대출들까지 정부의 선심성 이자 적용을 받은 것은 아니다. 나머지 제2금융권 대출의 이자율은 평균 27퍼센트였다. 대출 총액은 3,300여만 원이지만 매월 갚아야 할 원리금은 140만 원에 달했다.

1퍼센트 모기지 대출, 1퍼센트대 금리 시대를 선포한 정부는 그처럼 낮은 이자율의 대출로 시작된 빚이 잠깐의 불운만 겹쳐도 금세 30퍼센트 전후의 무시무시한 고금리 빚으로 돌변할 수 있다는 사실을 간과하고 있다.

빛도 자산이라더니
알고 보면 무덤이다

가계부채 1,200조 원, 가처분 소득 대비 부채 비율이 160퍼센트 이상으로 치솟은 데에는 정부의 빚 권하기 정책과 금융사의 마케팅이 큰 영향을 미쳤다. 한때 언론을 통해 이뤄진 금융사의 마케팅은 마치 빚을 내서 투자하는 것이 레버리지 투자(지렛대 투자)로 인식되게끔 만들었다. "빚도 자산이다"라는 말은 아직도 잊히지 않는다. 이는 언론을 통해 수년간 지속적으로 사람들에게 학습되어 왔다.

앞의 사례에서 김지숙 씨는 5,000만 원의 빚을 지렛대 삼아 4,000만 원을 벌었고, 1억 원의 대출로 8,000만 원의 시세 차익도 기대할 수 있었다. 만약 부동산 시장이 활황을 지속했다면 지금쯤 김지숙 씨는 고금리 대출에 신음하면서 한 달에 11일을 결제로 속 태우는 삶을 살지 않아도 된다. 그러나 빚으로 뛰어오른 집값이 언제까지 고공 행진 할 수는 없다. 일반적인 서민 가계에서 벌어질 만한 평범한 변수들이 빚으로 만든 자산을 순식간에 지옥으로 바꿔버린다.

지금은 미국 매사추세츠 주의 상원의원이자 대권 후보로 떠오른 엘리자베스 워런Elizabeth Warren은 하버드대학교 교수 시절

집필한 《맞벌이의 함정》이란 책에서 미국의 하우스 푸어 문제와 서브프라임 사태를 예견한 바 있다. 중산층 가정에서 자녀들에게 좋은 교육 환경과 주거 여건을 제공하기 위해 무리하게 빚내서 집을 사는 바람에 가계 재무구조가 취약해지는 현상을 지적했다. 당장은 저금리에 이자 부담이 없는 듯하지만, 그들은 사소한 외부 충격에도 순식간에 파산으로 내몰릴 수 있다. 충격을 흡수할 쿠션이 없다는 말이다. 그리고 이러한 점이 바로 금융위기의 원인이 된다고 예견했다.

지금 우리나라 중산층 서민의 가계 재무구조가 그러한 상태다. 이렇듯 충격을 흡수할 안전장치 없는 재무구조를 만드는 데에는 정부, 금융회사, 언론의 역할이 주효했다. 정부의 빚 권하는 정책과 금융회사의 과잉 경쟁, 대출 마케팅, 빚에 대한 언론의 왜곡된 정보 전달이 아슬아슬한 현실을 만들었다. 정부는 이자를 깎아줄 테니 빚내서 집 사라고 외치고 금융회사는 그에 발맞춰 소비자의 상환 능력에 대한 꼼꼼한 검토 없이 담보 대출, 신용카드, 카드론, 리볼빙 등의 빚을 뿌린다. 거기에 언론이 나서서 "빚도 자산입니다"라고 말하는 세상에서 생활비가 부족할 때 "저는 갚을 능력이 안 되어 빚은 사양하겠습니다"라고 거절할 사람이 있을까?

그러나 무리하게 빚을 얻어서 상환불능 상태에 빠지면 그 책임은 고스란히 개인에게만 돌아간다. "그러게 왜 갚지도 못할 빚을 얻었나!"라는 비난을 들으며 인권침해가 공공연한 비인간적인 추심에 노출되어도 '어쩔 수 없다'며 가혹한 책임을 진다. 그에 비해 빚내서 쓰라던 정부, 책임 대출을 위해 개인의 신용정보를 전부 수집하고도 여전히 무책임한 대출을 해대는 금융회사들과 빚을 미화시키던 언론들은 책임에서 완전히 비껴 있다.

수많은 채무자가 이 가족처럼 작은 사건에서 시작된 불운으로 짧은 사이에 극한 상황까지 직행한다. 가령 어머니의 어깨 관절 수술비가 부족해 쓰기 시작한 카드론이 카드 돌려 막기에 이어 리볼빙, 저축은행의 고금리 대출로까지 이어진다. 의도치 않은 사이 연체자가 된 채 빚 독촉에 시달리는 날을 맞게 된다. 아버지의 질병으로 남은 가족 모두 빚의 수렁에 빠진 경우도 있다.

"정말 하루하루 버티는 것이 힘이 듭니다. 부모님께 연락드려도 아빠는 통화할 수가 없고 엄마는 제 목소리만 들어도 우시니 어떻게 해야 할지 모르겠어요. 함께 방법 좀 찾아달라고 해도 전혀 대책이 없으신가봅니다. 제가 쓴 것이면 억울하지나 않죠. 어머니는 저나 제 동생만 아니면 그냥 더 살고 싶지 않다고까지 말씀하세요. 하루하루 위태로워요. 삶이 망가졌어요. 물을 마셔도 갈증이 나고 성격도 점점 변해가는 듯해요. 저 좀 도와주세요."

시드니 호머Sidney Homer의 《금리의 역사》를 보면 고대 바빌로니아와 그리스, 로마의 이자율의 역사를 분석한 결과가 나온다. 호머는 "국가 혹은 문명의 흥망성쇠, 전쟁의 힘과 비극, 평화의 향유와 남용 등 온갖 현상의 빛과 그림자가 이자율의 역사에 다 반영돼 있다"고 한다. 그는 "국가 혹은 문화가 번성하는 시기에는 이자율이 낮고, 쇠퇴하거나 망하는 시기에는 이자율이 치솟는다"고 덧붙인다.

그러나 다른 각도로 서술할 수도 있다. 국가가 쇠퇴하거나 망하는 시기에 이자율이 치솟은 것이 아니라 이자율이 치솟기 때문에 사람들의 삶이 파괴되면서 경제위기를 겪게 되고 그로 인해 국가가 쇠퇴하거나 망하는 것이 아닐까? 즉 호머가 제시한 원인과 결과를 거꾸로 뒤집어 볼 수도 있다. 작은 가정사의 변동으로 가족 모두 지옥으로 몰린 이유가 바로 이자율 때문이다.

이자율만 상식적인 수준이었다면 어렵더라도 갚아나가기에 충분했던 가정들이 고금리 이자 때문에 휘청인다. 이자를 부담하느라 새로운 대출에 의존하게 되고 빚 돌려 막기가 시작된다. 그 빚은 다시 높은 이자율로 인해 금세 눈덩이처럼 부풀어 오른다. 저축은행과 카드사, 대부업체까지 20퍼센트에서 40퍼센트에 이르는 고금리 환경에서 서민들은 작은 금액의 빚도 제대로 감당하기 어렵다. 생활비가 부족해서 돈을 빌렸는데 갑자기 소득이 늘어나지 않는 한 높은 이자율의 빚을 갚기 위한 방법은 결국 다른 빚을 얻는 것 외에는 없다. 이것이 반복되면 대부업 대출까지 전부 끌어다 쓰게 되고, 종국에는 상환 불능상태에 빠진다.

상환 불능은 곧바로 추심으로 이어진다. 과거 추노에게 쫓기던 노예처럼 도망자가 되는 형벌을 감수해야 한다. 앞서 인용한 여성의 글에서 빚 독촉의 폭력이 어떻게 삶을 파괴하는지 짐작할 수 있다. 빚이라는 굴레에 시달리는 많은 사람들의 이야기에서는 다음과 같은 말들을 공통적으로 발견하게 된다.

지옥, 숨도 제대로 쉴 수 없는, 살아서 뭐하나, 하루하루 위태롭게, 하루하루 고통스럽게, 암담한, 사람답게 살 수 없는 현실, 빚으로 빚을 갚는 악순환, 소리 없는 울음, 어디에도 하소연할 곳 없는, 자나 깨나 짐이 되고 있는, 능력 없는 부모인 것 같은, 허덕이는, 가슴에 피멍……

이렇게 산지옥을 사는 사람들은 처음 대출 상품을 접할 당시 이 무시무시한 결말을 예상할 수 있었을까?

대부분의 사람들은 대출을 받을 당시 자신의 상환 능력을 꼼꼼히 따지지 못한다. 텔레비전만 켜도 온갖 돈 빌려 쓰라는 광고가 실시간으로 전파를 타고 우리의 눈과 귀를 자극한다. 휴대폰으로도 하루에도 여러 통의 대출 광고 문자가 전송된다. 문턱이 높다는 '빚님'이 우리의 오감을 자극하며 우리 삶의 옆자리를 지키고 있다. 언제든 위기의 순간에 구원투수가 되어줄 것처럼 요란을 떤다.

돈이 필요해?
빚님의 유혹

텔레비전 광고는 15초의 마술이라 불린다. 15초라는 짧은 시간 동안 시청자를 자극해 구매를 유도하기 때문이다. 특히나 마술이라고까지 불리는 이유는 구매를 권유할 뿐 아니라 교묘하게 사람의 마음을 흔들기 때문이다. 이런 텔레비전 광고는 인터넷과 스마트폰 등의 등장에도 광고계 강자의 자리를 굳건히 지키고 있다. 최근 어느 기업에서 진행한 '온라인 광고 현황'이라는 주제의 설문조사에 따르면, 국내 소비자와 마케터들은 여전히 광고 및 마케팅에 가장 좋은 매체로 텔레비전, 신문 등 전통적인 매체를 선택했다. 소비자들 중에는 절반 이상인 53퍼센트가 텔레비전 광고 시청을 선호했다.

텔레비전 화면 속의 짧고도 강렬한 메시지는 우리 일상에 큰 영향력을 행사한다. 광고의 영향력은 때로 너무 효과적이어서

아주 손쉽게 우리를 불행에 빠뜨린다. 마치 우리 귀에 대고 "네가 가진 것들은 모두 후져"라고 속삭이는 듯하다. 혹은 너무 기발해서 당혹스러울 때도 있다.

한 남자가 "나 오늘 R사에서 대출 받았어"라고 말한다. 그러자 여자 친구는 "거기 이자 비싸지 않나?"라고 되묻는다. 남자 친구는 "버스랑 지하철만 탈 수 있나? 바쁠 땐 택시도 타는 거지"라고 답한다. 고금리 대부업 대출 광고에 다정한 연인이 등장할 줄이야 누가 상상이나 했겠는가.

물론 상당히 비현실적인 광고다. 멀쩡한 남자라면 대부업체에서 돈을 빌리면서 여자 친구에게 자랑하지 않는다. 돈이 없어 고금리 대출을 받는 게 창피하기 때문이다. 그러나 이 비현실적인 광고가 현실로 바뀌지 말라는 법은 없다. 이미 '15초의 마술'은 신용카드 광고를 통해 현금 쓰는 것보다 카드 외상을 긁는 것이 더 멋지게 보이도록 만들었다.

실제로 대부업체의 광고와 마케팅이 지닌 영향력을 염려해야 할 일이 벌써 시작되었다. 2015년 초 한 저축은행이 인수한 팀이 시즌 우승을 차지하면서 연일 스포츠 신문의 헤드라인을 장식했다. 시즌 우승과 함께 저축은행 가입자에게 보너스 금리도 제공했다. 이로써 일본계 대부업체라는 따가운 시선과 경계심이 줄어들었다. 확 달라진 TV광고 콘셉트와 스포츠단 운영이 결합하면서 고금리 대출을 쓰는 것이 더 멋져 보이는 날이 오는 건 아닐까? 충분히 염려할 만한 일이다.

"우연히 텔레비전 광고를 보고 대출을 하고 말았습니다. 그땐 삶이 이렇게 지옥처럼 변할 줄은 정말로 몰랐습니다. 처음 200만 원을 받아서 카드 연체를 해결했고, 다시는 대출을 안 하고 더 아껴서 갚아야겠다고 생각했어요. 그런데 생각처럼 되질 않았고 자꾸 애들이 커가면서 지출은 늘어만 가더군요. 처음 200만 원이 300만 원 되고, 500만 원 되고 1,000만 원이 됐어요. 지금은 2,200만 원이라는 엄청난 빚이 생겨버렸어요."

이혼한 전 남편의 빚을 갚아야 하는 어느 주부의 사연이다. 그녀는 새 남편에게는 말도 못 꺼내고 혼자 끙끙대고 있다. 전 남편은 이혼 전 이 여성의 이름으로 여기저기 카드를 발급받아 이혼 후에도 계속 사용한 모양이다. 전 남편은 당연히 카드 사용 대금을 결제하지 않았고, 현재의 남편과 어렵게 결혼한 후에 연체 통보를 받고서야 자신이 쓰지도 않은 돈이 빚으로 쌓여 있다는 것을 알았다. 빠듯한 생활비를 쪼개 빚을 갚고 있던 어느 날 우연히 광고를 통해 대부업 대출을 이용하게 되었다.

연체금의 경우 한꺼번에 갚아야 하는 목돈이었기 때문에 생활비를 쪼개 해결할 수 없었다. 광고 속의 달콤한 이야기는 그야말로 고마운 마음까지 드는 제안이었다. 그러나 이제 그녀는 이렇게 고통을 쏟아내고 있다.

"하루에도 몇 번씩 남편에게 힘들다고 하소연하고 싶었지만 차마 입이 떨어지질 않았어요. 10일이 월급날이지만 월급을 받는 순간부터 지옥문이 열리죠. 각종 생활비, 100만 원이 넘는 이자, 진짜로 10일부터 말일까지는 숨도 제대로 쉬질 못해요."

이제 텔레비전에서 방영되는 대출 광고는 대상을 세부적으로 나눠 집중적으로 공략하기 위해 새로운 콘셉트를 선보이고 있다. 여성들에게는 '아무도 모르게'라는 콘셉트로, 젊은 직장인에게는 어렵지 않게 선택할 수 있는 '작은 사치'로 다가가며 빚을 부추긴다. 누구에게도 털어놓을 수 없는 고민을 함께해준다는, 대부업체 'M사'의 주부들을 대상으로 한 광고는 남편에게도 털어놓기 어려운 돈 문제를 끌어안은 주부들에게 그야말로 치명적인 유혹이 아닐 수 없다.

한번 빚을 내고 나면 갚는 것이 얼마나 어려운지, 갚지 못할 경우 치러야 할 대가가 얼마나 가혹한지를 모르는 젊은층에게도 마찬가지다. 금융회사에 가서 대출을 이용하려니 까다로운 신용 평가 절차가 번거롭게 여겨진다. 사회 초년생의 특성상 신용 한도도 거의 나오지 않는다. 이럴 때 "잠깐 택시 탈 수도 있지 뭐"라는 광고의 유혹은 젊은 층의 신용에 대한 인식이 허술한 틈을 파고드는 무서운 전략이다.

대출 광고가 사회 구성원에게 얼마나 큰 영향력을 발휘하는지를 보여주는 다른 사례도 있다. 중학생들과 사회적 기업에 관한 경제 수업을 진행한 적이 있다. 학생들에게 "회사를 세우는 데 필요한 돈을 어떻게 마련할까?"라는 질문을 던졌다. 몇몇 아이들은 아주 자연스럽게 "○○머니" "1588-××××"라고 답했다. 광고 속 대부업체나 제2금융권 회사의 로고송 멜로디를 흥얼거리는 것도 잊지 않았다. 드라마, 영화, 스포츠 경기 한 편을 보려면 대부업, 카드론 같은 대출 광고를 수차례 접해야 하는 시대다. 광고의 질은 높지 않다. 그러나 저급하다고 효과가 없는 건 아니다.

박현수 단국대학교 언론영상학부 교수가 작성한 〈케이블 TV 광고 시청률과 노출 효과 분석〉(2003년 10월 일주일간 분석)이라는 자료에 따르면, 케이블 텔레비전의 광고 효과는 공중파보다 효율적이다. 비록 오래된 분석 자료이지만 지금도 그 분석 결과는 유효할 것으로 보인다. 특히 이 연구 자료에서 눈에 띄는 대목은 광고 시청률이다.

분석결과 케이블 텔레비전에서 광고 시청률이 가장 높은 방송은 어린이 채널인 투니버스로 나타났다. 심지어 투니버스의 경우, 광고 시청률이 프로그램 시청률을 상회하기도 한다. 이는 아이들이 광고와 프로그램을 정확히 구분하지 못하는 경우도 있기 때문이다. 하지만 광고 구분 여부만이 문제가 아니다.

아이를 키워본 부모라면 유독 어린 아이일수록 광고에 잘 몰입한다는 사실을 안다. 아이들은 경우에 따라 프로그램보다 광고를 더 좋아하기도 한다. 그만큼 광고가 말초신경을 자극하고 순간 몰입을 끌어내도록 공들여 만들어졌기 때문이다.

그런데 이런 어린이 프로그램에도 대출과 돈다발이 등장하는 광고가 예외 없이 방영되었다. 최근에야 어린이 프로그램들끼리 자체 협약으로 대출 광고를 방영하지 않기로 결정했다고 한다. 환영할 만한 일이다. 그러나 여전히 케이블 텔레비전 곳곳에서 하루 종일 반복되는 대출 광고의 로고송이 아이들의 입에서 새어나오고 있다.

부모가 시청하는 영화, 드라마 채널의 광고도 광고 몰입도가 높은 아이들에게 심각한 영향을 미칠 수밖에 없다. 광고의 품질은 저급할지 모르나 이미 아이들에게는 조건반사가 형성됐을 수도 있다. 돈이 필요하다는 생각만으로도 대출업체를 떠올리는 조건반사 말이다. 이 얼마나 지독한 일인가? 대한민국은 지금 광고를 통해 아이들에게 돈이 필요하면 고금리 대출을 받으라고 가르치고 있는 형국이다.

행동경제학자들의 실험에 따르면, 피실험자에게 돈을 떠올리게 하는 작업을 시키면, 더욱 이기적이고 개별적이며 다른 사람과 어울리지 않으려는 경향을 보인다고 한다. 사람은 돈에 대해 생각만 하게 만들어도 그렇지 않을 때에 비해 이기적이고 이해타산을 따지는 쪽으로 바뀐다는 것이다. 돈은 그 자체로 대단히 자극적인 물성을 지니고 있다. 텔레비전 화면에 돈다발이 등장하는 게 위험한 이유다.

당장 생계비 걱정에 하루하루 쫓기는 처지라면, 빚에 쫓겨 추심에 시달리고 있다면, 최선을 다해 살아도 삶이 나아지지 않는다며 한숨짓고 있다면, 화면 속 돈 뭉치에 흥분하는 것은 당연하다.

돈뭉치가 날아다니고 '억억'거리는 광고

토스트 기계에서 돈다발이 튀어나오고, 휴대전화를 들고 1588-××××만 찍었을 뿐인데 천장에서 돈뭉치가 떨어진다. 현관문 초인종을 눌렀더니 현금인출기처럼 문이 열리고 돈다발이 쏟아져나온다. 화면 가득 '1억'이라는 문구가 요동을 친다. 이런 자극적인 광고에 시청자는 흥분할 수밖에 없다. 어린이뿐 아니라 당장 돈이 부족해 한숨짓는 사람에게 돈다발이 등장하는 대출을 비롯한 온갖 금융광고는 '필요하면 빌려 쓸 수도 있지'라고 속삭인다. 이 반복적이고 지속적인 속삭임은 빚에 대한 책임감과 경계심을 무너뜨리고 그야말로 무의식중에 사람들을 세뇌시킨다.

대부업계는 소비자의 선택권을 둘러대며 대부업 광고 제한은 문제가 있다고 주장한다. 그러나 소비자에게 상품의 유해성을 숨기는 광고를 선택권 보장으로 해석하는 것은 억지일 뿐이다. 대부업체 측에서 왜 자신들만 규제 대상으로 삼느냐고 항변할 수도 있다. 하지만 그건 오해다.

대부업 대출만 문제 삼을 게 아니라 대출 광고 모두가 규제되어야 한다. 거의 모든 금융권은 이자제한법상 법정 최고 이자율인 25퍼센트 규제를 받지 않는다. 대부업법상 34.9퍼센트 규제에 적용되는 특혜를 받고 있다. 은행을 제외하고 카드사, 저축은행, 캐피탈 모두 20~30퍼센트 이상의 살인적인 이자 폭탄으로 소비자를 괴롭힌다. 이들의 광고도 모두 규제 대상이 되어야 한다.

가계부채 1,200조 원 시대인데, 돈 빌려 쓰라는 아우성을 광고로 접해야 할까? 돈 빌려 쓰는 걸 정당화하고, 생활비가 부족하면 전세든 자동차든 뭐든 담보로 대출 받아 쓰라고 권장하는 건 미친 짓이다. 생활비조차 부족한 마당에 무슨 수로 갚을 수 있을 거라 기대하고 이율 30퍼센트짜리 대출을 권할까? 이렇게 무책임하게 대출 상품을 판매한 뒤 채무자가 돈을 못 갚으면 어떤 일이 벌어질까? 금융권은 모든 책임을 채무자에게 돌리고 인권을 무시하는 추심도 재산권 행사라는 명목으로 허용해야 한다고 주장한다. 이처럼 우리의 금융 환경은 말 그대로 약탈적이다.

교육적 관점에서 볼 때, 혹은 심리적으로 위험한 자극이라는 점에서 볼 때 대출 광고에 대해서는 사회적으로 크게 논의할 필요가 있다. 현재 담배 광고는 전면 금지됐고, 알코올 광고는 청소년 유해매체물로 취급돼 규제를 받고 있다. 대부업 광고 역시 담배와 함께 전면 금지하는 게 옳다. 그게 어렵다면 최소한 제2금융권 고금리 대출 광고는 청소년 유해매체물로 규제해야 한다.

이렇게 위험하고 영향력이 막강한 대출 광고를 우리는 하루에도 수없이 많이 접하고 있다. 최근 새누리당 류지영 의원실이 발표한 자료에 따르면 케이블 텔레비전을 통해 방송된 대부업 광고는 하루 평균 1,364건에 이른다고 한다. 이는 케이블 텔레비전 전체 광고 중 10퍼센트나 차지할 정도로 편성 비율이 높은 것이다. 최근 한 언론사의 기자가 대출 광고와 법무법인의 개인회생, 파산 관련 광고를 세어 보았더니 출근하는 두 시간 동안 200회 가량 접했다고 한다. 이쯤 되면 우리는 '돈 빌려 쓰라'는 속삭임에 하루 종일 세뇌당하고 있는 것이나 다름없다.

최근 국회에서 대부업의 광고 규제에 관한 법률이 통과되었다. 이 법은 청소년이 시청 가능한 시간대에는 대출 광고를 제한하는 내용을 담고 있다. 제한 시간은 평일은 오전 7~9시, 오후 1~10시, 주말과 공휴일은 오전 7~10시까지다. 이 법이 통과되면서 금융위는 대부업체 뿐 아니라 저축은행에 대해서도 자율규제에 의해 광고를 제한하도록 조치했다. 이는 매우 반가운 일이지만 어떻게 보면 왜 이제야, 라는 생각도 갖게 할 만하다.

광고를 하는 업체들은 그렇다 치고 케이블방송 채널의 대부분을 차지하고 있는 CJ에 대해 화가 난다. 대기업이라면 좀 품위 있는 척이라도 해야 하는 것 아닌가?

너무나도 간단한
대부업체 등록

대부업체 관리감독의 개선 사항에 관한 간담회에 토론자로 참석한 적이 있다. 토론회의 주제는 대부업체의 불법 영업 실태에 관한 문제점과 개선 방법이었다. 이 토론회는 서울시에서 관내 대부업체에 대해 전수조사를 한 뒤 마련된 자리였다.

대부업체에 대한 관리감독 권한은 금융감독원이 아닌 지방

정부에 있다. 담당 기관은 관리감독 외에 등록 및 취소와 같은 행정 업무도 병행해야 한다. 서울시의 경우 등록과 취소 행정뿐 아니라 관리감독 권한도 다시 25개 구청으로 이관했다. 서울시에만 4,000여 개의 등록 대부업체가 있다. 25개 구청으로 나누면 각 구청당 150여 개의 대부업체를 관리해야 한다. 그러나 구청의 대부업체 관리감독 인원은 평균 1명에 불과하다.

감독 업무를 맡은 공무원들은 대부업체의 등록 업무만으로도 감당하기 힘든데, 대부업 관련 업무 외에 다단계, 통신판매 관리 등의 업무까지 겸하고 있다. 이런 실태는 서울시만의 문제가 아니라 전국적으로 비슷한 상황이다. 이런 이유로 그동안 대부업체들에 대한 관리감독이 거의 전무하다시피 했다.

이와 같은 현실을 극복하기 위해 서울시는 시민단체들과 함께 공동으로 매뉴얼을 만들고, 구청 직원들이 효과적으로 대부업 관리감독을 할 수 있도록 돕고 있다. 시에서 직접 대부업체에 대한 정기적인 점검을 할 수 있는 시스템을 만들기도 했다. 또한 분쟁조정위원회를 만들어서 대부업체와 채무자의 민원을 조정하거나 채무자의 권익을 보호하는 장치를 마련했다. 이런 일련의 새로운 접근을 통해 대부업체에 대한 관리감독을 강화할 수 있었다. 서울연구원에서는 현장 조사 과정에 동참함으로써 전수조사를 실시했다. 그 과정에서 대부업체의 운영 실태를 본 연구원은 상당히 놀랐다고 한다. 대부업체의 등록 요건이 너무나 간단했기 때문이다. 지자체에 신청서를 작성한 뒤 등록비 10만 원만 납부하면 사업자 등록을 쉽게 할 수 있다. 우리가 흔히 알고 있는 R사 같은 대형 대부업체도 홍콩이나 싱가포르와 같이 인가를 받는 방식이 아닌 신청서 작성 뒤 10만 원만 납부하면 끝나는 간단한 절차를 통해 설립되었다.

토론회에서 가장 흥미로웠던 점은 전수조사를 진행한 연구원이 대부업체의 영업 실태에 당혹감을 느끼고 개선의 필요성을 절실히 토로하던 모습이었다. 많은 대부업체가 자본금이나 영업장의 자격 요건이 전혀 없는 대부업 등록 절차를 쉽게 마치고 영세하기 짝이 없는 상태로 영업을 하고 있었다. 가정집에 영업장을 차려놓은 채 표준양식 계약서에 대해서조차 전혀 모른 채 운영하는 대부업체가 과반이 넘었다. 금융 지식은 말문이 막힐 정도로 형편없었고, 심지어는 공무원들이 점검을 나갔다가 신변 위협이나 성희롱을 당한 경우도 있었다.

이날 토론회에는 대부업협회와 몇몇 대부업체 관계자가 참석했다. 대부업체의 엽기적인 영업 현실에 대해 적나라하게 문제를 지적하고 관리감독의 가이드라인이 어떻게 바뀌어야 하는지를 논의하는 토론회였음에도 그들은 매우 침착해 보였다. 더욱이 발제를 마친 이후 질의응답 시간에는 과감한 질문과 의견 제시에도 거리낌 없는 태도를 보였다. 그 자신감의 근거는 참석한 어느 대부업체 대표의 말에서 찾을 수 있었다.

"우리는 죽어가는 사람의 마지막 순간에 물을 먹여 살리고 있습니다."

그들은 진심으로 자신들이 가난한 사람들에게 좋은 일을 하고 있다고 믿는 듯이 보였다. "죽어가는 사람을 살리는 것이 아니라 겨우 죽지 않을 만큼 유지시키고, 결국은 그 사람의 가족과 지인까지 함께 죽도록 만들지 않느냐"는 나의 반문에도 그들은 크게 동요하지 않았다. 여전히 자신들은 아무도 거들떠보지 않는 저신용자에게 천사 같은 일을 하고 있다고 자신하는 것 같았다.

고리대금업을 한다는 따가운 눈총도 아랑곳 않는 이 자신감은 어디에서 나온 걸까? 텔레비전을 통해 아무리 이미지 광고를 해보았자 사회적으로 비아냥거림만 가중될 뿐인데도 스스로 좋은 일을 하고 있다는 황당한 믿음이 어떻게 만들어진 걸까? 그것은 알고 보면 대부업법의 시작과 변천 과정에서 정부 관료와 정치인 들이 심어준 자신감에서 비롯된 것이다.

대부업법은 살인적인 고금리를 규제하는 데 필요한 합리적인 수준의 금리 가이드라인을 정하는 것에서부터 시작되었다.

외환위기 직후 시중에는 200~300퍼센트의 고금리가 서민들을 고통 속으로 밀어넣고 있었다. 당시 그 정도의 살인적인 고금리가 횡행했던 이유는 대부업법이 없었기 때문이 아니라 멀쩡한 이자제한법을 없앴기 때문이다. 1997년까지 유지된 이자제한법은 금리 상한을 25퍼센트로 정하고 있었다. 이를 없애버리고 난 뒤 살인적인 고금리의 대출 영업이 등장했다. 이 때문에 많은 사람이 고통을 겪을 수밖에 없었고, 자살을 선택하는 사람들이 늘어나면서 사회적인 이슈가 되었다.

이 문제를 해결하는 방법은 너무나도 분명하다. 이자제한법을 부활시키는 것이다. 그러나 정치권은 이자제한법 대신 사금융을 제도화한다는 명분으로 대부업법을 제정해 기형적인 대출 영업 시장을 만들었다. 돈이 없는 서민들에게 은행 등의 제도권 금융이 쉽게 돈을 빌려줄 수 없는 현실을 이유로 내세웠다. 물론 틀린 말은 아니다. 그러나 가난한 사람들이 연대보증제도권 금융을 이용할 수 없으니 사금융을 제도화해야 한다는 것은 황당한 발상이다.

제도권 금융의 낮은 이자율 대출도 갚기 어려운 서민들에게 고금리 대출을 이용하라고 권고한다. 고금리 대출을 쉽게 이용하도록 고리 사채를 제도화 한다니 개그 프로그램의 소재거리

아닌가. 2002년 당시 정치권은 이렇게 우습지만 슬픈 '웃픈' 논리로 대부업법을 만들었다. 게다가 급전 수요를 해소하기 위해서는 적절한 공급이 이뤄져야 하는데 공급을 뒷받침하기 위해서는 여유 있는 금리 상한선이 필요하다는 결론에 이른다. 그런 이유로 처음 대부업법이 제정되었던 2002년 국회 토론에서 금리 상한선이 90퍼센트는 되어야 하지 않느냐는 의견이 분분했다고 한다. 그 정도는 되어야 대부업체도 위험을 감수하고 서민에게 돈을 빌려주지 않겠느냐는 논리다.

분명히 그 자리에서 법을 논의하던 정치인에게도 상식과 교양이라는 것이 있었을 텐데, 어떻게 그런 황당한 논리를 펼치게 되었을까? 사람들은 교육 수준과 무관하게 비합리적인 상식조차도 이해관계에 따라 합리적인 것으로 믿어버리는 경향이 있는 듯하다. 그들 역시 가난한 사람들이 이자는커녕 원금도 갚기 어려운 처지라는 것쯤은 상식적으로 알고 있었을 것이다. 그러나 당시의 정치인들에게는 가난한 사람들을 위한 상식보다 대부업자들의 영업에 걸림돌을 제거한다는 것이 더 중요한 상식이었다.

결국 여러 논란 끝에 법정 최고 이자율이 66퍼센트로 결정되었고, 그 황당한 이자율은 법으로 5년간 보장되었다. 이러한 정치권의 법 제정 근거는 대부업체들에게 급전이 필요한 서민들의 자금난을 해소시켜준다는 엽기적인 자신감마저 갖게 만들었음이 분명하다.

노벨 평화상을 받은
그라민 은행

대출을 3년 이상 유지하게 되면 이자만으로 원금을 초과하게 된다. 이런 살인적인 금리 구조에서도 대부업체들은 가난한 사람들에게 돈을 빌려준다는 자부심을 단단히 갖고 있다.

2007년 노벨 평화상을 받은 그라민 은행의 총재 무하마드 유누스가 떠오른다. 방글라데시의 그라민 은행은 세계 최초로 가난한 사람들에게 무담보 대출을 해주었다. 유누스는 가난한 사람들이 뼈 빠지게 일해서 번 돈을 고리대부업자에게 대부분 빼앗기고 있는 현실을 우연히 목도한다. 지역 실태 조사과정에서 들여다본 마을의 현실은 고리채로 인한 생계난의 악순환이었다. 유누스 총재는 자신의 돈 2달러로 마을 전체의 고리채 악순환을 끊어내는 실험에 돌입한다. 이후 그는 그라민 은행을 설립해 가난한 사람들을 위한 무담보 소액 대출 사업이라는 사회적 금융을 시작한다. 그러한 공적을 높이 평가받아 유누스 총재와 그라민 은행은 기관과 개인이 노벨 평화상을 공동 수상하는 첫 사례가 되었다.

그렇다면 우리나라의 카드사도 노벨 평화상 감일까? 가난한 사람들에게 돈을 빌려주는 카드사와 대학생에게 긴급자금을 마이너스 통장 방식으로 대출해주는 저축은행, 저신용자에게 묻지도 따지지도 않고 대출을 해준다는 대부업체들도 노벨 평화상을 받아 마땅한 것 아닌가?

이런 의문에 씁쓸하게 웃지 않는 사람들은 드물 것이다. 이들이 가난한 사람들에게 대출을 해주는 이유는 유누스 총재와 같이 '먼 훗날 가난이 박물관에나 전시되는 유물'이 되길 바라기 때문이 아니다. 가난한 사람에게 대출을 해주는 대범한 금융사업이라는 면은 같다. 하지만 그 목적은 완전히 다르다.

대출의 과정과 방식, 채무 변제를 위한 채무자 관리 측면에서도 그라민 은행과 우리나라 고금리 대출산업은 극단적으로 다르다. 그라민 은행의 경우 가난한 사람에게 대출해주지만 쉽게 대출해주거나 채무자를 유혹하지 않는다. 가난한 사람들의 사업계획을 기반으로, 그 사업의 성공을 전제로 대출금이 공급된다. 소득 향상에 신용을 공급하는, 말 그대로 금융 본연의 역할에 충실하다.

과잉 대출이 아니라 신중한 책임대출이라고 할 수 있는 근거는 대출 고객의 98퍼센트가 여성이었다는 점과 집단 대출을 하고 있다는 측면에서 찾을 수 있다. 여성은 돈이 생기면 가족을 위해 지출한다는 경험적 근거를 바탕으로 여성 대출을 우대하고 농촌 지역의 특성을 고려해 집단으로 대출함으로써 책임의식을 강화한다. 또한 대출 발생 이후 반드시 그라민 은행의 정기 교육을 받아야 한다. 이렇게 까다로운 대출의 문턱은 가난한 사람을 금융에서 소외시키는 것이 아니다. 오히려 이 문턱이야말로 그라민 은행의 무담보 소액대출이 저소득층의 자립과 자활을 위한 프로그램이라는 것을 말해준다.

그에 비해 우리나라의 고금리 대출 시장은 가난한 사람들에게 철저히 약탈적이다. 대출 공급은 별다른 조건 없이 쉽게 이뤄진다. 소득도, 직업도, 가족 상황도, 향후 소득 변동 사항도, 자립에 대한 계획도 묻거나 따지지 않는다. 오히려 카드를 발급받고 몇 개월 사용하다 보면 자신도 모르는 사이 카드론 한도가 생성된다. 대출자들은 새로운 소득이 발생하거나 소득 수준을 향상시킨다는 계획도 없이 당장의 생계가 급해 카드 대출에 의존한다. 친절한 대출에 비해 이자율은 전혀 친절하지 않다.

물론 그라민 은행의 대출이자도 생각만큼 낮은 편은 아니다. 20퍼센트에 가깝기 때문이다. 가난한 사람에게 제공되는 사회적 금융이라는 기대를 갖고 생각하면 좀 갸우뚱할 만하다. 그러나 그라민 은행의 금리는 사실상 채무자 교육과 자립, 자활 지원 프로그램 운영에 소요되는 중요한 비용이다. 단지 상환 위험이 높다는 이유로 설정되는 징벌적 성격의 이자율과는 성격이 다르다. 그러나 우리나라의 제2금융권 이상의 대출은 신용에 대한 평가도 없이, 차후 신용 교육이나 자립 자활 교육과 지원 프로그램도 없이 그저 저신용자에게 위험 부담에 따른 프리미엄을 수익으로 챙길 뿐이다.

부채 상환 과정도 다르다. 그라민 은행의 경우 채무자를 교육하고 자립에 성공하도록 도우면서 함께 소득 증대를 도모한다. 그라민 은행의 채무자는 상환 능력이 점차 좋아지면서 은행과 더불어 상생한다. 반면 우리의 '친절한 채권자들'은 채무자의 상환 능력이 의심스러워지기 시작하면 곧장 얼굴을 바꾼다. 은행과 같은 제1금융권은 직접 추심을 강하게 하지는 않지만 추심만을 전문으로 하는 자체 추심회사를 자회사로 만들어 또 다른 수익을 챙긴다.

추심회사들 대부분은 추심 직원 전체를 정규직으로 직접 고용하지 않는다. 추심원들은 개인사업자 신분으로 추심회사와 개별 계약을 맺어 추심 실적에 따른 수수료를 받는다. 은행 등이 출자한 추심회사들은 고용 부담도 없는 이 사업으로 해마다 큰돈을 벌고 있다. 추심 사업의 문제에 대해서는 뒤에서 다시 자세히 다루기로 하자.

　얼굴을 바꾼 채권자는 연체가 길어질수록 여러 방법으로 채무자를 괴롭히기 시작한다. 수차례 전화를 하고 직장을 방문하는 것은 기본이다. 가난한 사람들의 소득을 함께 높이는 데 기여함으로써 상환율을 높이고자 했던 그라민 은행의 착한 경영 목표와는 정반대 목적의 추심이 이뤄진다. 우리의 채권자들은 가뜩이나 어렵게 돈을 버는 사람들의 근로 의욕을 뿌리째 뽑기로 작정한 듯 채무자들을 괴롭힌다. 어느 개인택시 운전사는 대부업 대출을 이용했다가 연체 상태가 되었다. 갚아야 할 돈은 높은 이자의 파도를 타며 한없이 솟아올랐고, 상환 능력은 더욱 악화되었다. 그 와중에 채권자는 택시 운전사의 회사에 채무 지급명령서를 보냈다. 채무자의 경제 활동을 방해하여 오히려 상환을 어렵게 만든 셈이다.

　가난한 사람들에게 친절하게 퍼주던 채권자들은 금세 폭력적인 추심과 함께 천문학적인 수익을 챙겨간다. 그 사이 가난한 사람들은 가난하기 때문에 높은 이자를 부담하고 그 이자 때문에 지인과 가족에게도 빚을 전달하면서 가족이 해체되는 극단적인 상황에 처한다. 지난해 우리 사회를 떠들썩하게 만들었던 세 모녀 자살 사건과 같은 비극이 발생하기도 한다.

가난한 사람에게
왜 돈을 빌려주는가

한때 전 세계에 감동을 주었던 그라민 은행도 이제 여러 구설에 올라 있다. 그라민 은행의 첫 수혜자였던 수피아 베굼은 그라민 은행이 노벨상을 받은 직후 빈곤에서 벗어난 사례로 소개되었다. 그러나 후속 연구에 따르면 그녀는 가난과 질병에 시달리다 죽었고, 베굼의 손자는 인력거를 끌면서 여전히 가난의 굴레에 갇혀 있다고 한다.[5]

가난한 사람들에게 소액의 사업 자금을 대출해주면서 가난에서 탈출시켜 대출 상환율을 높이겠다는 이 사업은 전 세계의 주목을 받으며 성장했다. 겉으로 보기에 블루오션이나 다름없을 정도로 파격적이었다. 그러나 사업의 성공과 가난에서의 탈출이라는 사회적 목적은 착한 금융의 사다리를 올라 타지 못했다. 이는 가난의 문제가 자본 조달의 어려움에서만 비롯되는 단순한 문제가 아니기 때문이다. 장하준 케임브리지대학교 경제학과 교수 또한 《그들이 말하지 않는 23가지》에서 그라민 은행의 감춰진 진실을 지적했다. 그는 그라민 은행이 저소득층에게 상대적

---

5 정호영, "남아시아 마이크로파이낸스의 실상", 〈The AsiaN〉, 2013년 10월

으로 낮은 이자의 대출을 해줄 수 있었던 것은 "오로지 아무도 모르게 방글라데시 정부와 해외 원조 기관들에게서 보조를 받았기 때문"이었다고 폭로했다. 이후 1990년대 말 보조금을 포기하라는 압박을 받은 뒤 2001년부터 40~50퍼센트의 살인적인 이자율을 적용했다. 이로 인해 가난한 사람들의 기업가 정신을 위한 대출이 아니라 우리나라의 고금리 대출 사업과 같이 생계에 내몰려 어쩔 수 없는 소비에 대출금이 사용되었다.

가난한 사람들을 위한 대출의 잔인한 허상은 이뿐이 아니다. 그라민 은행의 노벨평화상 수상에 자극받아 설립된 인도의 SKS 마이크로파이낸스는 급증하는 농민 자살의 주요 가해자로 밝혀지기도 했다.

SKS마이크로파이낸스는 대출 회수율이 98퍼센트에 달했는데 순전히 폭력적인 회수 방식 덕이었다. 이를 뒷받침하는 증거는 다음과 같다. 2011년 인도의 안드라프라데시 주정부는 고율의 이자와 강압적인 회수를 금지하는 내용의 법안을 통과시켰다. 그 후 SKS마이크로파이낸스는 경영 위기에 빠졌다. 빈민 구제와 금융사업 성공의 두 마리 토끼를 잡으려던 무담보 소액대출 사업은 결국 끔찍한 결말을 맞았다.

우리나라 무담보 소액대출의 사정은 이처럼 직접적으로 약탈적이지는 않다. 그러나 저소득층을 위한 금융 사업이 불가능하다는 것을 보여주기는 마찬가지다. 대표적인 마이크로크레딧인 미소금융은 해외 사례와 달리 공적 자본을 토대로 법에 따라 추진되어왔기 때문에 상대적으로 공적 감시를 엄격하게 받아왔다. 그 결과 해외 마이크로크레딧과 달리 저금리로 상품이 설계되었고, 회수 과정도 폭력적이라는 보고는 없다.

문제는 회수율과 건전성이다. 2014년 2월 말 미소금융의 연체율은 거의 10퍼센트에 육박한다. 미소금융뿐 아니라 저소득 저신용자들을 위해 설계된 햇살론이나 바꿔드림론 등의 정부 주도 서민금융상품들은 현재 심각한 부실 가능성 앞에 직면해 있다. 금융 소외를 극복하기 위해 정부가 직접 나서서 보증을 해주거나 휴면 예금 등을 활용해 직접 대출을 해주었지만 채무자들이 그 빚을 지렛대 삼아 자활에 성공했다는 평가를 받지는 못하고 있다. 오히려 현장에서 상담해보면 정부의 서민금융상품을 빌려 다른 빚을 갚거나 추가로 카드 대출을 받는 경우도 있다.

이를 두고 채무자가 무책임한 것이라고 평가할 수는 없다. 그보다는 애초에 상환 능력이 안 되는 사람에게 낮은 이율이든 높은 이율이든 돈을 빌려주는 것 자체가 비현실적인 대책임을 입증하는 사례라고 할 수 있다. 좋은 취지로 시작한 사업조차 성공을 장담하기 어려운 마당에 저소득층을 대상으로 수익을 올리겠다는 대출 사업이 좋은 결말에 이를 수 없는 것은 당연하다. 갚을

2장 대부업과 신용카드: 빚 권하는 사회의 두 기둥

능력이 안 되는 사람에게 돈을 빌려주는 것은 그 자체로 사람을 채무노예로 삼는 약탈적인 행위일 뿐이다.

여기서 급전이 필요한 서민을 위해 대부업 대출이 불가피하다는 금융위원회 혹은 보수 정치인들의 논리를 따져보자. 얼핏이 논리는 매우 타당해 보인다. 신용이 낮은 사람에게 금융회사에서 돈을 빌려주는 것은 금융 건전성을 훼손할 위험이 있다. 부실 대출이 늘면 그만큼 금융회사가 부실해질 수 있고, 부실이 극단에 이르면 금융회사에 세금 투입이 불가피하기 때문에 국민 경제에 해롭다. 이런 이유로 금융회사는 가난한 사람에게 과감하게 대출을 해줄 수 없지만, 가난한 사람들은 돈이 필요하다.

그러면 그들이 필요로 하는 급전을 누가 해결해줄 것인가? 미우나 고우나 대부업체들의 영업은 현실적으로 불가피하다는 논리가 정부 관료와 보수 정치인, 그리고 언론의 주장이다. 그런데 여기서 급전의 의미를 다시 환기해보자. 급전이란 말 그대로 급하게 필요한 돈이다. 평소 현금 흐름은 문제가 없는데 어떤 예측 불가능한 사건이 발생해 일시적으로 돈이 부족한 경우를 가리켜 우리는 급전이 필요하다고 말한다.

그렇다면 현금 흐름이 늘 적자인 사람에게 필요한 돈을 급전이라고 할 수 있을까? 사업을 하다가 필요한 돈, 갑작스럽게 사고를 당해 급하게 필요한 돈을 급전이라 하지, 일상적으로 돈이

정부 주도 서민금융 종류

종류	내용	운영주체	문제점
미소금융	금융권 휴면예금과 대기업 기부금 등을 재원으로 제도권 금융을 이용하기 어려운 저소득·저신용자에게 창업자금 등을 무담보·무신용으로 지원	미소금융중앙재단, 은행 및 대기업 미소금융, 복지사업자	지속 운영 최소 요건에도 못 미치는 수익률. 복지사업지 지원금 미상환율 36%초과
햇살론	정부(신용보증기금) 보증 하에 저소득·저신용자에게 8~11%의 비교적 낮은 금리로 자금 대출	저축은행, 농협, 수협, 신협, 새마을금고 등 상호금융회사	정부 보증 비율 85%→95%→90% 등 여러 차례 변경. 대위변제율 10% 육박
바꿔드림론	국민행복기금 보증 하에 대부업체 등에서 빌린 초고금리 대출을 은행의 저금리 대출로 전환	은행	대위변제율 10%대에서 16.3%로 급등
새희망홀씨	저소득·저신용자에게 은행이 별도의 심사기준을 적용해 연 7~12%의 비교적 낮은 금리로 자금 대출	은행	연체율 2.6%로 비교적 잘 관리되는 편이지만 과거에 비해 상승 중

정부 주도 서민금융 연체율(대위변제율)

자료: 금융위원회 · 캠코 등

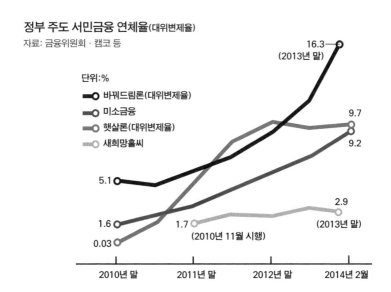

단위:%

- ━◯ 바꿔드림론(대위변제율)
- ━◯ 미소금융
- ━◯ 햇살론(대위변제율)
- ━◯ 새희망홀씨

16.3━◯
(2013년 말)

9.7

9.2

5.1◯

2.9
(2013년 말)

1.6◯

1.7◯
(2010년 11월 시행)

0.03◯

2010년 말　　2011년 말　　2012년 말　　2014년 2월

부족한 상태를 급전이 필요한 상태라고 하지 않는다. 이들에게 필요한 것은 일시적인 자금 수혈이 아니라 근본적인 소득 보장과 일자리 등의 복지 서비스다.

급전 공급이 이뤄져야 하기 때문에 대부업체를 인정할 수밖에 없고, 그들이 회수 가능성이 낮은 사람들에게 대출을 해주는 '친절'을 베푸는 한, 상식 이상의 고금리 구조는 어쩔 수 없다는 주장은 엉터리 논리에 지나지 않는다. 게다가 이는 대단히 위험한 결과를 초래한다. 복지 서비스의 확대를 가로막고 복지 그물망의 보호를 받아야 할 사람들을 고금리 대출 시장으로 내몰아 채무자 혹은 연체자로 전락하게 만든다.

거절할 수 없는
카드사의 미친 친절

소득이 150만 원인데 카드론 대출이 세 개, 캐피털과 저축은행 신용대출이 각각 두 개씩 있다. 카드사에서는 리볼빙도 이용하고 있다. 그는 택시를 운전하는 4인 가족의 가장이다. 처음 신용카드를 발급 받으면서 자신이 이렇게 큰 빚을 지게 될 줄은 몰랐다고 한다. 신용카드를 발급받아 사용하면서 결제 금액이 조금씩 월급을 넘어서기 시작했다. 결제 금액이 부족할 때마다 카드사들은 어떻게 알았는지 카드 발급을 권유하고, 이런 식으로 한 장 두 장 늘어난 카드는 어느 순간부터 그를 돌려 막기의 지옥으로 이끌고 있었다.

나는 교육 중 이 사람의 사례를 제시하면서 다음과 같이 묻는다. 택시 기사와 카드사 중 누가 미친 걸까? 대부분의 교육생은 우선 이렇게 저소득층이 신용카드를 여러 장 소유하고, 심지어 카드 한도가 수천만 원에 달한다는 이야기에서부터 눈이 동그래진다. 그리고 나의 질문에 '둘 다 미쳤다'고 답한다. 물론 나는 교육생들이 질문의 의도를 눈치채고 카드사도 미쳤다고 말했다는 걸 안다. 일상적인 경우 대부분의 사람들은 카드사의 '미친 친절'에 대해 관심조차 없다. 그 대신 왜 감당 못할 돈을 빌렸느냐며 채무자를 비합리적인 사람으로 치부할 뿐이다.

소득이 낮은 가장이나 카드사 모두 제정신이 아닌 건 맞다. 그러나 중요한 점은 가난한 사람에게 제정신을 요구하는 것이 정당한가에 있다. 4인 가족에게 월 수입 150만 원은 빠듯한 정도가 아니라 매월 적자일 수밖에 없는 액수다. 각종 생활비와 자녀들 교육비 때문에라도 그 정도의 소득으로 빚을 지지 않는 것이 이상할 정도다. 이렇게 늘 돈에 허덕이고 돈 때문에 가족에게 미안한 상황에서 카드사의 친절한 카드 발급을 과감히 거절할 수 있을까? "저는 소득이 낮아 신용카드를 발급받으면 자칫 신용불

　　2장 대부업과 신용카드: 빚 권하는 사회의 두 기둥

량이 될 수 있기 때문에 거절하겠습니다"라고 이성적으로 행동할 수 있겠느냐는 말이다.

카드사의 불필요한 친절은 저소득층 가장에게만 향하지 않는다. 무직의 사회 초년생에게도 카드사의 이해하기 어려운 과잉 친절이 이어진다.

"사회 초년생이 패기만 앞섰나 봅니다. 숭례문이 불타던 날 제가 운영하던 가게도 조류독감의 여파를 견디지 못하고 결국 문을 닫아야 했습니다. 1년도 운영하지 못한 가게의 가맹비와 스쿠터, 집기 모두 고물로 팔아넘기니 빚을 내 5,000만 원으로 시작한 가게가 결국은 3,000만 원이라는 빚으로 남아버렸습니다. 자영업자에게는 은행의 대출문도 좁아서 그때 진 빚은 대부분 카드론이었습니다."

사회 경험이 전무한 사람이 프랜차이즈 가맹점 사업을 시작할 때도 카드사는 묻지도 따지지도 않는 대출 친절을 보여주었다. 언뜻 생각하면 카드사 덕에 사업도 시작하고 부족한 생활비도 조달할 수 있었으니 고마워해야 하는 것 아닌가 반문할 수도 있다. 하지만 실상을 보면 채무자가 사정을 해서 카드사가 억지로 빌려준 게 아니다. 카드사가 먼저 우대 고객으로 떠받들며 '전화 한 통화로 1,000만 원까지 빌려드립니다'라고 불필요한 친절까지 베풀지 않았는가? 이쯤 되면 카드사는 우리 사회의 힘없고 가난한 사람들을 위해 급전을 공급해주는 '천사'와 다름없다.

_____

신용카드를 위한 나라

고금리 신용대출의 공급과잉에는 정부의 신용카드 장려 정책이 큰 영향을 미쳤다. 이 정책은 정부가 쓸 수 있는 세 가지 카드를 총동원하는 방식이었다. 하나는 세금을 간접적으로 지원해주는 방식이고, 두 번째는 규제를 통해 카드 사용을 제도화해주는 것이었다. 세 번째 장려 정책은 아이러니하게 의도적인 감독의 허술함을 들 수 있다.

먼저 세금 정책을 들여다보자. 외환위기 이후 정부는 세원을 투명하게 한다는 차원에서 소비자들에게 카드 사용을 적극 권장하기 시작했다. 그러한 명분을 앞세워 2009년 일몰제 방식으로 한시적인 신용카드 소득공제 정책을 도입했다. 이 정책은 직장인들에게 13월의 월급이라고 불릴 정도로 환영을 받았다. 일몰제는 연이은 연장으로 공제율만 변화가 있었을 뿐 지금까지 계속 이어지고 있다.

2014년 말에는 국가 부채가 심각하고 경기 후퇴로 인해 국가 재정이 어려워지자 신용카드 소득공제를 세액공제로 바꾸는 방안이 적극적으로 검토되기도 했다. 그러나 이마저도 직장인들의 반발에 부딪혀 2년 더 연장되었다. 소득공제 제도는 납입한 세금을 카드 사용에 연동해 되돌려주는 것으로, 직접 누진세 구조에서는 고소득일수록 유리하다. 소득이 높으면 세금을 많이 낼 수밖에 없는데, 카드 사용액에 따라 세금 공제율이 결정되는 구조로 설계되어 있기 때문에 고소득일수록 소득공제로 되돌려 받는 세금도 많을 수밖에 없다.

소득이 높을수록 세금을 높게 매기는 것은 차별이 아니라 대부분의 국가가 채택하고 있는 재분배 정책의 일환이다. 그런데 여기서 이런저런 명분으로 소득공제 혜택을 주는 것은 재분배를 위한 세제 정책에 모순되며 오히려 역진적인 제도라고 할 수 있다. 한국조세정책연구원은 〈신용카드 활성화 정책 10년: 평가와 과제〉라는 보고서를 통해, 2010년 귀속 과세대상 기준으로 '1,000만 원 미만' 소득 구간에서 1인당 평균 소득세 경감액은 6,898원이었는데 '8,000만 원 초과' 소득 구간에서는 42만 1,070원에 달했다고 밝혔다. 그나마 2010년부터 신용카드 한도가 부분적으로 축소된 탓에 고소득층의 세금 감면액이 2009년 62만 532원에서 줄어든 것이다. 1,000만 원 미만의 소득자와 비교할 때 고소득층에서 100배에 가까운 액수의 세금을 돌려받고 있는 셈이다.

소득에 따라 차등 과세했는데 다시 차등으로 되돌려줌으로써 누진 제도를 통한 불평등 완화 효과는 반감되고 말았다. 심지어 신용카드 소득공제는 그 자체로 신용카드 회사에게는 특혜 조치인 동시에 고소득자의 과소비에 세금을 깎아주는 이상한 정책이다. 고소득자들이 소비를 많이 해야 경제가 돌아가기 때문에 고소득자의 소비에 세금 감면 혜택을 주는 것은 얼핏 타당성이 있어 보인다. 그러나 해마다 신용카드 소득공제로 인한 조세 감면 규모가 1조 원이 넘는다. 그 정도 규모라면 세금으로 고소득층이 소비를 더 하도록 유도할 것이 아니라 복지 예산 편성을 늘려 저소득층의 소득을 늘리는 데 쓰는 것이 더 합리적이다. 게다가 고소득층이 신용카드를 국내에서만 사용한다는 보장도 없다.

경기 후퇴로 소비가 위축되는 상황에서도 해외에서 신용카드를 사용하는 금액은 해마다 꾸준히 늘고 있다. 그 양을 보면 2013년만 해도 11조 원이 넘는다. 고소득층의 세금 감면이 내수 활성화에 기여한다고 단정할 수 없는 대목이다. 오히려 세금을 저소득층의 가계 소득에 투자했다면 쓸 돈이 늘어난 저소득층은 해외가 아닌 골목에서 소비를 늘렸을 것이다. 진정 내수 활성화가 목적이라면 저소득층의 소득을 늘려주는 편이 훨씬 효과적인 정책이 될 것이다.

신용카드 사용을 처음으로 장려하면서 내세웠던 세원의 투명한 확보라는 주장도 명분이 약하다. 국세청에서 발급하는 현금카드를 활성화하는 데 주력했다면 굳이 카드회사에 특혜를 줄 필요는 없었다. 소비자들이 현금 사용의 불편을 호소한다면 체크카드에만 제한적으로 세금 감면을 하면 될 일 아닌가?

외상 거절이 불법인
나라

정부는 세금 감면 외에도 강력한 규제를 통해 신용카드 사용에 전 국민이 흥분하도록 부추겼다. 2002년부터 여신전문금융업법 19조 1항에 '가맹점 카드수납 의무조항'을 신설해 카드 수납 의무화 제도를 만들었다. 작은 금액이라도, 동네 구멍가게에서도 신용카드는 거부할 수 없는 결제 수단이 되었다. 이에 대해 미국의 CNN이 "세계에서 한국이 가장 잘할 수 있는 것 10가지"라는 제목으로 올린 기사[6]는 우리나라의 웃기지도 않는 신용카드 사용 실태를 적나라하게

6 "10thing South Korea does better than anywhere else", CNN, 2014년 8월 29일

보여준다.

CNN은 작은 나라 한국의 신용카드 문화에 대해 칭찬이라고 하기에는 불편한 놀라움으로 소개한다. "아무리 작은 금액이라도 신용카드 결제를 거절하는 것은 불법이며, 모든 택시에 카드 단말기가 설치되어 있다." 이를 좀 더 직설적으로 표현하면 "한국에서는 외상을 거절하면 불법이고, 택시도 외상으로 탄다."라고 풀 수 있다. 놀라워하는 것이 당연하지 않을까?

최근 슈퍼마켓을 운영하는 강 모 씨가 여신전문금융업법 19조가 직업 수행의 자유를 침해한다며 헌법 소원을 제기했다. 이에 대해 헌법재판소는 "해당 조항은 국민의 금융 편의를 도모하고 거래 투명화를 통한 탈세를 방지해 국민경제 발전에 이바지하기 위한 것으로 입법 목적이 정당하다"고 재판관 전원 일치로 합헌 결정을 내렸다.

시장의 자유를 절대적으로 신봉하고 대통령이 직접 나서서 "규제를 단두대로"라고 외치면서도 정부는 신용카드에 대해서는 자유시장주의 국가로서는 대단히 비합리적인 규제를 만들어놓았다. 특히 2012년 카드 가맹점 수수료율에 대한 전면적인 개편이 이뤄지기 전까지 카드사들은 가맹점 수수료를 영세한 가맹점에 더 높게 차별적으로 부과해왔다. 대형 마트와 같은 대형 가맹점에는 수수료를 1퍼센트 수준으로 부과하면서 동네 구멍가게로부터는 3퍼센트 수준의 수수료를 챙겨왔다. 이런 영업 행태를 통해 신용카드사는 해마다 가맹점 수수료로만 9조 원가량의 돈을 벌고 있다. 가뜩이나 자영업자들의 생존이 점점 더 어려워지는 마당에 매년 자영업자들이 벌어들인 돈 중 9조 원가량이 신용카드사로 빠져나간다는 말이다. 소비자는 소비자대로 할부 수수료 등 이런저런 명목으로 카드 사용에 따른 비용을 지불하고 있다.

이쯤 되면 편리한 결제 수단과 거래 투명화라는 명분으로 국민들이 지불하는 비용이 지나치게 많지는 않은지 반문해야 한다. 특히 우리나라의 가맹점 수수료율은 다른 나라의 10배 수준이다. 국내 평균 가맹점 수수료율을 살펴보면 체크카드는 1.5퍼센트 전후, 직불카드는 1.51퍼센트, 신용카드는 2.1퍼센트라고 한다. 이는 체크카드와 직불카드 수수료가 0.15퍼센트인 네덜란드나 덴마크, 0.2퍼센트인 벨기에와 스위스 등에 비해 10배 안팎으로 높은 수준이다. 신용카드 수수료율도 프랑스는 0.7퍼센트, 오스트레일리아는 0.8퍼센트, 덴마크는 0.9퍼센트로 1퍼센트에도 못 미치지만 우리는 2퍼센트가 넘어, 2배를 웃돈다. 이 모든 것이 정부의 세금과 법을 동원한 강력한 카드 권장 정책에 힘입은 것이다.

마지막으로 금융감독원이 사실상 카드 발급에 관한 감독업무에 태만한 것도 우리나라가 카드 천국이 되는 데 기여한 바가 크다. 2004년 카드 사태 이후 잠시 카드 발급에 제동을 걸기도 했지만 2009년부터 카드사들의 경쟁적인 영업이 다시 시작되면서 길거리 모집 등의 편법이 다시 등장했다. 이에 대해 금융감독원이 대책으로 세운 카드 발급 기준은 여전히 추상적이기만 하다. 소득과 신용등급 기준을 제시하고 있지만 가처분 소득이 50만 원 이상이면 카드 발급이 가능하고, 발급 매수에 대한 제한도 구체적으로 명시되어 있지 않다.

결국 정부의 적극적인 신용카드 권장 정책은 신용카드 사용률 전 세계 1위, 경제활동 인구 1인당 카드 보유 매수의 급격한 증가 등 카드 매출의 신화를 만들어냈다. 숫자로 카드 사용의 실태를 들여다보면 우리나라 사람들은 하루 평균 1조 6,000억 원어치, 1,892만 건의 카드를 긁어대고 있고, 연간 GDP의 41.9퍼센트에 달하는 금액을 카드로 결제한다. 미국이나 캐나다 같은 선진국도 15퍼센트 내외에 불과한 것과 비교하면 카드사들에게 한국만한 황금 시장이 또 있을까 싶다.

이렇게 정부가 나서서 신용카드 발급을 권장한 것은 역으로 가계 빚을 늘리는 데 큰 역할을 했다. 서울연구원과 공동으로 진행한 〈가계부채 실태조사 보고서〉에 따르면 역시나 신용카드가 가장 손쉬운 대출로 꼽혔다. 응답자 903명 중 대출금리가 20퍼센트 이상인 제2금융권의 대출 이용자가 55.7퍼센트에 달한다. 특히 제2금융권 채무 2건 중 1건은 카드사 대출이었다. 이는 카드사 대출 이용이 손쉬운 만큼 이용률이 높다는 점을 말해준다.

문제는 여기서 시작된다. 20퍼센트 이상의 고금리 카드 대출로 인해 현금 흐름이 악화되면 부채 상환 가능성 또한 악화될 수밖에 없다. 특히 카드론은 일반 신용 대출에 비해 신용도에 부정적인 영향을 크게 미친다.

금융권은 고객들의 카드론 사용을 급전이 필요한 것으로 판단하여 신용등급 판정 시 위험 신호로 받아들인다. 이런 이유로 카드론 이용 후 1등급을 적용받던 고객이 4등급으로 하락하는 사례가 빈번하게 발생한다. 일례로 1등급이었던 어느 소비자는 신용등급이 높아 카드론의 우대금리를 적용받을 수 있다는 말에 10퍼센트 전후 금리의 카드론을 이용했다. 신용등급이 높아 카드론 우대금리를 적용받았는데 그 카드론 때문에 신용등급이 떨어졌다니 황당한 일이 아닐 수 없다. 그 소비자는 그 뒤 은행에서 전세 자금 대출이 거절되고 이자율도 20퍼센트 이상으로 불어났다. 신용 불이익과 동시에 이자 폭탄까지 감수해야 할 상황에 직면한 것이다.

이러한 카드론의 위험성은 카드론을 사용하는 소비자에게 제대로 전달되지 않는다. 금융회사에서는 카드론 영업을 적극적으로 전개하면서도 정작 카드론을 이용하는 소비자를 신용 관리에 부정적 요소가 있는 사람이라고 판단한다. 카드론을 사용하면 제1금융권 대출의 길목이 차단되는 것이다.

호모 컨슈머리쿠스에서 호모 익스펙트롤까지

'나는 소비한다. 고로 존재한다.' 소비와 관련된 우리의 일상에 대한 표현으로 이보다 더 적절한 말이 있을까? EBS 다큐프라임에서 인간 탐구의 한 주제로 욕망을 선정해 방송한 적이 있다. 이 프로그램은 마케팅 교수인 개드 사드 Gad Saad가 자신의 책 《소비 본능》에서 처음으로 제시한 '호모 컨슈머리쿠스 Homo Cumsumericus'라는 용어를 제목으로 사용했다. 요람에서 무덤까지, 아침에 눈을 떠 다시 잠자리에 들 때까지 우리는 끊임없이 소비한다. 호모 컨슈머리쿠스라는 말에 걸맞게 소비함으로 존재하고 있는 중이다. 본질적으로 소비란 사람의 필요와 욕구를 충족하는 행위다. 사람이 소비의 주체이고 소비재들의 가치와 용도에 따라 우리의 필요와 욕구에 맞춰 상품을 선택하는 행위가 소비다. 그런데 우리는 정말 주체적으로 상품을 선택하고 있을까?

우리는 과연 상품의 가치와 용도를 제대로 평가하고, 우리 자신의 필요와 욕구를 잘 알고 있을까 의심이 든다. EBS 다큐프라임 〈인간탐구 욕망 호모 컨슈머리쿠스〉에서는 다소 극단적인 유형의 소비자를 소개한다. 그들은 소비를 함으로써 자신의 가치가 올라간다고 믿거나, 타인을 의식해서가 아니라 자신의 만족을 위해 새 제품이 끊임없이 필요하다고 믿는 사람들이다. 그러나 가만히 주위를 둘러보면 품위를 지키는 주체적인 소비자보다는 광고와 마케팅의 포로가 되어 있는 소비자를 더 쉽게 만날 수 있다.

사람들은 가지고 있는 상품의 가격이나 브랜드를 들먹이며 우쭐해 하거나 주눅이 들기도 한다. 나 역시 새 옷을 사서 입었을 때와 철지난 옷을 입었을 때 나에 대한 자신감이 다르게 형성됨을 느낀다. 소비의 함정을 교육하는 나조차 소비가 만들어내는 허구의 나에게 끊임없이 조롱당하고 비웃음을 사고 있다. 세련되고 값비싼 옷을 입은 나의 도플갱어는 수수하다 못해 궁색한 나에게 손가락질을 해댄다. 물론 나는 직업의 특성상 나의 도플갱어에게 완전히 굴복당하지는 않는다. 교육의 소재로 관찰하고 분석해야 하기 때문에 나를 기죽이는 도플갱어와 일정한 거리를 유지할 수 있다.

평소 삶에 대한 성찰을 할 기회가 많거나 사회에 대한 의심을 품으며 그를 바꾸기 위한 행동을 하는 사람들은 자신의 도플갱어로부터 어느 정도 거리를 두고 살아갈 수 있을 것이다. 자기 성찰과 신념에 따른 실천들은 자존감에 긍정적인 영향을 미치고, 자존감이 높은 사람들은 으레 남과 비교하여 정서적 우월감을 지닐 수 있기 때문이다. 또한 신념은 곧잘 광고와 마케팅이 이끄는 소비주의 사회에 순응하는 인간이길 거부하는 '문제아'가 되도록 해준다.

앞서 이야기한 방송 프로그램에서 말하듯 우리는 산다^{buy}는 것이 사는^{live} 것이 되어버린 세상에 살고 있다. 과학의 발전과 미디어 혁명으로 이제 기업들의 광고는 우리의 신경과 뇌세포에까지 직접적으로 명령을 내릴 수 있을 만큼의 능력을 갖췄다. 흔히 뉴로 마케팅^{neuro marketing}이라고 불리는 광고의 진화는 광고 타깃을 마음이 아닌 뇌로 옮겼다. 이에 대해 이남석 서강대학교 평생교육원 심리학과 교수는 "뇌의 구매 버튼을 직접 누르게 한다"고 표현했다. 뉴로 마케팅은 뇌 영상 장치, 뇌파 측정, 시선 측정 등의 뇌과학 기술을 이용해 소비자들의 심리와 행동을 읽고 이를 마케팅에 활용한다. 영화 〈매트릭스〉에서 시온을 배신하는 사이퍼가 스테이크를 먹으며 하는 말이 현실에 옮겨지고 있다고 해도 과언이 아니다.

우리는 산다^{buy}는 것이 사는^{live} 것이 되어버린 세상에 살고 있다. 기업들의 광고는 이제 과학의 발전과 미디어 혁명으로 우리의 신경과 뇌세포에까지 직접적으로 명령을 내릴 수 있을 만큼의 능력을 갖췄다.

"나는 이 스테이크가 존재하지 않는다는 것을 알아. 내가 이걸 입에 넣으면 매트릭스가 나의 뇌에다 이게 아주 부드럽고 맛있다고 말해준다는 걸 알고 있다고."

부드럽고 맛있는 스테이크를 먹는 것은 매트릭스의 명령 시그널에 의한 허상이라는 이 이야기는 뉴로 마케팅이 만들어갈 미래의 모습일지 모른다.

이렇게 무서울 정도로 발전한 과학적 자극 앞에서 자유로운 사람은 많지 않다. 굳이 외모와 관련된 것이 아니라도 소비의 망상을 주입하는 도플갱어들을 누구나 하나씩은 갖고 있는 듯하다. 외모를 치장하는 데는 다소 무심하지만 자전거를 탈 때는 반드시 유명 브랜드의 고글을 써야 한다거나, 회의 자리에서 상대방이 사과 모양이 반짝이는 애플의 최신 랩톱컴퓨터를 열 때 공연히 기가 눌리는 느낌을 받는 식으로 말이다.

잘난 척하는 도플갱어들은 학력이나 유학 등의 콤플렉스를 자극하며 자녀 교육에 무리한 소비를 부추기기도 하고 사는 집 때문에 과도한 빚을 짊어지도록 만들기도 한다. 우리는 어떤 형태로든 소비로 자신의 가치를 평가하는 호모 컨슈머리쿠스적 사고 체계와 라이프스타일에서 벗어나지 못하는 것이다.

문제는 호모 컨슈머리쿠스에 대한 데이터가 쌓이면서 우리의 민낯을 완벽하게 내보이게 되었고, 그 결과 언제든 조작과 통제가 가능한 현실을 살게 되었다는 점이다. 아침부터 잠들 때까지 소비함으로 존재하고 소비함으로 가치 평가를 내리는 우리의 일상이 신용카드 회사의 데이터로 누적되고 분류되기 시작했다. 일명 데이터마이닝data mining 기술이라는 것으로, 대용량 정보를 모으고 분류해 필요한 타깃에 맞춰 정보를 솎아내는 빅데이터 덕분에 우리는 이제 스스로도 모르는 나 자신을 만날 수 있다. 가령 옷을 하나 구매하려고 웹브라우저를 열면 내가 자주 이용하는 포털 사이트의 한쪽 구석에 과거에 방문했던 인터넷 쇼핑몰이 쫓아다닌다. 물론 이 정도는 매우 단순한 정보 마케팅이다. 여기서 더 나아가 데이터마이닝은 여러 정보들을 추상해 소비자의 구매 행동들을 예측해낸다.

미디어 연구자인 임태훈의 《검색되지 않을 자유》에 이를 단적으로 보여주는 사례가 소개되어 있다. 이야기는 미국의 어느 할인매장에서 한 남성이 관리자를 찾으며 화를 내는 것으로 시작된다. 그 남성은 자신의 딸이 이제 겨우 고등학생인데 유아용품 할인 티켓을 보냈다며 화를 낸다. 매장의 매니저는 남성을 겨우 달래 돌려보낸 뒤 며칠 후에 남성에게 전화를 걸었다. 사과를 하려는 목적이었는데, 남성의 목소리가 크게 바뀌어 있었다. 알고 보니 고등학생 딸이 실제로 임신했다는 사실을 뒤늦게 알았기 때문이다. 할인매장의 빅데이터 분석에 고등학생 딸의 소비 패턴의 변화가 반영되면서 할인매장이 아버지보다 먼저 임신 사실을 알게 되었다. 매 순간 신용카드를 통해 구매 패턴이 읽히고 저장되고 분류되고 재해석되면서 우리의 일상은 이제 데이터베이스에 차곡차곡 쌓인다. 임태훈의 말대로 "명세서를 들여다보노라면 우리의 삶이란 소비의 동선 위에 쭉 늘어선 숫자들의 배열에 다름"없다.

특히 신용카드가 결제 시장을 독점하고 기존의 유통 생태계가 대기업을 중심으로 재구조화되면서 사람들의 소비 패턴은 개성이 사라지고 획일화되기 시작했다. 신용카드가 제시하는 할인과 적립에 맞춘 소비와 대형 마트에서 이뤄지는 원스톱 쇼핑이 사람들의 소비를 양적으로는 팽창시켰지만 내용적으로는 거의 동일하게 재구조화한 셈이다. 재무 상담과정에서도 사람들의 소비 내용이 별반 다르지 않음을 자주 목격한다.

많은 사람이 '한 달 생활비'가 얼마냐는 질문에 제대로 답을 하지 못하지만 우리는 몇 가지 키워드를 통해 금세 사람들이 얼마나 소비하는지 측정해낼 수 있다. 가령 사는 아파트 평수가 얼마인가라는 질문으로 관리비와 주거 생활비를 추정할 수 있고, 장을 보는 장소와 횟수, 일 회당 결제한 신용카드 액수가 얼마인지를 물음으로써 식비와 생활용품비 등을 예측할 수 있다. 이 외에도 가족 수에 따라 연례행사 비용을 유추할 수 있고, 아이가 다니는 학교와 학원에 대해 묻고 나면 교육비까지 포함한 굵직한 생활비들이 추정된다. 상담을 받는 소비자들은 소비 동선에 따라 우리가 추정한 내용들을 들으며 신기하다고 혀를 내두르기도 한다.

허나 신기하다고 여길만 한 것이 아니다. 우리나라 사람들의 소비 동선이 고만고만하다 보니 경우의 수가 적어서 점쟁이 상담사처럼 보였을 뿐이다. 오죽하면 우리가 상담사 양성 과정에 '유형별 재무구조와 문제점'이라는 과목을 넣었겠는가. 그 강의 시간에는 교육생들도 자기 이야기라며 흥미를 보인다. 몇 가지 유형을 분류했을 뿐인데도 그렇게 많은 교육생의 생활상이 거의 다 녹아 있다.

공동체의 특성에 따른 시장 발달이나 유통 구조, 상품의 특성과 먹을거리의 개성은 이제 과거의 유물이 되었다. 신용카드와 대형 마트는 첨단 과학을 충분히 활용한 마케팅 기법으로 사람들의 소비에 적극적으로 개입한다. 그뿐 아니라 소비 동선을 데이터베이스에 저장한 뒤 이를 해석하여 우리의 일상을 자신들의 판매 전략에 맞춰 구조화한다. 그리고 우리는 이러한 빅데이터 산업에 놀라워하고 그에 열광하며 소위 '창조경제'의 새로운 동력으로까지 해석하고 있다. 또한 정보자본주의에 걸맞은 인간이 되기를 거부하지 않는다.

신용카드와 대형 마트 외에도 우리는 일상을 구석구석 훔쳐보는 스마트폰을 애지중지한다. SNS가 일상을 포획하는 데 적극 동조하며, 신용카드를 쓰면서 일상의 흔적들을 카드사에 기꺼이 제공한다. 심지어 그 정보를 기업들이 마음껏 재구성하고 활용하는 데 조금의 망설임도 없이 동의해주고 있다. 기껏해야 이러한 정보자본주의의 흐름에 문제의식을 느끼는 나 같은 사람들이 아주 사소한 찝찝함 정도를 느끼며 '어쩔 수 없다'고 새로운 SNS로 사이버 망명을 하거나 SNS에 솔직한 심정을 남기지 않는 정도로 경계할 뿐이다.

우리 스스로 정보자본주의에서 새로운 미디어 환경에 최적화된 인간이 되어가는 현상에 대해 임태훈은 이렇게 표현했다.

"체제의 운영 시스템 안에서 충분히 예상 가능하며 탁월히 통제될 수 있는 존재, 그것이 바로 정보자본주의의 심화와 함께 부상하고 있는 새로운 종류의 인간형 호모 익스펙트롤^{Homo Expectrol}이다. 익스펙트롤은 'expectation'과 'control'을 결합한 조어로 지배 질서의 시스템 운영 원리에 자발적으로 순응할 뿐만 아니라, 빅데이터 분석에서도 선명하게 패턴이 추출되는 전형적 삶의 사본들이다."

인간 통제와 퇴출의
최고 병기, 신용카드

　　　　　　　　　신용카드는 우리의 일상을 데이터화함으로써 우리를 통제하기 좋은 시민으로 거듭나게 만든다. 정부가 팔 걷고 신용카드를 육성할 당시에는 이와 같은 놀라운 2차 효과까지 기대하지는 않았을 것이다. 그러나 돈 되는 일이라면 사람의 생존과 인격까지도 상품화하는 기업들의 놀라운 창조력이 카드 명세서에 숫자로 배열되어버린 시민들의 일상과 예측 가능한 행동을 가만히 내버려둘 리 없다. 조금이라도 소비 여력이 남아 있는 사람에게는 대형 마트로 가서 소비하도록 쉴 새 없이 신용카드 알람을 울려댄다. 빨리 더 늦기 전에 대형 마트로 달려가 남들이 전부 사가기 전에 할인 제품을 손에 쥐라고 재촉한다.

　해마다 돌아오는 13월의 월급을 두둑하게 받으려면(최근에는 소득세제 개편으로 13월의 폭탄이 되어버렸지만) 아주 작은 지출도 신용카드가 아니면 안 된다. 신용카드를 사용하지 않으면 손해를 본다. 이는 하나의 자동화된 의식일 뿐 아니라 신앙처럼 의식과 무의식 모두에 깊이 새겨진 믿음이다. 통제하기 좋은 호모 익스펙트롤은 이미 하나의 종교가 되고 있는지 모른다. 사소한 지출

행위조차 카드 회사에 충실히 보고한다. 이제 중산층들의 카드 명세서는 일상의 궤적이면서 동시에 스스로 만들어낸 감옥이다.

　신용카드에 담긴 데이터 덕분에 조지 오웰식의 빅브라더는 설 자리를 잃었다. 감시 및 통제에 필요한 모든 기록을 이토록 자발적이고 적극적으로 확보할 수 있을까? 대형 마트는 소비자에게 물건을 팔기 위해 소비자가 무엇을 필요로 하고 원하는지 설문조사를 하는 등의 요란을 떨 필요가 없다. 소비자가 자발적으로 가져다 바치는 정보를 조합하고 분석하기만 하면 소비자 본인도 모를 정보까지 유추해낼 수 있기 때문이다.

　세계적인 브랜딩 권위자이자 미래학자인 마틴 린드스트롬 Martin Lindstrom은 저서《누가 내 지갑을 조종하는가》에서 신용카드와 대형 마트의 거대한 꼼수를 이렇게 지적한다.

'세상에서 가장 크고 가장 높은 수익을 올리고 있는 소매점 월마트가 세계에서 가장 거대한 데이터 뱅크 중 하나를 운영하고 있다는 사실은 그다지 놀라운 소식이 아니다. 6개국 3,000개에 달하는 매장에서 일어나고 있는 모든 소비자 구매 정보를 관리하고 있는 월마트는 현재 연방정부보다 몇 배나 큰, 7.5테라바이트에 육박하는 '테라데이터웨어하우스'를 운영하고 있다.'

그는 재난이 발생해 수많은 사람들이 비극을 겪는 와중에도 대형 마트들은 소비자들의 구매 패턴을 분석해 돈벌이 기회를 포착하고 있음을 폭로한다. 월마트의 분석 결과 허리케인 피해자들이 많이 구입한 제품은 손전등이 아니라 맥주였다고 한다. 이 분석 결과를 토대로 월마트는 폭풍이 발생하고 있는 지역에 맥주를 가득 실은 트럭을 보냈다. 재난이 발생해 사람들이 죽어가는 상황에서도 무엇을 내다 팔아야 잘 팔릴지에만 혈안이 된 기업의 과학적인 상술에 소름이 돋는다. 그런데 월마트의 모든 과학적인 마케팅의 소스는 다름 아닌 신용카드가 제공하고 있다. 첨단 데이터마이닝 업체가 우리가 무심코 긁어대는 신용카드와 직불카드에서 정보를 빼낸 뒤 죽음을 코앞에 두고 공포에 떨고 있는 상황에서도 '소비함으로 존재하라'고 속삭이고 있다.

신용카드 회사가 권장하는 '존재를 위한 소비'는 당장의 구매 여력에 한정되지 않는다. 그들은 소비자가 앞으로 벌어들일 수 있는 모든 소득을 환산해 '지금 소비하라'고 부추긴다. 미래를 전부 끌어다 지금 당장 소비하라고 외친다. 미래가 아닌 현실에 충실하라는 말보다 더욱 선동적이다.

행동경제학자 댄 애리얼리^{Dan Ariely}는 기업의 이와 같은 마케팅 전략에 대해 "지금 당장이 기업들이 당신이 주목하길 바라는 시간"이라고 표현한다. 이제 우리에게 미래는 현재의 소비를 위해 전당포에 저당 잡힌 담보물로 전락한다. 앞서 지적했듯이 빚 님의 유혹은 정신 나간 사람들에게만 영향을 미치는 저급한 수준이 아니다. 우리의 마음이 아닌 뇌를 움직이는 마케팅 기술로, 외부에서 주입된 욕망조차 그것은 애초에 내 것이었다고 의심 없이 믿을 만큼 뛰어난 실력을 자랑한다. 미래를 끌어다 지금 당장 소비하라는 명령은 소비 결과에 따라 우리를 성공한 소비자와 실패한 소비자로 나누고 우월감 혹은 굴욕감에 갇히게 만든다. 사회학자 조지 리처 George Ritzer 는 과잉 소비 시대를 사는 소비자를 풍자하기 위해 "대형 마트는 우리의 사원이고 쇼핑 목록은 성무일도서이며 쇼핑몰을 거니는 것은 우리의 순례"라고 표현한 바 있다. 경제활동인구 1인당 5장의 신용카드를 갖고 살아가는 우리는, 성공한 소비자가 되기 위해 그의 말을 적극적으로 실천에 옮기고 있다.

신용카드사가 자신의 미래를 담보물로 현재의 소비를 종용하는 줄도 모르고 실패한 소비자가 되지 않기 위해 카드사가 내미는 신용 한도라는 악마의 계약서에 도장을 찍는다. 그리고 그 계약 내용이 "이제부터 당신의 라이프스타일을 속속들이 들여다보고 그것을 데이터로 가공하고 그 결과물을 여러 마케팅 기업에 판매함으로써 당신의 미래를 완벽하게 소비하는 데 동의합니다"라는 무시무시한 내용임을 눈치 채지 못한다.

어쩌면 조지 오웰의 빅브라더가 덜 잔인한지도 모른다. 빅브라더식 독재란 통제를 수용하고 순응하기만 하면 문제가 없다. 그러나 21세기 빅브라더인 신용카드의 통제는 사람들을 존엄한 삶에서 퇴출시키는 것이 목적이 아닌지 의심될 정도다. 중산층의 일부, 저소득층의 다수가 카드가 흔들어놓은 욕망을 좇다 결국 채무불이행자로 전락한다. 마치 처음부터 사람을 흔들어 퇴출시키기 위한 프로그램이었던 것처럼 소득 수준을 뛰어넘는 소비를 부추기고, 사용 한도를 과하게 부여한다. 그 사용 한도는 우리의 미래를 저당 잡는다.

그런데 카드사가 저당 잡은 우리의 미래란 안정된 것이 아니다. 오죽하면 지난 대선 당시 캐치 프레이즈로 소개되었던 '저녁이 있는 삶'이란 말에 울컥한 감정이 생길까? 매일매일의 저녁을 기꺼이 포기할 수밖에 없는 현실은 불안한 미래 때문이다. 우리는 현재의 소비를 위해 그 불안한 미래마저 담보물로 내주고 있다. 우리는 스스로 갖다 바친 우리의 라이프스타일과 함께 미래의 가능성까지 모두 신용카드 한도에 저당 잡힌다. 그리고 담보물의 가치가 처음 설정할 당시보다 내려가게 되면 카드 결제를 하지 못한다. 연체자 신분이 되어 가차 없이 비참한 채무노예로 전락한다.

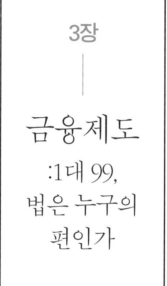

3장

—

금융제도
:1대 99,
법은 누구의
편인가

왜 금융의 문턱이
낮아야 하는가

저소득층에게 돈을 빌려
주는 사업이 사회적 기업으로 인정되고 노벨평화상까지 수상하
게 된 데는 '금융소외'라는 말이 큰 영향을 미쳤다. '금융소외'에
는 신용과 소득이 낮은 사람들에게 돈을 빌려주지 않는 것을 차
별로 간주하고, 그것이 잘못되었다는 인식이 담겨 있다. 금융을
복지와 혼동하기 때문에 이런 인식이 형성되었다. 이런 인식을
바탕으로 제도 금융권이 서민에게 문턱을 낮춰야 한다는 주장이
설득력을 얻게 되었다. 이는 가계부채가 1,200조 원이 넘어가면
서 금융위기에 대한 우려가 제기 되는 현실을 고려할 때 모순된
주장이 아닐 수 없다. 양적인 측면에서만 문제가 아니라 부채 상
환 능력이 점점 악화되고 있는 상황에서 여전히 금융의 문턱을

낮춰야 한다는 주장이 반복되고 있다.

과거에는 소득이 낮은 사람들은 금융 영업의 대상이 아니었다. 저소득층은 복지의 대상으로 인정하면서 일자리를 제공하고 생계비를 보조하면서 자립을 지원해왔다. 그런데 그라민 은행의 노벨상 수상 이후 저소득층은 복지의 대상에서 금융 영업의 대상으로 이동했다. 문제는 금융과 복지가 근본적으로 다른 개념이라는 점이다. 금융은 계약의 의무가 중요한 반면 복지는 의무보다는 권리로 해석된다. 금융은 홀로서기이고 복지에는 연대의 의미가 있다. 그러나 일부 경제주의자들은 복지를 불편하게 여겨왔다. 누구는 열심히 일해서 세금을 내는데 누군가는 그들이 내는 세금으로 무임승차를 하고 있다는 불만이다. 그들은 복지가 공짜로 퍼주는 행위이며, 이는 모럴 해저드를 불러일으킨다고 주장한다.

그라민 은행의 성공은 그동안 복지를 둘러싸고 벌어졌던 '공짜 논란'을 다른 차원으로 이동시켰다. 무조건 퍼주는 것이 아니라 '빌려준다'는 서민금융과 저소득 무담보 소액대출은 경제주의자들의 불편한 감정을 해소시키기 충분했다. 물론 어떤 의미에서 자선과 복지는 저소득층의 빈곤을 고착화할 위험이 있다. 보편적 복지가 아니라 '가난한 사람'이라는 사회적 낙인을 전제로 공급되는 자선과 복지는 빈곤층의 자활 의지를 이끌어내는

데 한계가 있다.

　행동경제학자인 대니얼 카너먼에 따르면, 장기간에 걸쳐 자제력을 요하는 환경에 노출된 사람은 자아고갈 상태에 빠진다고 한다. 가령 맛있는 음식, 멋진 옷, 자동차, 집 등 유혹이 넘쳐나지만 가질 수 없는 경우가 이에 해당한다. 가질 수 없는 것에 대한 욕망은 줄어들지 않는데 가질 수 없기 때문에 자제해야 하는 상황은 수없이 많다. 이런 유혹을 피하려고 내리는 결정에 우리의 뇌는 많은 수고를 한다. 이러한 수고가 반복됨에 따라 의지력은 점점 소진되어버린다. 이러한 상태를 자아고갈이라고 한다.

　좌절될 것이 분명한 결핍은 사람을 무기력하게 만든다. 예를 들면 아무리 노력해도 도달할 수 없는 목표가 강요되는 상황이라고 가정해보자. 금융권 전문가들은 사람들에게 노후 준비를 위해 10억 원이 필요하다고 끊임없이 강조한다. 그러나 대부분의 사람들은 아무리 절약을 하고 저축을 해도 은퇴 전에 10억 원을 확보할 수 없다. 결국 불가능한 목표 앞에서 노후 준비에 무기력해질 수밖에 없다. 목표는 성취의 경험이 전제될 때 사람에게 동기부여 기제로 작동된다.

　좌절이 분명한 목표 앞에서 현재의 결핍을 절대 충족할 수 없다는 것을 자각하는 순간 사람은 무기력해질 수밖에 없다. 자아고갈이란 결국 좌절이 반복되는 결핍 상태다. 이러한 자아고갈

3장 금융제도: 1대 99, 법은 누구의 편인가

은 동기를 떨어뜨리고 자아가 고갈된 사람들은 포기하려는 충동에 취약해진다. 오랜 시간 빈곤 상태에 있는 사람들은 이미 자아고갈 상태에 빠져 있다. 더 열심히 살고자 하는 동기가 낮을 뿐 아니라 잦은 실패의 경험으로 자립에 대한 두려움에 갇혀 있을 수밖에 없다. 그런 와중에 자립이 불가능하기 때문에 자선과 복지를 공급한다는 낙인은 자아고갈 상태에 기름을 붓는 격이다. 사회적 낙인을 불명예스럽게 수용하기만 하면 공짜로 돈이 주어진다. 이러한 낙인은 자아고갈 상태에 빠진 빈곤층을 빈곤의 덫에 가두는 자물쇠 역할을 한다.

자선과 복지의 문제를 극복할 대안으로 제시된 것이 금융이다. 이전에는 정부가 일자리를 창출하거나 기업들의 일자리 확대를 독려하는 방식으로 접근했다면, 이제는 저소득층에게 일자리를 직접 해결하도록 금융을 지원한다는 발상이다. 공짜로 퍼주는 자선과 복지를 극복하기 위해 새로운 일자리를 공적으로 창출하는 것 또한 한계가 있기 때문에 금융 지원은 새로운 대안으로 각광받기 충분했다. 그러나 문제는 과연 금융이 반복된 실패 경험으로 자아고갈 상태인 사람들에게 성공의 열쇠를 줄 수 있느냐이다. 금융은 실패를 거듭한 사람들에게 새 출발의 기회보다는 빚 상환이라는 고통만 가중시켰을 뿐이다.

2014년 초 세 모녀가 생활고를 비관해 자살한 사건에 우리 사회는 큰 충격을 받았다. 자살을 앞두고도 집주인에게 "미안하다"며 공과금을 남긴 세 모녀. 그들의 죽음을 둘러싸고 이런저런 사회적 논의들이 강하게 일어났다. 복지의 사각지대에 대한 논의와 현재의 기초생활 수급제도의 비현실성에 대한 토론이 이어졌다. 하지만 이조차 잠시일 뿐 또 다른 대형 사고가 기존의 비극을 금세 잊게 만든다.

자살예방상담소에서 근무하는 어느 실무자는 자살의 가장 주요한 원인이 채무 독촉이라고 지적했다. 빚을 연체하면서 시작되는 채무 독촉은 좌절감과 열패감을 갖게 만들 뿐 아니라 극도로 부끄러운 감정에 내몰려 이웃이나 가족과도 관계를 단절하게 만든다. 인간에게 가장 위험한 순간은 '희망이 사라지는' 순간이 아닐까? 채무 독촉은 독촉에서 벗어나고 싶지만 도저히 벗어날 길이 없는 사람들의 모든 희망을 지워버리는 일이다.

세 모녀의 자살을 둘러싼 이야기 중 두 딸의 신용불량 상태에 주목해야 한다. 이들을 죽음으로 내몬 결정적인 요인은 연체 상태에서 이루어졌을 채무 독촉이었음을 부인하기 어렵다. 이들의 죽음은 빚을 제대로 갚지 못하는 사람들을 향한 '도덕적 해이'라는 사회적 비난이 얼마나 잔인한 일인지 되돌아보게 한다.

바버라 에런라이크Barbara Ehrenreich는《노동의 배신》이라는 책에서 "가난할수록 돈이 더 든다"고 일침을 가한다. 저소득층일수록 고금리 대출 때문에 금융 비용을 더 많이 지출하고, 주거 복지의 사각지대에서 감당하기 힘든 월세를 부담하며 사는 사람들이 부지기수다. 더욱이 먹는 것이 부실해 건강 상태가 좋지 않아 병원비를 더 많이 부담하는 현실까지 감안해야 한다. 가난하기 때문에 주거비와 병원비, 금융비용이 더 많이 지출되는 아이러니. 이에 대한 애런라이크의 일침은 미국에만 적용되는 것이 아니다.

우리의 금융 환경은 미국보다 더 잔인하다. 미국에서는 상환 능력이 안 되는 사람에게 돈을 빌려주는 행위를 '약탈적 금융'이라고 비판한다. 못 갚을 줄 알면서 돈을 빌려주는 것은, 다른 식으로 이득을 취하기 위해서라고 해석한다. 이러한 비판 의식은 법률에도 반영되어 있다. 주택소유및자산보호법Home Ownership and Equity Protection Act(HOEPA)을 그 예로 들 수 있다. 이 법안은 1994년 미국 주택담보대출 시장에서 금융소비자 보호를 위해 제정된 법안으로, 대출자의 상환 능력을 고려하지 않은 대출을 '약탈적 대출'로 규정해 금지하고 있다. 그런데 우리나라는 어떤가? 저소득층에게 돈을 빌려주는 걸 시혜로 여기고 있지 않은가?

미국이 저소득층에게 돈을 빌려주는 행위를 약탈로 규정하는 이유는, 금융이 의무와 책임이 강조되는 사적 계약이기 때문이다. 그에 반해 우리는 은행 문턱 낮추는 걸 강조하며 금융과 복지를 혼동한다.

주식회사 국민행복기금은
꽤 남는 장사다

　　　　　　　　　　　　　　박근혜 대통령은 대통령 후
보 당시 민생 문제를 꼼꼼히 챙기는 민생 대통령으로 성공하겠다
며 가계부채 문제 해결에 의지를 보였다. 그 산물이 바로 국민행
복기금 공약이다. 그런데 대통령 당선 이후 국민행복기금은 다이
어트를 하다 못해 거식증 걸리기 일보 직전의 상태로 출범했다.
기금의 규모는 선거 당시 18조 원이라는 약속과 달리 1조 5,000
억 원으로 줄었다. 감면 대상도 322만 명에서 33만 명으로 줄었
다. 모든 게 10분의 1 수준으로 줄어든 셈이다. 물론 이 정도 규모
로 시작해 점차 기금을 확대해나갈 수도 있다. 그러나 발표 내용
에는 그러한 장기 계획이 보이지 않는다. 왜 이렇게 되었을까?

　애초 공약 설계부터 내용이 과장된 것은 분명해 보인다. 그러
나 공약 후퇴에 결정적인 영향을 끼친 건 금융권과 보수 언론이
다. 선거 이후 금융권과 보수 언론에서는 박근혜 정부의 국민행
복기금을 끊임없이 공격했다. 그럴듯한 논리로 여론을 장악하는
방식이었다.

　그들은 채무자가 정부의 구제 프로그램에 기대 '채무 버티기'
를 하고 있다며 '여론 폭탄'을 만들었다. 또는 성실하게 빚 갚는

사람들을 자극하면서 구제 프로그램의 대상자에 비해 손해를 보고 있다며 증오심까지 자극했다. 속된 말로 "너는 지금 바보같이 빚 갚고 있지? 저들은 빚 떼먹고 있는데"라는 식이었다. 보수 경제학자들이 좋아하는 통계도 온데간데없다. 오로지 1,000만 명 중 한 명이라도 빚을 떼먹으려 했다면 용납할 수 없다는 태도다. 왜 이럴까?

금융권은 채무자 구제를 대단히 싫어한다. 앞서 말한 대로 채무자가 고통스러울수록 돈벌이가 되기 때문이다. 금융권의 탐욕은 정부의 어떤 채무자 구제 프로그램도 허용할 수 없게 만든다. 그렇다고 여론 몰이에서 자신들의 탐욕을 그대로 드러낼 수도 없다.

기금이 출범한 뒤 한 달 이상 온갖 매체에 인용된 '금융권 관계자의 말'은 "채무 버티기", "돈 안 갚고 먹튀" 등의 표현들로 행복기금의 대상자들을 부도덕한 사람들로 낙인 찍는 데 동원되었다. 집요할 정도의 여론 몰이는 구제 프로그램을 무력화하는 데 결정적인 역할을 하게 된다. 권력이 가장 크게 집중된다는 정권 출범 초기의 최우선 공약마저 10분의 1로 줄어들었다. 금융권과 언론의 힘을 실감케 하는 장면이다.

국민행복기금의 채무 조정 내용은 채무자 입장에서는 신용회복위원회의 워크아웃보다 나은 면이 있다. 신용회복위원회의 워크아웃은 원금 면책도 거의 안 되는 상황에서 최저생계비를 제외한 나머지 소득 모두를 월 변제금으로 결정한다. 만약 국민행복기금 이용자가 신용회복위원회 워크아웃 프로그램을 이용한다고 해보자. 평균 소득(월 45만 원)과 평균 부채(1,234만 원)를 가진 1인 가구라고 전제했을 때 매달 13만여 원을 8년간 상환해야 한다. 사실상 최저생계비에도 못 미치는 소득이지만 주변 지인으로부터 소득 지원을 받을 것이라는 전제로 8년의 기간(통상적으로 소득이 낮은 경우 8년을 적용한다) 동안 부채 원금을 나눠 갚게 되는 것이다.

국민행복기금의 경우는 채무자가 상환 기간을 정할 수 있다. 기간을 10년으로 정하고 50퍼센트 면책을 받게 되면 채무자는 월 5만 원가량만 부담하면 된다. 표면적으로는 신용회복위원회의 워크아웃보다 좀 더 인간적으로 보인다. 그러나 국민행복기금의 구조를 보면 기막힌 사실을 알 수 있다. 국민행복기금의 운용 구조는 미국의 롤링주빌리 운동의 원리와 같다. 부실채권을 국민행복기금에서 헐값에 산 뒤 채무를 조정해주는 것이다.

새정치민주연합 강기정 의원실의 2013년 국정감사 자료에 따르면, 2013년 8월 말까지 국민행복기금이 매입한 채권의 가격은 평균 애초 채권 가격의 3.72퍼센트였다. 즉 1,000만 원짜리

3장 금융제도: 1대 99, 법은 누구의 편인가

채권을 37만 2,000원에 샀다는 이야기다. 이것도 국민행복기금이 시장가격보다 비싸게 산 가격이다. 그만큼 부실채권시장에서 오래된 연체 채권은 말 그대로 헐값에 거래된다.

이렇게 채권을 헐값에 매입해, 빚의 절반을 면책해주고 나머지 절반을 10년에 걸쳐 돌려받는 게 국민행복기금의 운영 원리다. 가령 1,000만 원짜리 채권이라면 37만 2,000원에 사서 500만 원을 돌려받는다. 수치상으로만 따지면 10년에 동안 463만 원의 수익이 발생하는 프로그램이다.

국민행복기금은 부실채권을 저가에 매입해 빚을 돌려받는 과정에서 수익이 발생하도록 설계된 프로그램이다. 일부의 오해처럼 세금이 투입된 프로그램이 아니다. 정부가 주도하는 공약 사업이지만 공적인 구조로 설계된 프로그램도 아니다. 국민행복기금의 조직 성격은 공기업이 운영하는 프로그램으로 이해되고 있지만 사실상 주식회사다.

은행연합회 회장이 이사장직을 역임하고, 주요 주주가 금융권 인사로 구성된 '주식회사 국민행복기금'은 사실상 부실채권시장에서 돈벌이로 운영된다. 약 37만 원에서 사서 최대 700만 원까지 되돌려 받을 수 있으니, 이만한 장사가 또 있을까?

사라진 대선 공약을
찾습니다

진짜 놀라운 건 따로 있다. 국민행복기금 대상자의 월평균 소득은 40만 원에 불과하다. 2013년 10월까지 접수한 국민행복기금 신청자들의 1인당 연평균 소득은 484.1만 원이었다. 연 소득 2,000만 원 미만인 사람이 전체 이용자의 83.1퍼센트였다. 평균 채무 금액은 1,146만 원, 연체 기간은 평균 6년이었다.

6년간이나 1,000여만 원의 채무를 감당하지 못해 지속적으로 연체해온 사람들이 자발적으로 국민행복기금의 문을 두드린 것이다. 그동안 빚 독촉의 고통이 얼마나 컸는지 짐작할 만한 대목이다. 이런 사정 탓에 야당과 시민사회 단체는 "채무자의 고통을 덜어주겠다더니, 오히려 절대적인 저소득 계층의 빚을 절반이라도 되돌려 받겠다는 채무 독촉 프로그램으로 전락했다"며 국민행복기금을 비판했다. 이에 대해 금융위원회에서는 다음과 같은 반박 보도자료를 냈다.

"국민행복기금은 상환 능력이 낮은 장기 연체 채무자에 대해 갚을 수 있는 범위 내로 채무를 감면해주고 감면된 금액을 성실히 상환해 경제적 재기를 이룰 수 있도록 적극적으로 도와주는 프로그램(이다)."

단, 금융위원회는 자신들이 발표한 국민행복기금 이용자들의 재무 상태에 대한 언급은 피했다. 추상적으로 "채무를 감면", "경제적 재기를 돕는"이라고 표현했다. 이를 구체적으로 표현하면, 금융위원회의 주장은 바로 이것이다. "월 40만 원을 버는 채무자에게 빚 1,100만 원을 10년간 매월 4만 7000원씩 계속 갚도록 하겠다."

게다가 국민행복기금의 이용 및 상환에 대한 안내를 채권추심회사에 위탁해 상환 불이행에 대해서도 꼼꼼한 대응책을 마련해놓았다. 금융위원회는 시민사회 단체의 비판에 언제나 같은 말만 되풀이한다. "빚을 깎아주었다. 채무자가 탈락하지 않도록 다양한 제도를 운영하고 있다."

이 대목에서 좀 더 현실적인 질문을 던져보자. 금융위원회 공무원들은 매월 40만 원으로 생활할 수 있는가? 월 40만 원을 벌더라도 빚은 꼭 갚으라고 정부가 강요하는 건 정상인가?

금융위원회는 국민행복기금의 채무 조정 역시 상환이 곤란한 채무자에 대해서는 개인회생, 파산 등의 공적 채무 조정 제도로 안내한다고 강조한다. 하지만 바로 여기에 커다란 모순이 있다. 월 소득이 40만 원인 사람 모두가 채무 상환이 곤란한 채무자 아닌가?

월 40만 원이면 1인 가구 최저생계비에도 못 미치는 금액이다. 국민행복기금 신청자 중에 40~50대가 많다는 점을 감안하면, 그들은 1인 가구가 아닐 가능성이 크다. 이런 사람들에게 빚의 절반이라도 받겠다는 태도가 잔인하지 않다면, 도대체 뭐가 잔인한 걸까? 금융위원회의 논리대로라면, 국민행복기금 신청자 거의 대부분에게 개인회생과 파산 등의 공적 채무 조정 절차를 안내했어야 옳다.

미국의 채무 타파 운동 단체는 이렇게 말한다. "우리는 함께 무작위로 채무자를 해방시킬 수 있다. 상호 지원, 선의, 집단적인 거부 운동을 통해." 반면 우리나라는 그동안 언론을 통한 금융기관의 집요한 '사상 교육' 탓에 빚을 갚지 않는 것에 대한 거부감이 대단히 높다. 그러나 좀 더 품위 있는 사회를 상상해보자. 최저생계비에도 못 미치는 저소득자에게 밥은 굶더라도 빚은 갚으라고 강요하는 사회가 정상일까? 게다가 어쩔 수 없이 연체를 하면 비인간적인 빚 독촉에 내몰리는데, 알고 봤더니 그 연체 채권을 금융기관들끼리 헐값에 사고팔면서 채무자에게는 빚을 갚으라고 독촉하는 상황이다.

금융기관이 연체 채권을 부실채권 시장에 헐값에 팔지 않고 채무자의 재정 상태에 맞춰 조정해줄 수는 없었을까? 부실채권 시장에 직접 참여해 채무자들의 고통을 덜어주겠다던 박근혜 대통령의 공약 1호는 어디로 갔을까?

새정치민주연합 강기정 의원실에 따르면, 국민행복기금 사업으로 은행 등 금융기관이 2018년까지 벌어들일 것으로 예상되는 수익은 총 9,000억 원이다. 물론 '주식회사 국민행복기금'은 9,000억 원이라는 수익을 고스란히 금융기관에 배당할 계획이다.

채무자를 돕겠다던 박 대통령의 공약은 이런 식으로 과거 노예문서처럼, 채무자를 쥐어짜는 프로그램으로 전락했다.

금융은 사회적 비전에 투자해야 한다

물론 모든 금융적 접근법이 문제가 되는 것은 아니다. 유럽이나 미국에서는 사회적 금융이라는 새로운 금융 접근법이 새로운 대안으로 주목받고 있다. 대표적인 곳이《블루 스웨터》의 저자 재클린 노보그라츠Jacqueline Novogratz가 설립한 어큐먼펀드Acumen Fund다. '가난한 사람과 부자의 다리를 놓아준다'는 취지로 단순 기부와 자선이 아닌 '투자'로 빈곤 해소에 기여하고 있다.

어큐먼펀드는 그라민 은행처럼 다수에게 소액을 직접 대출해주는 방식의 금융이 아니다. 개혁적인 사회적 기업가를 발굴해 그의 비즈니스가 성공하도록 돕는다. 어큐먼펀드의 가장 성공적인 투자는 탄자니아의 모기장 업체다. 말라리아가 극심한 아프리카의 현실을 극복하기 위해 살충 처리된 모기장을 생산해 상대적으로 저소득층인 사람들도 살 수 있도록 저가에 판매한다.

재클린 노보그라츠가 인상적인 점은 마이크로크레딧을 위해 아프리카에 체류하면서 빈곤 사회의 여러 문제를 직접 경험했다는 점이다. 사실 자선 활동은 빈곤층을 구제한다기보다 하루하루 극심한 배고픔을 해갈시켜주는 정도에 머무르거나 부패의 더 큰 자원이 되기도 한다. 그러한 현장을 직접 목도한 그녀는 무엇보다 빈곤층의 건강이 자활의 기본이며, 이를 위해 깨끗한 물과 위생적인 환경이 필요하다는 사실을 깨달았다. 잘 찢어지지 않고 현지 빈곤층의 구매력에 맞는 가격의 모기장을 판매하는 것은 영세한 기업의 평범한 사업 모델 같아 보이지만, 이는 아프리카의 현실에서는 상당히 혁신적인 접근이다. 이렇게 혁신적 모델의 사업 기획과 그 사업을 추진할 주체를 찾아 투자하는 것. 이것이 어큐먼펀드의 투철한 사회투자 철학이다.

이처럼 사회적 금융은 가난한 사람에게 금융의 문턱을 낮춰주는 것이 아니라 사회적 비전을 발견하고 그것을 추진할 능력에 투자하는 역할을 한다. 금융의 제 길을 찾고 있는 셈이다. 이러한 사회적 금융의 실험은 독일과 네덜란드, 스웨덴, 캐나다 등에서도 진행되고 있다.

독일에서는 협동조합 방식으로 운영되는 GLS은행이 있다. 이곳은 '수상한 돈은 받지 않고 더러운 사업엔 돈을 대지 않는다'라는 철학으로 깐깐하게 경영된다. 대출과 투자 역시 지독할 정도로 엄격한 심사를 거쳐 시행한다. 예금자와 대출자 모두에게 엄격한 자기 책임을 요구하는 시스템을 갖추고 있다. 돈이란 사람을 위해 존재한다는 모토를 내걸었지만 우리나라의 금융회사들처럼 지나치게 친절하게 대출하지 않는다. 물론 그렇다고 상환율 100퍼센트를 위해 지나치게 보수적으로 대출해주는 것도 아니다.

캐나다의 벤시티 신협은 일정 수준의 금융 리스크를 수용한다. 따라서 담보가 없으면 돈을 빌리지 못하는 우리나라의 은행과 달리 프로젝트의 성격과 아이디어가 충분히 가치가 있다면 과감히 투자하고 함께 프로젝트의 성공을 돕는다. 착한 금융은 문턱을 낮추고 무조건 퍼주는 게 아니라 예금자, 투자자, 대출자 모두 각자의 책임을 다할 때 완성된다. 게다가 그 머니 네트워킹은 단지 돈을 창출하는 것이 아니라 사회적 가치, 즉 '임팩트'를 만들어낸다. 예금자에게 최초 예금한 돈만이 아니라 더 나은 사회와 미래가 되돌아간다. 대출자와 투자자는 더 나은 세상을 혁신적으로 추진할 능력을 전제로 하여 신용을 이용한다. 금융이 이러한 모습이라면 금융회사의 건전성도 더욱 강화될 수밖에 없지 않을까?

우리나라의 금융은 가난한 사람들에게 '문턱을 낮춘' 것처럼 보이지만 여전히 금리가 낮은 대출은 담보 없이 이용할 수 없다. 상대적으로 문턱이 낮은 대출은 가난한 사람에게 20퍼센트 이상의 살인적인 이자를 부과함으로써 약탈자 역할을 하고 있을 뿐이다.

돈놀이하기 알맞은
금융제도

간혹 사회운동가들은 우리나라의 저축은행과 카드사 들이 저소득층에게 대출을 해주는 서민금융으로서의 역할을 하지 않기 때문에 대부업체 등의 고금리 대출이 가난한 사람을 괴롭힌다고 말한다. 그러나 이는 사실과 다르다.

지난해 서울연구원의 업무 위탁으로 에듀머니에서는 서울시민 930명을 대상으로 가계 빚 설문조사를 실시했다. 조사 결과에 따르면 우리나라의 저축은행과 카드사 들은 저소득층에게 돈을 안 빌려주는 것이 아니라 지나치게 많이 빌려주고 있었다. 조사 보고서에 따르면 2013년 현재 부채를 보유하고 있는 서울 시민의 77.8퍼센트가 제2금융권 대출을 이용하고 있었다. 채무자 10명 중 8명 가까이 카드사와 저축은행 등에서 대출을 이용하고 있다는 말이다. 또한 58.7퍼센트가 세 군데 이상의 금융기관 대출을 보유한 과다 채무 상태였다.

여기서 주목할 점은 카드사와 저축은행 등 제2금융권 대출이 소득이 낮은 사람들에게 집중되어 있다는 점이다. 카드사와 저축은행 대출자의 70퍼센트 가량이 월 300만 원 미만의 소득자이고 40퍼센트 가량이 150만 원 미만의 소득자로, 주로 소득이 낮은 계층에 집중되어 있었다. 결국 일부에서 문제를 제기하고 있는 서민금융의 문턱은 우려와 달리 오히려 저소득층에게 지나치게 낮았다. 처음부터 제2금융권의 대출은 상환 불가능한 사람에게 열려 있었다.

조사 보고서에는 이러한 대목이 눈에 띈다. 기존 채무의 금융비용을 상환하기 어려워 1년 이내에 신규로 부채를 얻었다는 응답자가 27.6퍼센트였다. 3명 중 1명꼴로 빚 돌려 막기를 하고 있다는 것이다.

그렇다면 카드사와 저축은행은 뭘 믿고 저소득층에게 대출을 해준 걸까?

소득별 카드사, 저축은행 대출 이용 현황
자료: 서울연구원, 에듀머니

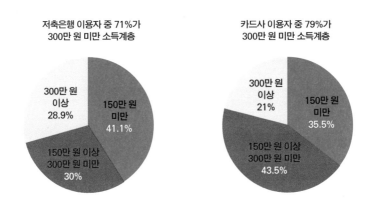

저축은행 이용자 중 71%가
300만 원 미만 소득계층

300만 원
이상
28.9%

150만 원
미만
41.1%

150만 원 이상
300만 원 미만
30%

카드사 이용자 중 79%가
300만 원 미만 소득계층

300만 원
이상
21%

150만 원
미만
35.5%

150만 원 이상
300만 원 미만
43.5%

소득별 다중채무 비율(세 군데 이상의 금융기관에서 돈을 빌린 다중 채무자)

소득	150만 원 미만	150만~300만 원	300만~450만 원	450만 원 이상
전체	162명	339명	252명	150명
인원	91명	182명	170명	87명
비율	56.2%	53.7%	67.5%	58.0%

3장 금융제도: 1대 99, 법은 누구의 편인가

저소득층에게 고금리 대출이 많이 이루어진 것은 우연도 아니고, 금융회사와 대부업체의 인심 때문도 아니다. 법 제도 및 금융 환경이 저소득층을 대상으로 한 고금리 대출 영업을 경쟁적으로 부추기도록 설계되어 있기 때문이다.

첫 번째 문제는 이자율이다. 법정 최고 이자율이 높기 때문에 금융회사는 돈벌이에 대한 유혹을 크게 받는다. 누구나 군침을 흘릴 만큼 돈벌이가 대단하기에 손해율이 높아도 사업에 뛰어들게 된다. 도대체 이자율이 어떻기에 이런 일들이 벌어질까?

현재 우리나라에서 이자율을 규정하는 것은 이자제한법과 대부업법, 이렇게 두 가지 법률이다. 그런데 금융기관들은 모두 대부업법에 의해 최고 이자율 규제를 받고 있다. 최근 국회에서 최종 통과된 내용에 따르면 이자제한법상 최고 이자율은 25퍼센트이고, 대부업법은 34.9퍼센트다. 거의 10퍼센트 차이가 난다. 좀처럼 이해하기 쉽지 않은 대목이다.

일반적으로 개인 간에 금전 거래를 한다면 25퍼센트 이상 이자를 받을 수 없다. 예를 들면 김모 씨가 급전이 필요해 친구인 이모 씨에게 1,000만 원을 빌렸다고 가정해보자. 이 씨는 김 씨에게 연간 250만 원이 넘는 이자를 요구할 수 없다. 간혹 개인 간의 금전 거래에서 월 3퍼센트 이자 거래를 하는 경우가 있다. 이 경우 1년으로 따지면 36퍼센트에 해당하는 이자이기 때문에 25

퍼센트를 초과하면서 불법 대출이 된다.

만약 김 씨가 이 씨에게 위와 같은 조건으로 2,000만 원을 빌렸다면 김 씨는 25퍼센트를 초과한 11퍼센트에 해당되는 이자, 즉 110만 원을 돌려받을 수 있다. 그러나 최고 이자를 25퍼센트로 제한하는 이자제한법이 금융회사에는 적용되지 않는다. 금융회사들은 모두 이자제한법상 적용 제외가 됨으로써 대부업법의 금리 규제를 받는다. 결국 개인 간의 금전 거래는 25퍼센트의 이자 이상을 못 받지만 금융회사들은 최고 34.9퍼센트까지 이자를 챙길 수 있다.

이는 주요 선진국들이 20퍼센트 전후로 이자율을 규제하는 것과 비교할 때 두 배에 가까운 고금리 정책이다. 앞서 말했듯이 외환위기 이후 이자제한법이 폐지된 뒤 대부업법이 새로 제정되었다. 고금리가 사회적으로 문제가 된다면 이자제한법을 다시 부활시키면 될 텐데 왜 새로운 법을 만들었을까? 이에 대한 정부 관료들의 평계를 들어보면 다음과 같다.

먼저 고금리 사금융을 음지에서 양지로 끌어내겠다는 취지를 강조한다. 양성화라는 명분을 앞세워 대부 사업의 진입 장벽을 대폭 낮추고 등록제를 실시한다. 그 등록제로 인해 대부업체들은 부정적인 시선에서 벗어나 서민들에게 과감히 급전을 공급해주는 애국자 역할을 한다는 자부심을 갖게 된다. 그런 식으로 정부는 대부업 사업의 양성화 목표를 달성하고, 더불어 그들에게 제공하는 특혜 금리를 금융회사 모두에 공평하게 적용한다. 표면적으로는 그럴 듯해 보이지만 실제 현실은 다음과 같다.

불법 사채 시장을 양성화하겠다지만 고금리 사금융은 여전히 횡행하고 있다. 필요에 따라 간단한 등록 절차를 통해 대부 사업은 더욱 쉽게 제도권 안으로 진입할 수도 있다. 사금융을 근절하기 위해서라는 명분은 온데간데없고 법적으로 30퍼센트 이상의 고금리를 인정하는 정책만 남게 되었다. 그 고금리는 일본계 대부 기업들의 먹잇감이 되었고, R사나 S사 등 대형 대부업체들의 영업이익만 크게 올려주었다.

대부업체에만 특혜 금리를 준다는 금융권의 따가운 시선이 불편한 정부는 금융권 전반에 특혜 고금리를 제도적으로 인정하기에 이르렀다. 이제 서민들은 만성적으로 부족한 생활비를 해결하기 위해 카드사에서 돈을 빌리고, 카드 값을 갚기 위해 대부업체를 이용하고, 대부업체 빚을 갚기 위해 고금리 사금융까지 이용할 수밖에 없는 신세가 되었다. 가난한 이들이 복지 안전망에 기대 최소한의 존엄을 지킬 수 있는 시민권은 빚 독촉으로 박탈된 것이나 다름없게 되었다. 한번 시작된 빚은 가난한 이들에게 빚지는 것 외에 선택의 여지가 없고, 그들을 빚을 갚지 못해 노예 같은 삶을 받아들일 수밖에 없는 현실로 밀어 넣었다.

여기서 중요한 점은 대부 사업의 양성화 덕분에 금융회사들조차 고금리 대출 영업을 할 수 있게 되었다는 점이다. 더욱이 금융회사들이 챙길 수 있는 이자율은 높은 데 비해 전반적인 저성장 저금리 경제 환경 탓에 조달금리는 10퍼센트 전후로 상당히 낮은 수준이다. 금융회사들도 자기 돈으로 장사를 하는 것이 아니다. 예금자로부터 받은 예금 혹은 다른 금융회사에서 빌린 돈으로 대출 사업을 한다. 은행은 예금자에게 지급하는 이자와 대출자에게 받는 이자의 차익인 예대마진으로 수익을 챙긴다.

좀 더 자세히 살펴보자. 카드사와 저축은행 등은 고객의 예탁금과 타 금융기관 등에서 빌린 돈으로 대출 영업을 한다. 이때 고객의 예탁금 금리와 타 금융기관의 차입금리가 조달금리다. 그런데 저금리 환경에서 예탁금리와 차입금리가 10퍼센트 전후로 낮은 데 비해 법정 최고 금리는 30퍼센트가 넘는다. 이렇게 조달금리에 비해 기대할 수 있는 금리 수익이 높다 보니 제2금융권 이상의 고금리 대출 시장이 과열될 수밖에 없다.

이미 2000년대 초반 무분별한 카드 발급과 현금서비스의 과도한 공급으로 카드 대란을 겪은 바 있다. 카드 대란 이후 카드 발급 기준 강화 등 일정 부분 규제가 이뤄졌지만, 조달금리에 비해 금리 상한 규제의 격차가 크다 보니 고금리 대출 시장은 황금알을 낳는 시장으로 인식되었다. 가령 저금리 기조가 유지되던

3장 금융제도: 1대 99, 법은 누구의 편인가

2009년 카드채 조달금리가 AA0 등급 기준으로 1년 전 5.7퍼센트 수준에서 3.9퍼센트 까지 낮아졌다. 그에 비해 카드론 대출은 20퍼센트 이상의 고금리를 받았다. 신용등급이 낮은 사람들에게는 거의 30퍼센트에 육박하는 이자를 챙기기도 했다. 조달금리는 낮은데 챙겨 받을 수 있는 금리는 최대 39퍼센트(2014년 6월까지)에 달했고, 카드사로서는 신용구매보다 대출 상품의 마진율이 커지면서 카드론 상품의 마케팅을 강화하는 계기가 되었다. 특히 예전 카드 대란의 교훈으로 현금서비스는 피하면서 카드론을 통해 고금리 장사에 매진하게 된다.

카드론은 현금서비스와는 달리 사전 심사를 통해 한도가 주어지고 대부분 분할상환이기 때문에 연체율이 낮아서 대손율도 현금서비스보다 낮다. 게다가 앞서 말한 것과 같이 저금리 금융 환경에서 자금 조달에 따른 이자 부담은 낮은 반면 법정 최고 이자율이 높은 덕에 고수익으로 장기간 자금을 운용할 수 있다는 이점이 있다. 연체율 폭증의 직격탄을 피하면서도 고수익 사업을 할 수 있다는 이점 때문에 카드사들은 카드론 대출에 열을 올리게 되었고 그 결과 카드론 시장이 확장될 수밖에 없었다.

케이블 텔레비전의 광고 패턴만 살펴봐도 카드론에 대한 카드사들의 공격적인 마케팅을 짐작할 수 있다. 유명 연예인이 나와 "○○○은 현금서비스 쓰는데 나는 60개월 동안 천천히 나눠 갚는다"라고 외친다. 다음 달 전액 상환해야 하는 현금서비스 대신 분할상환하는 카드론을 쓰라는 광고다. 이런 식으로 2009년부터 은행들이 카드 부문을 분사하기 시작하고 시장에서는 다시 길거리 모집 등의 무분별한 카드 발급 관행이 고개를 들기 시작하면서 카드사들의 과잉 대출 현상이 재현되었다.

전문가들 또한 저축은행의 저신용자 쏠림 현상을 지적하고 있다. 인하대학교 이민환 교수는 2014년 9월 예금보험공사가 개최한 워크샵 "저축은행의 발전 방향: 리스크 관리 및 서민금융 활성화를 중심으로"에서 "저축은행을 찾는 7~10등급의 저신용 소비자 비중이 대부업과 비슷해 연체율 악화 등을 겪고 있다"고 말했다.

이 교수의 자료에 따르면, 저축은행의 7등급 이하 고객 비중은 37.7퍼센트로, 앞서 서울연구원과 에듀머니의 공동 조사 결과와 비슷한 통계 수치를 보여주고 있다. 서울연구원과 에듀머니의 공동 조사 결과에서는 저축은행 이용자 가운데 40퍼센트가 월 소득이 150만 원 미만이었는데 대체로 우리나라의 저신용 계층은 저소득 계층과 일치한다.

더욱 놀라운 점은 에듀머니 조사에서도 제2금융권을 이용하는 저소득 계층이 금융기관 세 군데 이상에서 돈을 빌린 다중 채무자였는데, 이 교수의 자료에서도 비슷한 통계가 나온다는 점이다. 저축은행 신용대출 거래자 중 8~10등급 대출자의 40.4퍼센트가 대부업체에도 대출이 있는 것으로 집계되었다. 카드론 이용자 중에서도 동시에 저축은행 신용대출을 이용하는 다중 채무자가 33퍼센트, 대부업체 동시 이용자는 37.9퍼센트였다. 저축은행 또한 예금자의 예금금리 등 조달금리가 법정 최고 이자율인 34.9퍼센트에 비해 현격히 낮기 때문에 고금리 과잉 대출로 금리 마진을 공격적으로 챙겨왔던 것이다. 결과적으로 저소득층에게까지 카드론, 저축은행의 고금리 신용대출 등의 영업이 활기를 띠면서 과잉 신용 공급이 이루어지게 되었다.

대부업체 편에 선
금융위원회

이명박 정부는 정권 초부터 가계부채 관리를 적극적으로 하기는커녕 총부채상환비율DTI 등의 규제를 완화해 가계 빚을 크게 늘렸다. 박근혜 정부 또한 다르지 않다. 야당의 평가대로 새 정부가 아니라 이명박 정부의 연장이라고 평가해도 무방할 정도다.

집권 초부터 부동산 시장의 거래를 정상화하겠다고 금융과 관련한 온갖 규제를 완화하는 것으로도 부족해, 전세난으로 허덕이는 서민에게 대안이랍시고 내놓은 정책이 '돈을 더 빌려주 겠다'는 것이었다. 그 결과 박근혜 정부 취임 이후부터 줄곧 빚이 증가하고 있다. 특히 가계 빚의 질이 점점 악화되고 있다. 전체 가계 대출에서 은행이 차지하는 비중이 2011년 50퍼센트에서 2013년 말 기준 48.7퍼센트로 감소한 반면, 같은 기간 제2금융권의 대출 비중은 44퍼센트에서 45.2퍼센트로 상승했다.

상황이 이러함에도 정부와 여당은 빚, 특히 고금리 빚으로 신음하는 국민들의 고통을 더 가중시키기로 작정한 듯하다. 30퍼센트를 뛰어넘는 대부업 대출의 살인적인 최고 금리를 인하하라는 야당과 시민사회의 목소리에 황당한 논리로 대부업체 편을 들고 있기 때문이다.

2013년 말 국회 정무위에서 여야는 대부업의 금리 상한 일몰제 연장에 대해 논의했다. 당시 야당은 대부업의 상한 금리인 39퍼센트를 이자제한법상의 30퍼센트 수준으로 낮추자고 제안했다. 하지만 금융위원회는 이 제안을 거부했다. 금융위원회는 어디서 나온 자료인지 모르겠으나 금리를 낮출 경우 74만여 명에게 신용 차단이 발생한다고 주장했다. 이는 금융위원회가 선진국의 두 배에 가까운 고리 대출을 정상적인 신용 상품으로 취급하고 있음을 보여주는 대목이다. 금융위원회가 우려하고 고민해야 할 일은 '저소득, 저신용 계층에게 살인적인 고리 대출 공급이 안되면 어쩌나'가 아니라 '그들이 고리 대출을 견딜 수 있을까'여야 한다.

서울연구원과 에듀머니가 진행한 서울 시민 가계부채 실태 조사에 따르면 대부업 대출 이용자의 90퍼센트가 타 금융권 대출을 동시에 보유하고 있는 것으로 나타났다. 특히 대출 목적을 묻는 질문에 39퍼센트가 '기존 대출을 상환하기 위해서'라고 답했고, '생활비가 부족해서'라는 응답도 32퍼센트나 되었다. 생활비가 부족하다는 말은 그 안에 기존 대출이자 때문이기도 하기에 그것 또한 '기존 대출을 상환하기 위해서'라는 응답과 다르지 않다. 결국 대부업 대출 이용자들은 이미 빚 돌려 막기를 하고 있는 것이 분명하다.

금융위원회가 말하는 신용차단 계층은 39퍼센트의 고금리 대출 이용자가 아니라 적극적인 채무 조정이 필요한 사람들이다. 금융위원회는 저소득층이 음성화된 불법 사금융으로 내몰릴 것이 우려된다며 대부업체 편을 드는 자신들의 맨얼굴을 감추고 있다. 불법 사금융이 걱정된다면 금융감독 당국에서 취해야 할 조치는 단속과 처벌의 강화여야 한다.

최근 대부업체의 달라진 광고 콘셉트를 보면 공략하려는 고객층이 20~30대로 옮겨가고 있는 것으로 보인다. 젊은 연인을 등장시키거나 신입사원 이야기로 전개되는 광고 내용은 섬뜩할 정도로 설득력이 있다. 사회에 첫발을 내딛은 새내기들이 경제 생활을 시작함과 동시에 39퍼센트짜리 고금리 대출을 이용하는 것이 정상일까?

민주당이 제시한 30퍼센트 금리 제한도 적절한 수준은 아니다. 장기적으로는 선진국과 마찬가지로 20퍼센트 아래로 제한해야 한다. 그러나 금융위원회는 이런 단계적 제한도 '서민의 급전을 위해서'라는 말도 안 되는 억지를 핑계로 반대하고 있다. 금융위원회는 대부업 시장의 성장이 감소할까 우려하는 것이 분명하다.

금융감독 당국은 최고 이자율을 고금리로 유지해야 하는 이유를 몇 가지 더 내놓았다. 첫째, 대부업체 이자율이 낮아지면 음성화될 가능성이 높다는 것이다. 과연 그럴까? 대부업체는 금융감독원이 아닌 지자체의 관리감독 대상이다. 민생 침해 사범 근절을 위한 서울시 회의에 참여해보니 서울시는 대부업 관리감독을 각 구청에 이관해놓았다. 앞서 말했듯이 구청의 담당 공무원은 대부업 등록 업무를 비롯해 대부업 관리감독뿐 아니라 다단계까지 관리해야 하는 등 과중한 업무에 시달리고 있었다. 관리감독 업무를 수행하려면 어느 정도의 전문성이 있어야 함에도 여러 업무를 동시에 처리할 수밖에 없는 직무 구조였던 셈이다. 관리감독은 거의 이뤄지지 않을 수밖에 없었다. 그나마 박원순 서울시장이 당선 이후 민관 거버넌스를 구성해 대부업 단속에 대한 구체적인 실행에 나섰다.

　단속 결과 대부업법상 살인적인 고금리가 음성화를 차단하지 못하고 있음이 드러났다. 2012년 10월에 진행된 단속 때 197개 업체를 점검했는데 137곳이 법 위반으로 적발되기도 했다. 분기별로 정기 점검을 할 때마다 등록 대부업체의 법 위반 건수는 상당한 수준이었다.

　금융감독 당국은 대부업을 양성화하지 않는다면 고금리라는 미끼를 버리지 못한다고 말하지만, 양성화가 대부업자들의 탐욕을 만족시키지 못했던 것이다. 실제로 그 어떤 통계에서도 대부업법이 제정된 뒤 불법 사금융시장으로 인한 서민들의 피해가 줄었다는 근거를 찾아볼 수 없다.

　금융감독 당국이 최고 이자율 인하에 반대하는 두 번째 이유는 서민들의 금융 접근성이다. 이자율이 낮아지면 대부업체가 더욱 보수적으로 신용을 공급하게 되면서 급전이 필요한 서민들에게 돈을 인색하게 빌려줄 것이란 우려다. 이 또한 앞서 말한 바와 같이 황당한 판단이다. 서민들이 대부업체에서 돈을 빌리는 이유는 잠깐 동안의 유동성 위기 때문이 아니다. 주로 생계비 혹은 기존 대출을 상환하기 위함이다.

　금융감독원의 2007년 사금융 이용자 설문 자료를 보면 대부업체로부터 빌린 돈의 20퍼센트는 카드 연체금, 16퍼센트는 은행 연체금, 41퍼센트는 대출금 상환에 쓰고 있었다. 결국 39퍼센트짜리 초고금리 대출로 그보다 낮은 이자율의 빚을 상환하고 있다는 말이다. 이들에게 필요한 것은 기존 빚을 갚기 위한 고금리 대출 접근성이 아니다. 상환 능력을 이미 상실했다는 판단 아래 채무 재조정 절차를 밟거나 소득을 높여주는 다른 대책이 필요하다. 결국 대부업 대출은 서민들이 쉽게 접근할 수 있는 금융 수단이 아니라 카드사와 저축은행, 캐피탈 회사들이 원금을 손쉽게 회수할 수 있도록 하는 돌려 막기의 마지막 창구였던 셈이다.

이자율 인하를 반대하는 세 번째 이유도 참으로 민망하다. 이자율을 인하하면 영세한 대부업체는 망하고 대형 대부업체에만 이득이 된다는 것이다. 서울시 단속에 따르면 영세한 대부업체 중에는 사업장도 없이 주택에서 영업을 하는 곳도 있다. 신용불량자인 대부업자, 자기 돈이 한 푼도 없는 대부업자도 있다. 영세한 이들이 망하지 않고 대부업 대출 영업을 계속한다면 불법 대출로 이어질 수밖에 없다.

대형 대부업체에만 혜택이 될 것이라는 말은 앞뒤가 안 맞는 핑계에 지나지 않는다. 자본금 100억 원 이상인 대형 대부업체들의 시장 점유율은 대출금 기준 89.3퍼센트이고 거래자 수 기준으로 보면 92.4퍼센트다. 이미 시장을 독점하고 있다. 힘없는 소기업 자영업자들을 보호하는 듯한 명분을 앞세워 영세한 대부업자들을 위해 이자율 인하에 부정적이라는 말은 그 자체로 코미디다.

기본권보다 재산권을
더 중시하는 제도

저소득층은 문제가 더욱 심각하다. 카드론 이용을 시작하면서 20퍼센트 이상의 고금리를 부담하는 것은 정해진 수순이다. 이후 금리 폭탄과 신용 불이익으로 현금 흐름이 악화된 상태에서 카드 빚을 갚으려면 이자율이 더 높은 저축은행이나 대부업체 등을 찾을 수밖에 없는 상황에 내몰린다. 본격적인 빚의 악성화 단계에 접어드는 것이다. 여기서 빚을 악성화시키는 두 번째 제도적 문제가 채권추심 환경이다. 채권추심에 대한 법적 제도적 세부 사항은 뒤에서 자세히 다룰 것이다. 여기서는 채권추심의 큰 흐름만 살펴보자.

우선 우리나라 추심 시장의 가장 큰 문제는 추심원의 자격 요건에 제한이 없고 추심 방법이 인권을 침해한다는 점이다. 추심원의 신분은 대부업자는 물론 신용정보회사로부터 위임받은 자영업자까지 다양하다. 추심원의 소득은 추심을 통해 상환된 채무 원금의 일부를 수수료로 지급하는 식이다. 추심원의 채권추심 행위가 소득과 직결된다. 실적에 목매는 추심원에 의해 가혹한 채권추심이 이뤄질 수밖에 없는 구조다. 추심 방법은 전화와 방문, 가압류 등 다양한 수단을 동원할 수 있다.

이렇게 추심 방법을 별 달리 제재하지 않고 광범위한 수준으로 허용하는 이유는 인권 보호보다는 재산권 보호를 강조하는 후진적 감수성 때문이다. 선진국 어느 나라에서도 이와 같이 기본권을 침해하는 수준의 재산권 행사를 인정하는 사례가 없다.

서울연구원과 에듀머니의 조사 보고서에 따르면 조사 대상자(부채 보유자 903명) 10명 중 4명이 채권추심을 경험했다고 한다. 물론 대부분 짧은 연체에 따른 전화 독촉 수준이 많았지만, 그중 불법적 채권추심도 4건 중 1건에 달할 정도로 추심 시장은 신용 소비자를 사회적 약자로 전락시키고 있었다.

채권추심을 경험했다는 응답자 4명 중 3명이 정신적 고통 등의 피해를 입었다고 한다. 그 경험에서 비롯된 고통은 채무자의 마음속에 새겨진다. 이러한 학습된 두려움 탓에 채무자는 상환이 어려워질 때마다 고통을 회피하기 위해 더욱 위험한 악성 부채를 추가로 발생시키거나 가족 등 주변에 부채를 떠넘긴다. 조사 결과를 보아도 과거 연체 경험자 중 연체 해결을 어떻게 했는가에 대한 질문에 가족이나 지인에게 도움을 받거나 다른 대출을 받아서 상환했다는 응답이 32.7퍼센트나 되었다.

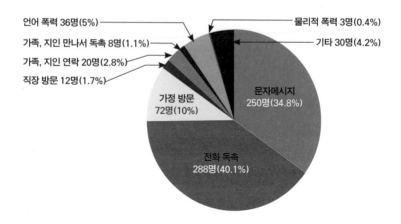

채권추심의 유형(복수 응답)
자료: 서울연구원, 에듀머니

언어 폭력 36명(5%)
가족, 지인 만나서 독촉 8명(1.1%)
가족, 지인 연락 20명(2.8%)
직장 방문 12명(1.7%)
물리적 폭력 3명(0.4%)
기타 30명(4.2%)
문자메시지 250명(34.8%)
가정 방문 72명(10%)
전화 독촉 288명(40.1%)

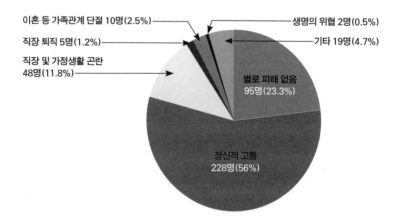

채권추심이 채무자에게 미치는 영향
자료: 서울연구원, 에듀머니

이혼 등 가족관계 단절 10명(2.5%)
직장 퇴직 5명(1.2%)
직장 및 가정생활 곤란 48명(11.8%)
생명의 위협 2명(0.5%)
기타 19명(4.7%)
별로 피해 없음 95명(23.3%)
정신적 고통 228명(56%)

상황이 이렇다 보니 연체는 채무자의 일상에 장애를 초래할 정도의 빚 독촉과 마주해야 하는 공포스러운 사건으로 각인된다. 이런 공포가 빚의 악성화를 만들어낸다. 카드 빚을 갚기 어려운 상황에 내몰리면 우선 다른 빚을 추가로 얻어서 연체를 일시적이나마 회피한다. 다른 빚 또한 마찬가지 상황에 처하고 빚은 점점 더 늘어난다.

결국 높은 금리의 영업 환경과 과도한 채권추심의 허용이 채무자들을 과다 채무자로 만든다. 카드사와 제2금융권이 저소득층에게 과잉대출을 일삼는 이유가 가난한 사람들이 추심이 두려워 대부업 대출을 얻어서라도 연체를 피하려 안간힘을 쓸 것이라는 사실을 알기 때문이다. 고금리 대출 시장에서 돈만 벌면 그만이라는 금융회사들과 대부업체들 때문에 수많은 사람들이 오늘도 전화 벨 소리에 심장이 내려앉는다.

이들이 이렇게 많은 사람들을 생의 벼랑끝으로 몰아넣도록 만든 데에는 정부의 역할도 크다. 외환위기 당시 부실한 은행을 망하게 내버려둘 수 없다는 논리로 은행에 공적 자금을 투입해 회생시킨 전례가 있다. 금융사가 파산하면 이는 금융회사의 문제에만 머물지 않고 경제 전반에 상당한 영향을 미친다. 따라서 세금을 투입해서라도 금융사의 파산을 최소화하려는 국가적 선택이 뒤따를 수밖에 없다. 정부의 이러한 노력은 금융회사의 도덕적 해이를 불러일으킨다. 회사가 어려워지면 정부가 살려줄 거란 믿음으로 위험한 대출도 감행하는 것이다. 상환 여력이 되는 소비자에게 책임 대출을 하려고 하기보다 대출 영업 경쟁에 혈안이 되어 무분별한 대출을 공급한다. 제도적으로 가능한 고금리 영업과 대부업으로까지 이어지는 빚의 먹이사슬 같은 순환 고리, 그리고 그 순환 고리에 빠질 수밖에 없는 비인간적인 채권 추심의 허용이 약탈적 대출을 양산한다.

남편과 사별한 후 보험설계사로 일하는 한 60대 여성의 소득은 월 60여만 원이다. 그녀는 생계를 위해 얻은 카드사 등의 빚 2,800만 원을 감당하지 못해 2009년부터 신용회복위원회를 통해 워크아웃을 하고 있다. 당시에는 보험설계사를 시작하면서 좀 더 높은 소득이 가능하리라 여겼다. 소득을 실제 소득보다 높게 책정해 워크아웃 인가는 받았으나 매월 37만원씩 상환해야 했다. 그러나 실제 소득은 60여만 원. 워크아웃 상환 금액이 소득의 60퍼센트를 넘기면서 생활에 압박이 가해졌다. 설상가상 그녀의 어머니가 돌아가시면서 그나마 있던 소득도 잠시 중단됐다. 워크아웃은 다시 연체 상태가 되었다. 그럼에도 그녀는 보험설계사 일을 하면서 동시에 식당 일까지 하겠다는 결심으로 부채 상환 계획을 문의했다.

60대의 나이에 두 개의 직업을 얼마나 지속할 수 있을까? 오히려 중도에 병원비까지 추가로 발생할 위험도 적지 않다. 신용회복위원회의 워크아웃 프로그램 진행자이기 때문에 중도 탈락한 상태여도 국민행복기금의 대상에서는 완전히 제외된다. 개인 워크아웃을 진행하려 해도 자영업자이기 때문에 소득 인정 금액이 낮아 회생 인가는 거의 불가능하다.

이런 경우 개인 파산과 면책 절차를 밟는 것이 가장 적합하다. 그러나 우리 사회는 여전히 파산에 대한 심리적 장벽이 높다. 채무자 스스로도 파산 면책을 마치 사형선고로 받아들이는 경우가 많다. 그러나 빚도 하나의 계약일 뿐이다. 계약 이행도 중요하지만 그 의무가 생계유지라는 삶의 기본권 위에 존재하지는 않는다.

월 소득이 60여만 원인 사람에게 2,800만 원이나 빌려준 카드사와 저축은행, 대부업체는 처음부터 상환 능력이 안 되는 사람에게 돈을 빌려주어서는 안 되었다. 금융사와 대부업체가 매몰차게 거절했다면 그녀는 그런 사채 시장에 손을 내밀었을까?

싱가포르처럼 전단, 이메일 등 어떤 형태의 대부업 광고도 허용하지 않는 사회였다면 그녀는 빚에 의존하지 않고 구청 등 관공서를 통해 복지 수단을 찾았을 것이다. 최저생계비 언저리의 소득자에게 수천만 원을 빌려주는 우리 금융권과 대부업체는 천사가 아니다. 그들은 그녀가 밥을 굶어가며 혹은 지인들에게 절박하게 호소해서라도 빚을 갚을 것임을 알고 이자율 30퍼센트가 넘는 약탈적 대출을 했을 뿐이다.

대출은 어떻게
환상을 불러일으키는가

금융의 문턱을 낮춰야 한다는 말은 대중들에게 호소력이 크다. 사람들에게 '빚'은 악마의 유혹과 같은 것이다. 돈을 빌리는 것은 자존심 상하거나 부끄러운 일이지만 다른 이가 먼저 내게 돈을 빌려주겠다고 하면 뿌듯한 마음이 든다. 특히 금융회사에서 대출 한도를 넉넉히 제시하면 왠지 사회적 신분이 상승한 듯한 기분마저 든다. 빚에 관해 사람들이 이렇게 자극을 받는 것은 여러 이유가 있다. 우선 인간의 뇌에서 할인과 공짜에 대해 자연스럽게 생기는 반응 때문이다. 신경학자와 행동경제학자 들은 실험을 통해 할인 제품을 보는 것만으로 뇌에서 도파민이라는 신경전달물질이 평소보다 많이 분비됨을 확인했다. 도파민은 인간에게 먹고 마시고 성관계를 하는 등의 원초적 행동을 하도록 자극하는 신경전달물질이다.

과학자들에 따르면 다른 사람들보다 충동적인 사람일수록

도파민 신경로가 민감할 가능성이 높다고 한다. 즉 할인된 제품을 보고 도파민 분비가 늘었다는 것은 그만큼 할인 상품을 본 뒤 충동적인 상태에 이르렀다는 것을 의미한다. 바로 이러한 심리적 현상 때문에 소득공제 정책이 카드사의 매출을 높이는 데 큰 효과를 발휘했다고 해석할 수 있다. 소득 공제는 일종의 세금을 할인받는 정책으로 받아들여진다.

직장인들이 가장 아까운 지출 영순위로 꼽는 것 중 세금을 빼놓을 수 없다. 아까운 세금을 할인 받을 수 있다는 기대심 탓에 신용카드 소득공제 혜택에 열광하게 된다. 게다가 신용카드는 각종 결제 이벤트로 강력한 할인 마케팅을 전개해왔다. 광고와 전단지, 포스터 등 우리의 눈이 머무는 곳마다 신용카드 광고는 할인의 숫자를 제시한다. 점점 우리의 뇌는 신용카드와 할인의 이미지 사이에 등호(=)를 그려 넣는다.

대부분의 소비자는 할인의 폭을 정확히 계산해서 합리적으로 신용카드를 사용하지는 않는다. 소비자의 믿음은 그저 '신용카드를 쓰면 소득공제로 연말에 공돈이 되돌아온다'는 것뿐이다. 그 믿음은 우리 뇌의 도파민을 증가시키는 '할인에 대한 강력한 기대심'을 자극하고, 이 기대심이 신용카드를 써야 한다는 행동 명령을 낳는다. 교육이나 상담 과정에서 소비자에게 신용카드 사용을 줄이거나 없애라고 조언을 하면 '손해 보지 않을까요?'라는 반문이 어김없이 돌아온다. 그나마 다행인 건 최근 체크카드의 공제 혜택을 대폭 늘림으로써 신용카드에서 체크카드로 갈아타는 사람들이 늘어나고 있다는 점이다. 소득공제 혜택이 신용카드 영업에 기여한 측면이 크다는 사실을 보여주는 대목이다.

행동경제학자 댄 애리얼리의 실험에 따르면 할인보다 공짜가 더욱 많은 충동을 부추긴다. 그는 초콜릿 실험을 통해 0의 위력을 입증했다. 실험에서는 평소 미국인들이 더 선호하는 초콜릿인 린트 트리플과 상대적으로 인기가 없는 키스 초콜릿을 이용했다. 린트 트리플을 15센트에 팔고 키스를 1센트에 팔았을 때 실험 대상자들 중 73퍼센트가 가격이 더 비싼 린트 트리플을 선택했다. 린트 트리플의 가격이 훨씬 비싸지만 제품의 품질을 비교한 뒤 이성적 결정을 내린 것이다.

다음 실험에서는 린트 트리플을 1센트 할인된 14센트에 팔고, 키스는 공짜로 주기로 했다. 두 제품 모두 1센트씩 가격을 내린 것에 불과했다. 그러나 그 결과 69퍼센트의 고객이 키스를 선택했다. 공짜가 사람들의 비이성적 행동을 촉진한다는 사실을 확인한 셈이다. 당장 생활비가 부족한 사람에게 누군가 돈을 빌려주어 빈 통장에 두둑한 목돈이 입금된다고 가정해보자. 앞서 행동경제학자들이 입증한 공짜 앞에서의 흥분이 생기지 않겠는가? 이처럼 빚은 사람을 충분히 비이성적으로 만든다.

이렇게 사람을 자극하는 빚이라는 '상품'은 불과 10여 년 전까지만 해도 가난한 사람에게는 쉽게 주어지지 않았다. 공짜로 보이지만 공짜가 아니고, 두둑한 목돈을 미리 갖게 되지만 그에 따른 비용을 지불해야 하며, 게다가 반드시 다시 되돌려주어야 한다. 따라서 비용 지불 능력과 상환 능력이 되는 사람들에게만 주어지는 상품이었다. 특히 외환위기 이전에 우리나라 금융회사는 개인에게 돈을 빌려줄 여력이 없었다. 압축 성장을 이어가던 경제 환경이었기 때문에 수많은 대기업이 성장과 확장의 신화 속에서 차입 경영에 여념이 없었다.

이런 이유로 외환위기 이전에는 개인에게 저축을 강조하고 대출은 주로 기업을 중심으로 이루어졌다. 개인에 대한 신용 공급이 제한적이던 시절, 은행에서 돈을 빌릴 수 있는 것은 하나의 특혜로 인식되었다. 이것이 소비자에게 경험 효과로 작용하면서 돈 빌리는 것을 특혜로 여기는 사회적 감성이 형성되었다. 이로써 신용등급이 높지 않은 서민에게 돈을 빌려주는 행위야말로 금융권이 해야 할 사회적 책무인 것처럼 여기는 분위기가 형성된 것으로 보인다.

'채무자 모럴 해저드'라고
몰아붙이는 금융권

2013년 금융위원회는 야당의 요구로 채무 취약 계층에 대한 전수조사를 실시했다. 조사 결과 금융위원회는 금융채무 불이행자로 등록된 112만 명을 포함해, 금융채무 연체 취약 계층을 350만 명으로 추산했다. 쉽게 말해 빚으로 고통을 겪거나 아예 채무 상환 능력을 상실한 사람이 약 350만 명이라는 말이다. 이는 여러 기관의 정보를 이용해 분석한 채무자 전수조사 결과다.

금융위원회는 이중 상환 능력이 매우 부족한 채무자가 114만 명에 이른다고 결론 내렸다. 금융위원회 위원장이 직접 분석 결과를 발표하며 "114만 명에 대해서는 파산 제도를 통해 남은 채무를 정리하고 복지 정책으로 생활 안정을 도울 것"이라고 말했다. 그동안 정부는 "채무자의 도덕적 해이"라는 언론의 비판 속에서 눈치를 보며 채무 조정에 소극적인 태도를 보였다. 이와 비교하면 이번 금융위원회의 발표는 진일보한 모습이다.

금융위원회 발표 뒤 며칠 지나지 않아 자극적인 제목의 기사가 신문을 도배했다. "개인 빚 갚아주는 나라"라는 동일한 제목의 기사가 여러 언론에 등장한 것이다. 이틀에 걸쳐 같은 제목의 기사가 생산됐는데, 검색을 하면 40개가 넘는다. 과연 우연일까?

언론의 이런 기사 '도배질'은 우연으로 보기 어렵다. 금융권의 보이지 않는 힘이 작동하지 않았다면 불가능한 일이다. 금융권은 정부의 파산 면책 확대 정책에 마음이 편치 않을 것이다. 파산 면책에 대한 금융권의 불편한 심정은 언뜻 정당해 보이기도 한다. 하지만 금융권의 이런 거부감은 '무책임한 대출 영업에 따른 책임'을 거부하는 것이다. 즉 "빚은 어떤 경우에도 갚아야 한다", "빚을 갚지 못하면 시민으로서의 기본권은 무시될 수 있다"는 논

개인 빚 갚아주는 나라, 올해 60여만 채무자 구제 MBN | 2013.10.29 (화) 오후 3:03
개인 빚 갚아주는 나라, 박근혜정부가 올해에만 60만 명 이상의 개인채무를 줄여줬다. 하지만 정부의 각종 채무 탕감 발표로 '개인 빚 갚아주는 나라'라는 잘못된 인식이 퍼질 수 있다는 우려가 커지고 있다....
네이버에서 보기 | 관련기사 보기 | 이 언론사 내 검색

개인 빚 갚아주는 나라… 올해만 60여만 명 구제 받는다 스포츠한국 | 2013.10.29 (화) 오후 12:12
개인 빚 갚아주는 나라 (사진=한국일보 08) '개인 빚 갚아주는 나라' 박근혜정부가 올해에만 60만 명 이상의 개인채무를 줄여줬다. 그러나 정부의 각종 채무 탕감 발표로 '개인 빚까지 나라가 갚아준다'는 잘못됨...
네이버에서 보기 | 관련기사 보기 | 이 언론사 내 검색

개인 빚 갚아주는 나라… 올해 60여만명 채무 조정 경안일보 | 2013.10.29 (화) 오전 11:55
개인 빚 갚아주는 나라 /연합뉴스 개인 빚 갚아주는 나라 박근혜 정부의 혜약 계승 잘값 공약에 따라 올해에만 60만명 이상이나 채무 조정 등으로 구제받을 전망이다. 그러나 정부의 각종 채무 탕감 발표로 '개인 빚까지...
관련기사 보기 | 이 언론사 내 검색

개인 빚 갚아주는 나라, 올해만 60여만명 채무조정 혜택 이데일리 | 2013.10.29 (화) 오후 1:37
[이데일리 e뉴스 정체호 기자] 정부가 올해에만 60만 명 이상의 개인채무를 줄여준 가운데 각종 채무 탕감 발표가 자칫 '개인 빚 갚아주는 나라'라는 잘못된 인식을 확산시키지 않을까 우려되고 있다. 29일...
네이버에서 보기 | 관련기사 보기 | 이 언론사 내 검색

'개인 빚 갚아주는 나라' 사상 최대 70여만명 채무 조정 혜택
디지털타임스 | 2013.10.29 (화) 오후 1:18
개인 빚 갚아주는 나라 박근혜 정부가 올해 건국 이래 최대인 70여만명의 채무를 줄여준다. 그러나 정부의 각종 채무 탕감 발표로 '개인 빚 갚아주는 나라'라는 잘못된 인식이 퍼질 수 있다는 우려도 커지고 있다. 올해...
네이버에서 보기 | 관련기사 보기 | 이 언론사 내 검색

'개인 빚 갚아주는 나라' 올해 60여만 명 구제받는다 동아일보 | 2013.10.29 (화) 오후 3:37
[동아일보] '개인 빚 갚아주는 나라' 올해 60여만 명 구제 정부가 장기 연체 서민의 채무를 최대 70%까지 탕감해주는 정책들을 지속적으로 추진한 결과, 올해에만 60만 명 이상이 개인 빚을 구제받게 됐다. 금융권에...
네이버에서 보기 | 관련기사 보기 | 이 언론사 내 검색

금융위원회 발표 뒤 며칠 지나지 않아 동일한 제목의 기사가 신문을 도배했다.

리로 무책임하고 약탈적인 대출 영업을 계속하겠다는 태도나 다름없다.

게다가 현재의 파산 면책 제도는 매우 불합리하다. 파산 면책을 받으려면 수십 가지 서류를 준비해야 하고 관련 비용도 부담해야 한다. 그나마도 절차를 제대로 수행하려면 경우에 따라 변호사도 선임해야 한다. 돈이 없어 파산 신청을 하는데 수백만 원의 돈이 든다. 파산 이후 면책이 되리란 보장도 없다. 이러니 빚독촉에 쫓겨 자살과 같은 극단적인 선택을 하거나 고금리 대출로 빚을 돌려막는 일이 발생한다.

도덕적 해이는 채무자에게 발생하는 게 아니다. '개인 빚 갚아주는 나라'가 문제가 아니라(사실상 파산 면책은 갚아주는 것도 아니다) 세금으로 생계비를 지원받는 사람에게조차 빚을 권하고 빚 갚으라고 독촉하는 사회가 문제다.

금융위원회의 채무 취약 계층 연구 분석 결과 114만 명은 쥐어짜도 빚 갚을 능력이 없는 사람들이다. 이 사람들에게 파산 면책의 기회와 복지를 지원하는 일은 국민의 기본권을 지켜주는 국가의 책임이다. 정부 세금으로 이들의 빚을 갚아준다는 인상을 주어서 파산 면책 제도의 문턱을 유지하려는 게 금융권의 검은 속내인 듯하다.

신중히 살피지 않고 무책임하게 대출을 해줬다면 금융사들이 손해 보는 것은 당연하다. 그들도 투자자 아닌가! 채무자에 대한 상당한 양의 정보를 쥐고 투자했는데도 실패했으면 그에 따른 손실은 투자자 책임으로 귀결됨이 마땅하다. 채무자들의 도덕성을 탓하는 건 뻔뻔한 태도다.

가계부채가 1,200조 원을 넘어서고 그 증가폭 또한 줄어들기는커녕 2014년 기준 사상 최대치를 또 갈아치웠다. 그러나 여전히 정부는 빚을 늘리는 정책에서 한 발짝도 물러서지 않는다. 다만 연체율이 계속 상승하는 현 상황에서 지난해와 다른 태도를 취하는 것은 사실이다.

가령 금융감독원에서 각 은행에 프리워크아웃[7] 활성화를 주문한다. 그러자 여기저기서 모럴 해저드에 대한 우려부터 꺼내든다. 대부분의 언론이 출입처인 은행들을 통해 정보를 구성해 보도한다. 그러니 언론의 모럴 해저드 우려는 사실상 은행의 견해라고 봐도 무방할 듯하다. 논리는 간단하다. "1개월 미만 단기 연체를 반복하는 저신용자에게 금리를 낮춰주고 원금을 나눠 갚게 한다"는 내용이다. 금융감독원의 이런 주문에 대해 은행들은 언론을 통해 객관성의 포장을 두르고 고도의 플레이를 펼친다.

---

7 신용회복지원제도 중의 하나로 채무조정이 필요한 과중 채무자를 대상으로 연체이자 전액감면, 이자율 인하, 상환기간 연장을 통해 금융채무 불이행자로 전락하지 않도록 사전 지원하는 제도이다.

그들의 논리는 이것이다. "만약 그렇다면 어느 누가 성실히 이자를 상환하려 하겠는가? 착실히 빚을 갚는 사람들만 손해"라는 것이다. 언뜻 맞는 말 같다. 그러나 프리워크아웃이 보도된 내용처럼 간단한 조건에서 제공되는 것이 아니다. 단기 연체를 반복한다는 기본적인 조건 외에도 은행에서 채무자의 여러 재무 정보를 취합해 판단을 하지 않겠는가? 상환이 가능함에도 의도적으로 단기 연체를 반복하려는 사람을 완전히 걸러내지는 못할 수도 있다. 그러나 은행이 모든 단기 연체자에게 이런 후한 인심을 베풀지 않을 것은 분명하다.

그렇다면 의도적인 단기 연체자 중에는 워크아웃도 이용하지 못하고 연체이자 폭탄을 맞을 수 있다. 이 정도면 모럴 해저드를 대비한 안전장치는 갖춰진 셈이다. 모럴 해저드라는 이데올로기 공격에는 이런 내용도 있다. 개인회생 신청이 늘어나는 것이 의도적이라는 우려다. 사례를 들어가며 개인회생을 신청하기 전에 고의로 부채 규모를 늘렸다는 것이다. 이들은 채무 회피를 위해 고의적으로 개인회생을 신청하는 모럴 해저드 사례가 늘고 있다고 단정하기까지 한다.

그러나 이는 억지스러운 모함이다. 우선 현재 법원의 개인회생 판결은 매우 보수적이다. 개인회생 신청을 했다고 해서 모두 받아들여지지는 않는다. 특히 최근 부채가 있는 경우 그 부채 규모만큼은 원금을 상당 부분 상환하는 방식으로 변제 금액이 결정된다. 즉 개인회생으로 원금 탕감이 큰 폭으로 이루어지지는 않는다는 이야기다. 채무자 입장에서는 고의로 채무를 더 늘릴 이유가 없다.

여기서 문제 삼아야 할 것은 오히려 채권자의 도덕성이다. 개인회생을 신청할 채무자라면 이미 소득과 자산의 상태가 채무를 감당하기 어려운 수준에 처한 사람이다. 그런 채무자에게 추가 대출을 해주었다면 그건 채권자가 채무자의 상환 능력을 살피지도 않고 돈을 빌려주었다는 말이 된다. 앞서 말한 대로 미국에서는 소득 수준 이상으로 돈을 빌려주는 행위를 약탈적 대출로 규정하고 있는데, 상환 능력이 전무한 채무자에게 이뤄진 추가 대출은 더욱 더 약탈적이라고 해석해야 한다. 채권자가 채무자의 상환 능력을 살피지 않고 과도하게 돈을 빌려주는 행위 자체를 나무라야 한다. 앞뒤가 맞지 않는 근거로 개인회생 신청자 전체를 매도하는 것은 모독과 다름없다. 상식이 거꾸로 흐르는 대한민국의 상황을 그대로 엿볼 수 있는 대목이다.

이미 갖고 있는 빚도 감당하기 어려운 처지의 사람에게 또 쉽게 돈을 빌려준다니, 해당 금융사가 미친 것 아닌가? 그럴 일은 없겠지만 만약 은행에서 이와 같이 무리한 대출이 이뤄졌다면 이는 예금자의 돈을 관리할 주의 의무를 다하지 않은 도덕적 해이에 해당한다. 저축은행에서는 이런 일들이 비일비재하게 일어났다. 그런 탓에 저축은행의 개인 대출 연체율이 10퍼센트를 넘는다. 고금리 장사에 눈이 멀어 위험한 대출 영업을 해온 결과다.

이제 떠맡기듯이 고금리의 빚을 안겨주고서 불법적으로 이를 강탈하는 추심 환경에 대해 알아보자. 불법과 편법이 판을 치지만 채무자는 눈을 뜬 채 당할 수밖에 없다. 제도의 맹점을 이용하는 것은 다반사고, 대놓고 법과 질서를 무시한 채 빚을 독촉하는 각종 대부업체의 실태는 예상보다 끔찍하다.

4장

—

독촉

: 추심은 어떻게
인간의 권리를
침해하는가

못 갚는 것도 서러운데
'먹튀'가 웬 말인가

채무자들은 프리워크아웃과 같은 채무 조정 제도와 개인회생 신청 증가에 대해서만 질책당하는 게 아니다. 우리 사회는 고금리 빚과 생계에 허덕이는 저신용, 저소득 계층이 서민금융을 이용하는 것에도 모럴 해저드 카드를 꺼내든다.

물론 정부의 서민금융 제도에는 허점이 많다. 복지가 필요한 계층에게 돈을 빌려주는 정책을 펴는 것부터가 잘못이다. 우리나라의 저소득층은 일자리, 복지, 금융의 삼중고를 겪고 있다. 일자리가 불안정해 저소득에 머물고, 저소득층이지만 복지의 사각지대로 밀려나며, 저소득층임에도 고금리 금융에 노출된다.

앞서 지적한 대로 과잉 금융은 저소득층을 제2금융권과 대부업 시장으로 유인한다. 저소득층에게 카드 발급이 이루어지고, 그들은 부족한 생활비를 카드로 충당한다. 당연히도 얼마 지나지 않아 카드 결제는 불가능해지고 빚은 여러 장으로 돌려 막다가 종국에는 대부업 대출에 손을 댄다. 이에 대해 2012년 9월 한국금융연구원에서는 〈서민금융의 현황 및 평가 보고서〉를 통해 기존의 채무 지급불능으로 대부업 시장만 성장한다는 분석 결과를 내놓았다. 한마디로 대부업 대출이 저소득층의 돌려 막기 종점이 되고 있다는 말이다.

이런 이유로 대부업은 등록 업체만 1만 2,486개에 달하고, 거래자 수도 2011년 말 기준 252만 2,000명에 이른다. 대출 규모는 8조 7,200억 원으로, 2007년 9월 말과 견줘 각각 182.3퍼센트, 112.6퍼센트로 계속 증가해왔다. 그나마 등록 대부업 시장보다 클 것으로 예상되는 미등록 사금융 시장은 파악조차 안 되고 있다.

고금리 대부업과 사금융에 허덕이는 저소득층에게는 광범위한 채무 구제를 통해 새 출발의 기회를 제공해야 한다. 그러나 이들을 위해 정부가 선택한 정책은 서민금융, 즉 또다시 돈을 빌려주는 것이다. 높은 금리를 상대적으로 낮은 대출로 갈아타게 해주기는 하지만 그 이자율 또한 10퍼센트 전후다. 저소득층이 감당하기에는 여전히 어려운 이자율이 분명하다. 이런 이유로 정부가 추진하는 서민금융은 전부 부실의 늪에 빠지고 있다.

서민금융의 연체율 증가는 정부 정책의 실패에 따른 결과다. 이를 정확히 지적하고 일자리와 복지의 사각지대에 갇힌 사람들을 어떻게 구제할 것인지 실효성 있는 대책을 요구할 필요가 있다.

그러나 최근 일부 언론은 제도 자체의 문제를 지적하기는커녕 연체하는 사람들을 향해 비난의 칼을 뽑았다. 애초에 갚을 생각 없이 빌린 후 '먹고 뛰었다'는 것이다. 특히 2012년 8월 24일 한 중앙 일간지의 기사 제목은 채무자들에 대한 혐오감을 불러일으키기 충분했다. '대출받자마자 먹튀'라는 제목라는 제목을 달고 마치 햇살론의 부실이 채무자들의 의도적인 상환 회피 때문인 양 노골적으로 비난한다.

'먹튀'라는 말은 이득을 취한 뒤 도망간다는 뜻으로 쓰인다. 과거 론스타가 외환은행을 헐값에 사들여 되파는 수법으로 4조 7,000억 원이라는 천문학적인 차익을 실현했을 당시 언론에 이 표현이 등장했다. 론스타는 외국계 사모펀드로 부동산의 편법 거래, 조세 회피 지역을 이용한 탈세 등 자본이 할 수 있는 나쁜 행태는 모조리 보여주었다. 이런 이유로 돈은 돈대로 챙기면서 세금 한 푼까지 아끼려는 그들에게 '먹튀'라는 별명이 생긴 것이다. 그런데 당장 생계비도 없고 갚을 능력도 없어 못 갚는 사람을 먹튀라고 할 수 있을까? 탐욕스러운 자들을 가리키는 말이 어떻게 가난하고 또 가난한 이들을 비난하는 표현이 되었을까? 햇살론을 받는 사람들은 대부분 여러 조건에 걸려 500만 원 안팎의 돈을 겨우 빌린다. 가난한 그들에게 500만 원은 매우 큰돈이지만 수조 원의 이익을 거머쥐고 세금까지 꼼꼼하게 떼먹고 달아난 론스타를 겨냥한 표현을 갖다 붙이는 것은 참으로 매정한 짓이다.

겨우 500만 원 떼먹고 금융권의 채무 독촉을 감수하겠다는 서민이 그렇게 많을지도 의문이다. 물론 의도적으로 빚을 안 갚는 사람도 일부 있을 수 있다. 그러나 그 정도의 부정한 결과는 언제 어느 때건 발생할 수 있다. 연체를 피할 길 없는 서민이 모두 의도적으로 부정행위를 한다는 듯이 몰아붙이는 것은 그들을 두 번 죽이는 행위다.

그들이 말하는 채무자들의 도덕적 해이가 정확한 근거를 바탕으로 제시되는 것도 아니다. 금융권의 과도한 우려가 주로 인용될 뿐이다. 그 과도한 우려 탓에 채무자들의 새 출발을 위한 제도가 제 구실을 못하고 있다.

도덕적 해이는
금융사에 해당하는 논리다

빚을 갚지 못하는 채무자를 도덕적 잣대로 단죄하는 것은 매우 지나친 행위일 뿐 아니라 논리적으로도 문제가 있는 행위다.

빚이란 금융회사의 영업이익을 위한 상품에 지나지 않는다. 채권자란 지위는 공적 지위가 아니고 그들은 채권 채무 계약의 한 지위를 지닌 사업자에 불과하다. 채권자는 채무자가 있어야 이익을 기대할 수 있다. 채권자에게 대출 계약이란 상업적 목적이 전제된 계약 행위다. 즉 영업이익을 극대화하기 위해 대출 상품을 판매한 것이지, 서민에게 급전을 마련해주기 위해 시혜를 베풀듯 신용을 공급해준 것이 아니라는 말이다.

채무자는 금융회사의 상품을 구입한 소비자다. 물론 대출 상품의 특성상 일회적으로 끝나지 않고 장기간에 걸쳐 계약 관계가 유지된다. 대출 상품은 채권자와 채무자가 상품을 사이에 두고 체결한 약속이다. 이 약속을 지키는 것은 도덕적 의무가 아니라 상업적 의무다. 그것도 지극히 사적인 의무다.

채무자는 약속을 지키지 못할 경우 향후 신용 사용에 지장이 생기고 신용 불량이라는 패널티를 수용해야 한다. 나는 여기에도 가혹한 측면이 있다고 본다. 신용 불량이라는 기록은 5년 간 금융의 정보망에 남게 되며, 금융 거래 시 여러 편견과 불편을 준다. 사적이고 상업적인 관계에서 발생하는 불이행에 대해서는 그 관계 내에서 패널티를 부과하면 그만이다. 그러나 우리나라 현실에서는 많은 사람들이 빚 때문에 자살을 한다. 이는 사적 상업적 관계에서 발생한 계약 불이행을 사회적으로 단죄하고 있음을 보여준다.

만약 금융사가 채무자의 불이행을 최소화하고 싶다면 상품을 제대로 설계하면 된다. 가령 패널티와 인센티브를 적절히 설계해 상품 자체의 경쟁력을 강화하는 식이다. 패널티와 인센티브의 적절한 조합은 소비자로 하여금 신용 우수자가 되도록 충분히 유도해낼 수 있다.

그것이 금융사가 해마다 수조 원씩 영업이익을 올리는 대가여야 한다. 그 영업이익의 일부만 대출 고객을 위해 쓴다면 의도적으로 빚을 갚지 않으려는 대출 고객을 최소화할 수 있다. 한마디로 빌려준 돈을 잘 받으려면 대출 고객에게서 벌어들이는 이익 중 일부를 서비스에 제대로 쓰라는 말이다. 그러나 우리나라 금융사들은 너무나도 쉽게 영업한다. 신용 평가 따위는 안중에도 없이 마구 빌려준 뒤(카드사와 저축은행 등의 과잉 대출) 서비스는 커녕 추심회사에 추심 위탁을 해버린다. 그리하여 법망을 넘나

드는 가혹한 추심 지옥으로 소비자들을 밀어넣고 있다. 수조 원의 영업이익은 안타깝게도 외국인 주주에게 쏠쏠한 불로소득으로 돌아가고 있을 뿐이다. 고객 관리를 위한 비용도 들지 않는 엄청난 비즈니스인 것이다.

빚을 갚지 못한다는 것은 도덕적 평가에 기대 판단할 문제가 아니라 금융사와 소비자 사이에서 상품과 서비스의 질을 통해 자연스럽게 결정될 문제다. 금융사의 대출은 공적 시혜가 아니다. 따라서 빚을 갚지 못하는 사람을 도덕적으로 죄를 지은 사람인 양 취급하는 사회는 비정상이다. 그러한 믿음을 갖고 있는 사람들은 본의 아니게 추심원을 자처하고 있는 셈이다.

건강한 시민이라면 오히려 과잉 대출에 분노해야 한다. 공적 자금으로 기사회생한 많은 은행이 건전한 영업을 하지 않고 또다시 위험한 영업을 하며 세금에 기대고 있기 때문이다. 도덕적 해이의 잣대는 바로 여기에 적용해야 한다.

아들 같은 놈한테
뜨거운 맛 좀 볼래요?

"남편한테 알려서 집안을 작살내버릴 거야."

"아들 같은 놈한테 뜨거운 맛 좀 볼래요?"

영화에나 등장하는 대사가 아니다. 우리나라의 채권추심 관련 법률은 추심업자들이 손쉽게 법망을 피해 비인간적인 추심 행위를 할 수 있을 정도로 허술하다. 그럼에도 빚 독촉에 시달리는 채무자들은 스스로 죄의식에 빠져 사회를 향해 부당함을 호소하는 데 소극적이다. 오히려 과도한 자책으로 극단적인 선택을 하는 경우까지 있는 판국이다. 이에 대한 사회적 자각과 함께 그늘에 가려 있는 채권추심의 비인간적인 행태를 고발할 필요가 있다.

더 나아가 그러한 비인간적인 추심 행위들이 우리 주변에서 얼마나 빈번하게 발생하고 있는지 모두에게 고발할 필요가 있다. 몇몇 사람이 빚진 죄인이기 때문에 당해도 어쩔 수 없는 문제가 아니다. 선진국 어디에서도 찾아보기 힘든 인권침해가 비정상적 금융 시스템 때문에 일상적으로 발생하고 있다는 것만으로도 추심 행위는 사회적 의제로 크게 제기되어야 마땅하다. 그에 따라 사회적으로 금융의 일상적 인권침해가 허용되지 않는 사회 구제, 법질서 확립에 대한 요구가 필요하다.

지금부터 실제 채권추심 관련 민원 상담 사례를 통해 우리가 얼마나 지독한 사회에서 살고 있는지, 그리고 무엇을 어떻게 바꿔야 하는지 구체적으로 짚어볼 것이다. 사정상 여기서 소개하는 사례에서는 모두 가명을 사용했음을 밝힌다.

남편이 가져다 주는 돈으로 생활하고 아이들 교육비 쪼개 쓰며 살아야 한다는 걸 모르는 주부는 없다. 다만 버는 만큼 쓰면서 산다는 게 말처럼 쉬운 일이 아니라는 현실이 문제다. 뼈 빠지게 일해서 번 돈임을 모르지 않기 때문에 번번이 잔소리하기도 어렵지만, 유일한 돈줄인 가장의 월급날이 점점 넉넉하지 못한 날이 되어가는 건 서민 가계에서 별 새롭지도 않은 이야기다. 주변을 둘러보면 모두들 그럴 듯하게 사는 것 같다. 광고나 드라마에서 등장하는 서민 살림살이는 서민이라는 이름이 무색할 정도고, 동네 마트에만 나가봐도 모두 풍족하고 넉넉하게 살아가는 듯하다.

나 혼자만 가난한 게 아닐까, 라는 설움 탓인지 거리를 지나가는 사람들의 옷차림이나 크고 화려한 자동차들만 봐도 스스로 초라함을 느낀다. 이러한 자괴감 탓에 어쩌면 사치일지도 모를 일도 자주 발생한다. 임금이 체불되거나 다니던 회사가 폐업으로 문을 닫으면 고스란히 카드 한도로 버티는 생활을 감수해야 한다. 카드로 버티면서도 곧 다시 제자리로 돌아가리란 희망을 버리지 못한다. 지갑 속에 든든하게 꽂혀 있는 신용카드는 칼바람 같은 현실을 인정하고 싶지 않은 사람의 속내를 장바구니에 실현시켜준다.

'괜찮아. 곧 괜찮아질 거야. 잠시 지나가는 불운일 뿐이야.' 겨우겨우 자식 교육을 마쳤으나 대부업자의 욕설을 들으며 살아야 했던 중년 여성 김미자 씨의 지난 시간 속에도 이런 굳은 다짐으로 버티던 순간들이 있었다.

남편이 벌어다 주는 빠듯한 돈으로 아이들 교육비만큼은 꼬박꼬박 지켜왔는데, 그것이 누구에게도 하소연할 수 없는 지독한 빚 독촉으로 되돌아온 것이다. 아이들은 부모의 경제적 지원을 당연히 여기고, 남편은 액수가 많든 적든 아내에게 월급 봉투를 건네는 순간 의무를 다했다고 여기고 잊어버린다. 가져다 준 월급봉투로 어떻게든 살림을 꾸려나갔을 거란 기대를 갖는 건 남편이 아직도 어머니 세대에게서 보아왔던 살림의 추억에서 빠져 나오지 못한 탓이다.

얇은 월급봉투 때문에 카드를 돌려쓰고, 대부업체에 손을 내밀어 아이들 교육비를 해결했다는 사실은 가족 그 누구도 알아서는 안 될 비밀이었다. 그것은 50대 주부에게 마지막 남은 자존심이다. 그녀가 지난 삶에서 초라해지지 않을 수 있었던 유일한 이유는 큰 탈 없이 자식 교육을 마쳤다는 자존심 때문이었다. 가장의 소득으로 살림을 유지해왔으리라는 가족들의 믿음은 견고하다. 이것이 무너지면 가장 먼저 자신이 비참해질 것이다. 가족들이 자신에게 보일 실망과 냉소도 너무나 두렵다.

두 번에 걸쳐 전화 상담을 하는 동안 그녀는 내내 울었다. 우느라 말을 잇지 못했다. 상담은 참으로 어려웠다. 죄의식과 부끄러움 때문에 대면 상담은 절대 할 수 없다고 했다. 회생과 파산 등의 법적 구제 절차도, 개인 워크아웃과 같은 사적 채무 조정 절차도 그녀에게는 불가능에 가까웠다. 남편에게 이야기할 수 없다는 것이 가장 큰 걸림돌이었다. 실질적인 가계 소득의 주체인 남편의 동의 없이 법적 채무 조정 절차를 밟는다는 건 불가능하다. 특히 소득이 중단된 상태에서 회생과 워크아웃은 접근 자체가 차단되어 있다. 남은 것은 파산 절차밖에 없는데, 그 과정은 지나치게 엄격해서 파산 신청자의 적극적인 노력이 전제되어야 한다. 그러나 이 여성은 파산 신청조차 불가능할 정도로 빚 독촉에 시달리고 있었고 정신적으로 완전히 피폐해진 상태였다.

어떤 해결책도 없는 상태에서 하루하루 연체의 위기가 다가왔다. 생활비를 쪼개 대출이자를 부담하는 일도 한계가 있다. 조금씩 연체가 시작되었고, 드디어 빚 독촉의 공포가 현실이 되었다. 50대 중반의 그녀는 아들과 나이와 비슷한 추심원의 협박에 아무런 대꾸조차 할 수 없었다고 한다. "나이가 들었으면 나잇값을 해야지. 아들 같은 놈한테 뜨거운 맛 좀 볼래? 남편한테 알려서 집안을 작살내버릴 거야" 등 차마 다시 떠올리기도 힘든 폭언을 들어야 했다. 어디서부터 무엇이 잘못되었는지 도무지 생각을 정리할 수가 없었다. 생활비와 교육비가 부족해 힘들 때 든든히 지갑 속에서 꺼내 쓰라고 유혹하던 카드만 원망스러울 뿐이었다.

한두 번 밀리기 시작한 생활비는 감당하기 어려운 카드 결제 금액으로 이어졌다. 그리고 모든 것이 꼬이기 시작했다. 정상적으로 생활비가 들어와도 카드 한도에 맞춘 생활은 무엇부터 어떻게 조정해야 하는지 알 수 없을 정도로 가계부를 복잡하게 만들었다. 이내 어떻게든 되겠지 하는 심정이 되었다. 남편의 월급 봉투는 들어오는 즉시 통째로 증발하는 일들이 반복되었다. 그래도 그 정도까지는 버틸 수 있었다. 카드 결제를 하고 생활비가 부족하면 카드사에서 어떻게 알았는지 새로운 카드를 발급해주겠다는 친절한 제안을 해왔기 때문이다.

그러던 중 갑작스럽게 남편의 소득이 완전히 끊겼다. 분가해서 사는 아들에게 손을 내밀 수도 없었다. 급한 마음에 기댈 곳은 캐피탈과 대부업체에 뿐이었다. 네 군데의 캐피탈과 대부업체에서 3,000여만 원을 빌렸다. 그러나 처음부터 상환은 불가능했다. 연체가 시작되고 아들 또래의 추심원으로부터 욕설과 폭언으로 얼룩진 빚 독촉의 나날이 시작되었다. 남편과도 상의할 수 없는 상황에서 하루하루가 지옥 같다는 김미자 씨는 매일 아침 눈뜰 때부터 악몽의 시간이 시작된다고 했다.

전화로 두 번 상담을 진행했지만 그녀는 내내 울었다. 우느라 말을 잇지 못했다.

우선 폭언에서 벗어나는 일이 급했다. 그녀가 치욕스럽게 접했던 욕설은 명백한 불법이다. "아들 같은 놈한테 뜨거운 맛 좀 볼래? 남편한테 알려서 집안을 작살내버릴 거야" 같은 욕설은 완벽한 협박이다. 채권의 공정한 추심에 관한 법률(이하 공정채권추심법) 제9조 1호과 제11조 1항을 위반한 것이다.

상담을 통해 불법 채권추심에 대한 신고부터 접수할 것을 권했다. 우선 금융감독원 신고전화 1332와 지역 경찰서 신고 제도를 안내했다. 하지만 극도의 신경쇠약 증세까지 보이고 있던 김미자 씨는 신고하는 것조차도 주저하는 기색이 역력했다. 그래서 좀 더 세심한 상담과 회생 및 워크아웃이 가능하도록 동반 상

4장 독촉: 추심은 어떻게 인간의 권리를 침해하는가

담을 제공하고, 경우에 따라 복지제도를 통해 도움을 받을 수 있는 서울시 금융복지상담센터를 연결해주었다. 그러나 끝내 그 주부는 도움을 요청하지 않았다. 극단적인 절망이 도움을 받을 힘조차 빼앗아버린 것이다.

우리는 여러 차례 더 구체적인 도움을 주기 위해 전화를 걸어보았지만 그녀는 전화를 받지 않았다. 혹시 추심원 전화일까 두려워 피할지도 모른다는 생각에 문자를 남겨보아도 소용없었다. 안타까움이 밀려왔다. 도움받을 힘조차 남아 있지 않을 정도로 절망적인 채무자들이 어디 그녀 한 사람일까? 법적으로 그녀에게 행한 행위는 명백한 불법이지만, 채무자들의 인권은 법의 테두리 안에서 문자로만 존재할 뿐 적극적으로 보호받지 못하고 있는 것이 현실이다. 법으로 규정하는 것 외에도 이런 불법 채권 추심에 대한 더욱 엄격한 제재와 단속이 절실하다.

돈을 빌리고 갚지 못하는 것은 물론 채권자 입장에서는 손해를 보는 일이다. 그렇기에 채권자는 빚을 회수할 때 못지않게 빌려줄 때도 더더욱 신중해야 한다. 빌려줄 당시에는 후한 인심을 쓰다가 회수할 때가 되면 얼굴을 싹 바꾸는 채권자들의 횡포. 이것은 평범한 가정을 해체 위기로 몰아가는 준범죄 행위나 다름없다.

아이 앞에서
죄인 취급을 당하다

평범한 가정을 꾸리고 사는 사람들의 마음은 늘 평온할까? 사람들은 종종 이렇게 이야기한다. "평범하게 사는 게 가장 어려워." 이 말은 대단한 부자나 명사가 되기를 바라는 것이 아니라 평범한 삶을 지키는 것조차 어렵다는, 불안을 일상적으로 껴안고 살고 있다는 증거다.

어릴 적부터 열심히 공부하고 치열하게 입시 지옥을 견딘 후 등록금 대출까지 끌어안고 가까스로 대학을 졸업한다 해도 기다리는 것은 청년 실업이라는 칼바람이 부는 현실이다. 그러다 보니 이런 불안은 보통 사람들의 내면을 더욱 어둡게 만들 수밖에 없다. 30대 중반에 직장을 다니고 결혼해서 아이를 키우고, 주말이면 소박한 외식 정도 할 수 있는 일상은 이제 많은 이들에게 전쟁과 같은 경쟁을 통해서 얻게 될 대단한 전리품임에 틀림없다.

문제는 평범한 삶을 영위하는 사람들이 모든 불안에서 벗어난 진짜 승자는 아니라는 데 있다. 금융으로 둘러싸인 일상, 불안전한 사회안전망은 치열한 경쟁을 통해 얻은 전리품마저 하루아침에 물거품으로 만들어버리기도 한다. 초등학교 1학년 아이를 키우는 박주원 씨도 그런 경우에 해당한다. 처음 결혼할 때만 해도 월세, 옛말로 사글세에서 시작해 조금씩 살림을 늘려나갈 수 있으리라는 푸른 꿈을 꾸었다. 그러나 결혼과 동시에 아이를 임신하고 출산과 육아를 이어가다 보니 생활은 겨우 월세에서 벗어날 정도였다. 그럼에도 보람을 느꼈을 것이다. 매월 집주인에게 꼬박꼬박 바치는 월세 대신 전세 집을 살게 되었으니 말이다.

전세 자금 대출을 끼긴 했지만 월세보다는 저렴하고 덜 아까웠다. 집 현관문에 월세라고 적혀 있는 것도 아닌데 월세는 마음부터 서럽고 불안한 반면 전세는 그저 든든했다. 그러다 그 작은 행복에 금이 가는 사건이 일어났다. 아버님이 쓰러지는 바람에 병원비 폭탄을 떠안게 된 것이다. 갖고 있던 비상금까지 털고 겨우 마련한 전셋집을 도로 월세 집으로 바꿔야 할 처지가 되었다. 병원비는 집만 잡아먹은 것에 그치지 않고 계속 늘어나기만 했다.

결국 카드 돌려 막기를 거쳐 대부업 대출까지 손을 내밀 수밖에 없는 상황에 내몰렸다. 급한 마음에 케이블 텔레비전 광고에서 본 '믿을 만하고 친구 같은' 대부업체에 무작정 전화해 돈을 빌렸다. 큰돈도 아니었다. 겨우 500만 원. 다행히 아버님 앞으로 가입해둔 보험이 있어서 보험금을 청구해둔 상태니 잠시만 쓰면 될 거라 생각했다. 그러나 바로 다음 달부터 버는 돈에 비해 나가는 돈이 많아지기 시작했다. 월세와 병원비 때문에 돈을 빌리자마자 이자를 연체하게 되었다.

보험금을 지급받아 갚으면 된다는 생각으로 크게 염려하지 않았는데, 보험금 지급이 늦어졌다. 결국 연체로 이어졌고, 그와 동시에 독촉이 시작되었다. 황당한 것은 느닷없이 집으로 찾아와 아이가 보는 앞에서 협박을 했다는 것이다. 겨우 500만 원으로 죄인 취급당하는 것도 화가 났지만, 아이가 받았을 충격에 한 가정의 가장인 그는 더 큰 분노를 느꼈다. 게다가 직장까지 찾아와 다른 동료들 앞에서 큰소리를 치고 보험금 지급을 대행해주는 보험 설계사에게 전화해 회사 직인이 찍힌 채무 상환 확약서까지 요구했다고 한다.

집과 직장을 방문해서 채무 독촉을 하는 행위는 그 자체로는 불법이 아니다. 그렇지만 추심 과정에서 타인이 채무 사실을 알게 하는 것은 금지사항이다. 따라서 직접적으로 채무 사실을 타인에게 알린 건 아니지만, 여러 사람 앞에서 공개적으로 추심을 한 것은 불법으로 해석할 수 있다. 다만 이러한 불법성을 채무자가 입증해야 한다는 점이 문제다. 직장 동료에게 부탁해 불법성 입증을 도와달라고 하는 것도 민망하고 아이더러 증언하게 할 수도 없다. 결국 불법 추심을 당했지만 이에 대해 채무자가 적극적으로 자신을 방어하기에는 너무 잔인한 과정을 거쳐야 한다.

그나마 박주원 씨는 남성이기 때문에 좀 더 적극적으로 문제를 해결할 수 있었다. 빚 독촉으로 생활이 어려워졌지만 아직 직장에 다니고 있었고, 소득이 최저생계비의 150퍼센트 이상이기 때문에 개인회생 신청을 할 수 있었다. 불법 추심을 경찰에 신고하려면 입증이라는 복잡한 절차를 거쳐야 했다. 따라서 일단 금융감독원과 대부업체가 위치한 구청에 동시에 민원을 접수했다.

최근 서울시는 박원순 시장 취임 이후 민간과 서울시, 25개 구청이 동시에 대부업 관리감독을 철저히 진행하고 있다. 2개월에 한 번 민관 대책회의를 열어서 구청 공무원들이 적극적으로 대부업체를 감독하도록 독려하고 있다. 처음에는 매우 까다로운 데다 인사고과에도 긍정적인 영향을 미치지 못하는 민원 업무라는 이유로 구청 담당 공무원들이 기피하는 업무였다. 게다가 민관 대책회의 1년 동안 구청 담당 공무원들은 지나치게 자주 교체

되었고, 매번 새로 교육해야 하는 번거로움이 있었다. 그러나 3년 차로 접어들면서 점차 애착을 갖고 업무를 수행하는 공무원들이 늘어나고 있다. 절반 가까이는 1년 이상 그 업무를 지속하면서 민원 처리와 대부업체의 무리한 추심 등의 행위에 적극적으로 개입하는 모습도 보이고 있다.

현장에서 근무하는 공무원들은 일반적으로 생각하는 것과 달리 매우 진정성 있게 활동한다. 물론 공무원 조직의 특성상 승진에 유리하다면 더욱 좋겠지만 민관 거버넌스를 통해 알게 된 사실은 현장 가까이 있는 공무원들은 보람만으로도 열심히 업무 수행을 하는 경향이 있고 권한과 전문성을 충분히 갖고 있다는 점이다. 따라서 서울시 소재의 대부업체로부터 독촉을 받고 있다면 우선 구청의 대부업 담당자에게 민원 접수를 하는 것이 큰 도움이 된다.

담당 공무원들은 경우에 따라 채무자와 대부업체 간의 채무 조정 역할도 해준다. 그런데 간혹 채무자들이 떼를 쓰며 공무원을 괴롭히는 경우가 있다고 한다. 그런 행동은 오히려 역효과를 낸다. 의도적으로 부채 상환을 회피하는 민원인 몇 명을 상대하고 나면 채무자 모두에 대해 부정적인 편견이 생긴다고 한다. 그런 행동은 절실하게 도움을 필요로 하는 사람들에게 민폐를 끼치는 행위일 뿐이다.

10년 전 독촉의 악몽은
끝나지 않았다

노숙인들 가운데 한때는 사업가로 잘 나가던 사람들이 종종 있다. 혹은 자활근로로 어렵게 생활을 이어가는 사람들 중에도 자신이 지금과 같이 어려운 현실에서 발버둥치며 살게 될지 상상도 못해봤다는 사람들도 적지 않다. 이렇듯 우리는 자신에게 닥칠 미래를 알지 못한다. 다만 미래를 낙관하고 가급적 희망적으로 살 뿐이다.

최악의 경우를 구체적으로 가정해보고 그에 대해 준비할 만큼 냉철한 사람은 흔하지 않다. 최악의 경우라는 것이 우리 사회에서 지나치게 극단적인 형태이기 때문에 가정하는 것부터 이미 심리적으로 고통스러운 일이다. 최악의 경우 조금 가난하게 허리띠 졸라매며 사는 정도가 아니라 인권 침해에 빈번하게 노출되고, 하소연할 곳도 없고, 보호 받을 길도 전무한 삶이 기다리고 있기 때문이다.

한때 잘나가는 무역업체 사장님이었던 김영수 씨도 10여 년 전 부도가 나기 전까지는 오늘의 고통을 상상해본 적이 없었다. 2002년 운영하던 회사가 부도가 나면서 그는 현재 무역 관련 프리랜서로 어렵게 생계를 유지하고 있다. 당시 사업을 하면서 얼은 1억 3,000만 원의 빚을 갚지 못했다. 부도와 동시에 파산이나 다름없는 신세가 되어 법적 절차를 진행해 채무를 말끔히 정리해야 한다는 생각은 하지 못했다. 게다가 그 당시만 해도 법원에서 파산이나 회생 절차를 받아 새 출발의 기회를 가질 수도 없었다. 사업을 하다 망하면 야반도주를 하거나 자포자기하는 것이 다반사인 시절이었다.

그는 어떻게 그 시절을 보냈는지 기억조차 하고 싶어 하지 않았다. 그렇게 10년이란 시간이 흘렀고, 어느 순간 10년 전 빚이 기억 속에서 지워질 만큼 빚 독촉도 사라졌다. 그러다 갑자기 대부업체에서 대출 원금 600만 원을 상환하라고 독촉하기 시작했다. 그간의 원금에 대한 연체이자까지 전부 계산해 2,500만 원을 갚으라며 우편으로 지급명령서를 보내왔다. 두 가지 이유에서 두려움이 밀려왔다.

첫 번째는 과거의 빚이 평생 쫓아다니고, 그로부터 벗어나는 길은 숨어 사는 길밖에 없는 것이 아닐까 하는 두려움이었다. 만약 이것이 현실이라면 새 출발을 하거나 재기를 할 엄두가 나지 않을 것이다. 지금도 예순을 앞둔 나이에 겨우 생계만 유지하고 있는데 과거의 빚을 모두 감당해야 한다면, 도망가고 싶은 마음이 당연하다.

두 번째는 어느 날 갑자기 600만 원 이외의 또 다른 빚이 연체이자까지 붙어서 들이닥치지 않을까 하는 두려움이었다. 600만 원이 2,500만 원으로 불어났는데, 나머지까지 그런 식으로 계산된다면 견디기 힘든 악몽일 수밖에 없다. 사실 나머지 빚은 어디서 얼마를 빌렸는지 기억도 하기 힘든 상태다. 이런 불확실한 상황은 겨우 생계만 유지하고 사는 그를 공포로 내몰았다.

법률적으로 보면 상담자의 채권은 소멸시효가 지난 것이다. 그럼에도 채권의 소멸시효는 채권자의 작은 조치에도 중단되고 효력이 살아난다. 민법 제162조 1항에 따르면 "일반 채권이란 제164조 내지 165조에서 규정하고 있는 채권 및 기타 민법이나 다른 법률에서 특별히 규정하고 있는 채권을 제외한 모든 채권"으로 소멸시효 기간은 10년이다. 대략 소멸시효 10년의 채권을 정리해보면 민사 대여금, 판결 화해 조정 기타 판결과 동일한 효력의 확정된 채권, 파산 절차에 의해 확정된 채권, 협동조합, 새마을금고의 조합원 회원에 대한 일반 대출금 등이 있다. 반면 상사채권은 소멸시효가 5년인데, 카드 사용료, 보증회사의 구상금 채권, 은행 상호저축은행의 금융채권, 대부업자의 대부 채권, 주주의 배당금지급 청구권, 회사채의 이자 청구권 등이다.[8]

상담자의 과거 빚은 대부업자의 대부채권이므로 소멸시효가

---

8 공정증서에 의한 채권이라도 당연히 10년의 소멸시효가 인정되지는 않는다. 소멸시효는 처음부터 채권의 성질에 따라 정해진다.

5년이다. 따라서 이미 10년 전에 발생한 빚이기 때문에 갚을 의무가 사라진 셈이다. 금융감독원에서는 소멸시효가 완성된 채권에 대해서는 채권추심 제한 대상으로 규정한다. 소멸시효가 지난 채권은 이미 소멸하였으므로 존재하지 않는 채권이다. 따라서 존재하지 않는 채권을 추심하는 행위는 할 수 없다.

문제는 소멸시효가 지난 채권도 다시 살아날 수 있다는 것이다. 소멸시효 기간이 만료되었다 하더라도 채권자가 소멸시효가 완성된 채권에 대해 소송 제기, 경매 신청 등의 권리 행사를 한 경우 채무자가 이에 대하여 적극적으로 이의를 제기하지 않으면 채권은 다시 살아난다. 소멸시효를 중단시키는 방법도 어렵지

채권의 공정한 추심에 관한 법률

제11조 제1호 : 무효이거나 존재하지 아니한 채권을 추심하는 의사를 표시하는 행위를 금지(위반 시 3년 이하의 징역 또는 3,000만 원 이하의 벌금)

제12조 : 회생, 파산, 개인회생절차에 따라 면책되었음을 알면서 반복적으로 채무변제를 요구하는 행위를 금지(위반 시 400만 원 이하 과태료)

가이드라인 III-2-사 : 채권금융회사 및 채권추심회사는 채무부존재소송, 신용회복 지원, 개인회생, 상속포기(한정승인), 중증환자, 소멸시효 완성 등 경우(채무자의 요청에 따라) 채권추심을 중지해야 함

※소멸시효 지난 채권을 양수한 이후 추심에 대한 규정

4장 독촉: 추심은 어떻게 인간의 권리를 침해하는가

않다. 재판상의 청구와 지급명령, 파산 절차의 참가와 최고(내용증명), 화해 신청 등의 청구 행위만으로도 소멸시효의 진행을 중단시킬 수 있다.

채권자는 법원에 청구 행위만 해도 채무자가 아무 이의를 제기하지 않을 가능성이 크기 때문에 소멸시효를 중단시키기가 쉽다. 오랫동안 빚을 연체하고 독촉을 받은 경험이 많은 사람들은 법원에서 날아온 우편물을 거의 열어보지 않기 때문이다.

이외에도 채무자가 지불 각서 혹은 지급 확약서를 써주거나 채무금의 일부나 이자를 변제하고 새롭게 담보를 제공하는 경우에도 소멸시효는 중단된다. 특히 단순히 변제 혹은 이자 지급 등을 구두로 약속한 경우에도 소멸시효가 중단될 수 있다. 따라서 법을 잘 모르는 채무자들은 소멸시효가 지난 빚임에도 변제 약속을 하거나 일부를 갚음으로써 채권자에게 유리한 상황을 만들어주기도 한다.

> ### 소멸시효 지난 채권의 양·수도에 대한 법률 규정
>
> 채권 양·수도에 대해서는 어떤 채권이라도 거래할 수 있다고 규정하고 있다. 민법 제3편 제1장 제4절 제449조(채권의 양도성)에서 채권은 양도할 수 있다. 소멸시효가 완성된 채권에 대해 양도 금지 조항은 없다.

김영수 씨의 경우에도 소멸시효가 지났지만 중단된 상태로, 추심의 고통을 다시 겪어야 할 상황에 처했다.

10년 전 보증 채무도 추심 대상이다

김영수 씨는 그나마 본인이 채무 당사자이기 때문에 덜 억울할 수 있다. 민자영 씨는 당사자의 채권도 아닌 보증 채무로 인해 비슷한 상황에 직면하게 되었다. 민자영 씨는 현재 이혼을 한 상태로 자녀도 없이 혼자 살고 있다. 거기에 병이 생겨 다니던 직장도 퇴직하고 요양하고 있다.

1,400여만 원의 보증 채무는 지인의 부탁으로 아주 오래전 무심코 해준 것이었다. 그 지인은 현재 부도 후 잠적한 상태다. 10년간 이 보증 채무에 대해 그 어떤 통지를 받은 적도 없다. 갑자기 걸려온 어느 신용정보회사의 빚 독촉 전화에 한참 기억을 더듬은 끝에 떠올릴 정도로 오래된 일이다. 아마 이렇게 느닷없는 전화를 받지 않았더라면 제대로 기억하기도 힘들 정도의 일이었을 것이다. 그런 일이 10년 만에 이혼을 한 후 혼자 살면서 병마와 싸우고 있는 이 여성에게 큰 짐이 되어 되돌아왔다.

10년간 아무런 통지를 받지 않았는데 이게 웬 날벼락이냐 하소연해보았지만 채권자 측에서는 연락했다고 한다. 아마도 사례자 주소지로 몇 차례 서면 통보를 했을 것이 뻔하다. 그 정도 통보만 해놓고 대단한 죄인 취급을 하며 주 채무자도 아닌 보증인에게 집요하게 추심을 하는 것이다.

이 경우는 민자영 씨가 아무리 억울해도 법원을 통해 파산 면책을 진행하는 수밖에 없다. 다만 현재 건강 상태가 좋지 않아 법원을 왔다 갔다 하는 것이 쉽지 않기 때문에 구청 민원실에 사정을 말하고 부탁해보는 것도 한 방법이다.

서울시는 금융복지상담센터를 운영하고 있다. 상담센터는 채무 취약 계층에게 법률 자문을 비롯해 채무 조정에 대한 맞춤형 상담 등의 서비스를 제공하고 있다. 특히 서울시 금융복지상담센터는 서울지방법원과의 업무 협조를 통해 저소득층에 대한 파산 면책의 패스트트랙을 운영 중이다. 패스트트랙이란 자금 위기를 겪고 있는 중소기업이나 개인 채무자들에게 빠른 지원을 해주는 프로그램으로, 금융복지상담센터를 통하면 파산 면책 과정이 더욱 신속해진다는 의미다.

상담사들이 파산 관련 서류 작업을 상당 부분 대행해주기도 한다. 글을 모르는 어르신들을 위해 상담 내용을 토대로 진술서 등을 대신 작성해주고 있다. 민자영 씨의 경우 건강상 홀로 파산 면책을 진행하기 어려운 상태라 많은 도움을 받을 수 있다.

법망을 피해 망신을 주는
교활한 추심

심리학자에 따르면, 사람은 미래에 대한 부정적 예측 때문에 불행해진다. 공포 영화를 볼 때도 실제로 잔인한 장면이 나올 때보다 잔인한 장면이 예상될 때 더 큰 공포를 느낀다. 이에 대해 영화감독 알프레드 히치콕^{Alfred Hitchcock}은 "사람들은 갑자기 공포를 느끼는 것이 아니라 공포가 예상되기 때문에 공포를 느끼는 것이다"라고 말했다.

스탠포드대학교의 신경학자 브라이언 넛슨^{Brian Knutson}은 이와 관련한 실험을 진행했다. 그는 fMRI(기능성 자기공명영상)를 이용해 '기회 게임'에 참여한 사람들의 뇌 지도를 그렸다. 실험 참가자들의 뇌는 5달러를 따거나 잃을 '가능성'에는 크게 흥분했지만, 실제 5달러를 따거나 잃었을 때는 아무런 변화가 없었다고 한다. 이 실험을 통해 우리의 뇌는 수익을 올릴 가능성 혹은 손해를 입게 될 가능성 앞에서 반응한다는 사실을 알 수 있다. 그런 의미에서 보면 두려움을 예상케 하는 행위는 실제 불법적 행위보다 더 잔인할 수 있다.

충남 서산에서 영농업을 하는 한영남 씨가 당한 추심 행위가 바로 그런 유형이다. 영농업으로 5,000만 원의 담보 채무를 얻은 그는 결국 사업에 실패하고 현재 별다른 소득 없이 부모님의 집에 얹혀살고 있다. 빚을 고스란히 떠안은 상태에서 소득 활동도 중단되었는데 기존 담보 채무에는 친인척의 보증까지 엮여 있다.

연체를 최대한 피하려고 신협을 통해 햇살론을 받고, 대부업체로부터 1,700여만 원을 추가로 빌렸다. 그러나 피할 도리가 없었다. 채권추심이 시작되었는데 본인에게 하루에도 수차례 전화와 문자를 하는 등의 직접 추심에만 그치지 않았다. 추심원은 부모님 집에 찾아가거나, 친구인 척 집으로 전화를 걸기도 했다.

추심원은 법을 어느 정도 알고 있는 듯 부모님에게 채무 사실을 알리지는 않았다고 한다. 이럴 경우 앞서 말한 채권추심법 제11조 1호의 '제3자에게 채무 사실을 거짓으로 알리는 등의 불법 행위'에 해당하지는 않는다. 결국 이런 행위는 불법 추심으로 신고해봐야 소용없고 단순 민원 사항에 해당된다. 개인 파산 및 면책을 추진해보려 해도 보증인이 가까운 친인척이어서 불가능하다. 파산 면책이 진행되면 보증인에게 채무가 고스란히 전가되기 때문이다. 신용회복위원회를 통한 채무 조정도 현재 소득이 발생하지 않기 때문에 어려운 형편이다.

이런저런 방법을 모색해보았지만 뚜렷한 대안을 마련하지 못한 채 반복적인 채권추심에 노출되다 보니 한영남 씨는 결국 심리적으로 완전히 무력한 상태에 빠져버렸다. 이제는 빚 독촉이 일상이 되어 민원 접수라도 해야 한다는 제안마저 귀찮아 하는 지경에 이르렀다. 그런 와중에 추심원이 채무 사실을 통보하지는 않는다 하더라도 부모님을 방문하거나 친구인 척 전화를 거는 일을 두고 부모님과의 갈등마저 고조되고 있었다. 부모님은 정확한 부채 규모와 진행 상황은 모르지만 부채를 갚지 못해 독촉을 받고 있다는 것쯤은 눈치를 채고 있었다. 부모님들이 눈치를 챘다고 해서 한영남 씨가 도움을 요청할 상황도 아니다. 추심원이 부모님을 찾아가는 행위는 마음의 불편을 넘어 불안과 공포심을 불러일으킨다. 혹시 부모님이 아닌 다른 지인들에게도 망신을 겪게 될까 두렵고 불안하다.

송파 세 모녀 자살 사건도 추심에 대한 공포심과 불안함이 사람을 어떻게 망가뜨리는지를 똑똑히 보여준다. 자살예방 전문가는 추심에 대한 공포심이 연체자들로 하여금 사회적 관계 자체를 단절시키게 만든다고 지적한다. 이런 이유로 자살 원인 중 빚 문제가 가장 심각하고 결정적인 계기가 된다고 강조한다.

우리 사회가 일반적인 선진국과 같이 인권 보호를 최우선 가치로 여긴다면 위와 같은 추심 행위는 당연히 불법으로 해석되어야 한다. 공정채권추심법 제9조 3호를 보면 이렇게 해석할 수 있는 문구가 분명히 존재한다. 이 조항에 따르면 '정당한 사유 없이 반복적으로 전화함으로서 공포심이나 불안감을 유발하여 사생활의 평온을 심하게 해하는 행위'는 불법이다. 다만 '정당한 사유 없이'라는 단서가 현실에서는 채무자보다는 채권자에게 유리하게 해석되는 경우가 많다는 것이 문제다. 채무자가 연락이 안 된다거나 고의로 채무 변제를 회피한다는 식의 의심은 정당한 사유로 해석되고, 그에 따라 이런 식의 편법 추심이 허용된다.

우리나라의 채권추심법에는 주관적으로 확대해석이 가능한 추상적인 조항들이 많다. 법률이 인권을 보호하는 데 최우선의 가치를 둔 것이 아니라 재산권을 행사하는 데 불편한 규제를 받지 않도록 하는 데 더 신경 쓰고 있는 것이 아닌지 의심스럽다. 간접적으로라도 타인에게 채무 사실이 알려질 수 있는 모든 행위를 규제해야 하지만 엉성한 말장난 같은 해석으로 채무자의 망신보다는 채권자의 불편을 더 고려한다. 이런 이유로 법률이 있어도 얼마든지 채무자들을 두렵게 만들고 수치심을 갖게 만드는 추심 행위가 가능한 것이다.

딸에게 대신 갚으라고 협박하다

외환위기 이후 사업 도산과 사기 피해, 채무 보증 등으로 개인적인 불행을 겪은 사람은 많다.

혹은 주변 지인의 불행에까지 얽히면서 하루아침에 신용상 불이익을 얻은 사람들 역시 많다. 상담소를 찾은 40대 후반의 여성 강미란 씨 또한 외환위기 직후 카드 사기 사건으로 신용불량자가 되었다.

보통 사기를 당하면 경제적으로 큰 손해를 입으면서 고통을 겪게 되지만 그에 못지않게 자신이 바보 같아서 사기를 당했다는 자책감에도 시달린다. 이는 커다란 정신적 고통이다. 그러나 강미란 씨는 혼자 딸을 키워야 하는 싱글맘이기 때문에 가까스로 고통을 털어내고 새 출발을 시도했다. 문제는 신용상의 낙인이었다. 사기 사건 때문에 강미란 씨는 신용불량 기록을 갖게 되었고, 그로 인해 사업자 등록을 할 수가 없었다. 더욱이 40대 여성이 직장에 취업하기는 하늘의 별 따기와 다름없다. 별수 없이 딸의 이름으로 학원 사업을 시작했다. 그러나 그 또한 불경기가 이어지면서 유지하기조차 버거울 때가 많았다. 어렵사리 딸을 대학까지 보냈지만 학자금 대출에 의존할 수밖에 없었다. 그나마 딸이 엄마의 고된 생활을 이해하고 아르바이트로 학비를 보태고 있었다. 하지만 학원 경영은 날이 갈수록 어려워졌고, 결국 생활정보지에서 본 곳에 전화를 걸어 급전 100만 원을 빌리게 되었다.

따지고 보면 억울한 일이다. 사기 사건 피해자면서도 법적으로 보호를 받거나 피해를 보상받기는커녕 신용불량이라는 불명예만 얻었기 때문이다. 그 불명예로 인해 딸에게 사업자 명의를 부담시킬 수밖에 없는 처지에 놓였다. 그럼에도 살아보겠다며 해왔던 처절한 노력들이 빛을 보게 된다면 과거의 억울한 일쯤은 성공의 뒷이야기로 남아 웃어넘길 수 있었을 것이다. 하지만 현실은 그럴 듯한 성공 스토리로 흘러가지 않았다.

학원 운영은 날이 갈수록 어려워졌다. 처음 100만 원으로 시작한 소액 대출조차 연체하게 되었고, 빚 독촉의 끔찍한 나날이 다시 시작되었다. 그래도 본인이 채권추심을 당하는 건 견딜만하다고 했다. 이미 한 차례 카드 사기 사건으로 시달려본 경험이 있기 때문에 어떻게든 어려운 시기만 잘 참고 넘기면 될 거라고 여겼다.

그러던 중 채권추심원이 딸에게까지 전화를 해 대신 갚을 것을 강요했다고 한다. 그 순간 강미란 씨는 모든 것을 체념해버리고 말았다. 대부분의 서민들은 자식 문제에 대해서는 감정의 진폭이 커진다. 특히 여성의 경우 당장의 시련에 담담하다가도 자녀 이야기가 나오면 순식간에 눈물을 쏟아낸다. 미안함과 안쓰러움, 가난을 물려주게 될 것이란 두려움 등 복잡한 감정이 폭발한다.

추심원은 딸에게 엄마의 빚을 대신 상환하지 않으면 대학 교수에게 찾아가 사실대로 이야기하겠다는 식으로 협박까지 했다고 한다. 그 일을 겪은 뒤 강미란 씨의 딸은 심한 심리적 불안 탓에 정상적인 학교생활을 유지하지 못할 지경이 되었다. 이쯤 되면 가난해서 미안한 정도가 아니라 자식 앞에서 얼굴을 들지 못할 죄인이라도 된 듯한 고통까지 느낄 수 있다.

얼마나 지독하고 잔인한 추심 행위인가! 이는 명백히 불법이다. 그럼에도 금융감독 기관에 이러한 행위에 대한 고발이 접수된 사례는 거의 없다고 한다. 해마다 금융감독원에 설치되어 있는 불법사금융피해신고센터에는 5만여 건의 상담이 접수되고 있다. 금융감독원은 접수된 상담 건들을 적극적으로 조치하기 위해 불법성을 판단하고, 그중 불법이 의심되는 건들에 대해서는 수사 의뢰를 해야 한다. 그러나 2013년 정의당 박원석 의원실 자료에 따르면, 상담 건수 대비 수사 의뢰 건수가 10퍼센트도 되지 않는다고 한다.

금융감독원이 신고를 통해 파악하지 못한 불법 사금융 피해자도 부지기수일 것으로 추측된다. 그런데 막상 피해자들이 용기를 내서 신고를 해도 수사 의뢰조차 하지 않는 경우가 90퍼센트 이상이고, 조사를 통해 처벌을 한다 해도 솜방망이 수준에 그친다. 불법 사금융은 대부업법상 5년 이하 징역, 5,000만 원 이하 벌금 등의 벌칙이 규정되어 있다. 하지만 실제로는 대부분

300만 원 이하 약식 벌금형 또는 기소유예 등 경미한 처벌에 그친다.

서울시에서 처음으로 대부업 관리감독과 관련된 민관대책회의를 시작했을 때 왜 이렇게 경미한 처벌이 이뤄지 이유를 비로소 알 수 있었다. 금융감독원 직원 혹은 대부업체 관리감독 공무원 스스로 우리 사회에 뿌리 깊게 심어져 있는 '채무자 도덕적 해이'라는 믿음에 크게 휘둘리고 있었다. 가혹한 추심 행위를 했는지는 모르지만 원죄는 채무자에게 있다는 식으로 접근하다 보니 채권자에게 관대해지고 채무자의 하소연을 의심하는 경향이 생긴다.

이렇게 사고의 무게 중심이 어느 한쪽으로 쏠린 상태, 그것도 채무자의 인권이 아닌 채권자의 재산 보호에 더 무게가 실린 상태라면, 채무자들이 불법 추심을 신고하더라도 신고 과정에서 모

현행 채권추심법은 다음의 행위에 대해 처벌하고 있다.

- 채무자 또는 관계인에게 채무의 변제자금을 마련할 것을 강요하는 행위
- 채무를 변제할 법률상 의무가 없는 채무자 외의 사람에게 채무자를 대신하여 채무를 변제할 것 요구하는 행위
- 채무자 또는 관계인을 폭행, 협박, 체포 또는 감금하거나 그에게 위계나 위력을 사용하는 행위

멸감을 느낄 만한 일이 얼마든지 생길 수 있다. 채무자들이 접하는 많은 공공 기관의 현실이 이렇다. 매우 관료적이고 채무자를 의심하는 태도로 상담을 진행하는 바람에 채무자들은 상담 서비스를 받으려다 오히려 상처만 받고 돌아서는 경우가 허다하다.

강미란 씨가 겪은 추심도 분명히 불법이다. 그러나 여러 사례와 마찬가지로 불법 독촉 때문에 받은 상처는 적법과 불법을 가르고 그에 대응하게 하는 힘조차 제거해버린다. 나는 이런 분들이 민원 전화를 걸어준 것만으로도 고마움과 안도감을 느낄 때가 많다. 얼마나 많은 사람이 민원을 제기해볼 생각도 못한 채 극단적인 좌절과 절망을 끌어안고 삶과 죽음의 경계를 넘나들고 있을지 생각만 해도 끔찍하다.

열심히 살아도 빚을 갚지 못하는 상황에 처한 것 자체만으로 고통스러운 일이다. 그런데 거기에 자녀에게까지 수치심과 공포심을 유발하는 독촉을 겪게 한다. 처지를 바꿔 내게도 이런 일이 일어난다면 어땠을까? 법적 시시비비를 요구할 만큼의 정신적 여력은 기대하기 어려울 것이다. 삶에 대한 정상적인 에너지는 이미 고갈되고 바짝 마르다 못해 갈라 터진 상태가 되지 않을까 싶다.

노예 문서처럼
팔려 다니는 채권

자영업자의 어려움은 이만 저만이 아니다. 대기업의 골목 상권 확장에 따라 영업이 크게 위축되거나 도산하기도 한다. 절반에 가까운 자영업자의 월 소득이 100만 원이 넘지 못한다는 통계 보고도 있다. 사업자 등록을 하고 있는 터라 취약 계층으로 분류되어 사회 안전망에 기댈 수도 없을 것이고, 소득이 최저 수준에도 못 미쳐 가정이 파탄 나거나 은둔 생활을 하는 경우가 다반사다.

상담을 신청한 유재희 씨도 10년 전 동대문에서 액세서리 가게를 창업했으나 고전을 면치 못하고 8,000만 원의 빚만 얻은 채 문을 닫아야 했다. 소득이 완전히 중단된 채 빚만 남은 상태로 빚 독촉에 시달리면서 딸까지 출산하게 되었다. 빚 독촉에서 벗어나는 길은 주변 지인과도 완전히 관계를 끊고 은둔하는 것 외에 방법이 없었다. 아주 가까운 지인 몇 명이 도움을 주기는 했으나 생활이 막막해 다시 불법 대부업 대출을 받는 생활을 반복할 수밖에 없었다.

겨우 일자리를 찾아 가까스로 새 출발을 계획했지만 100만 원가량의 소득으로는 기존의 빚을 갚을 수 없었다. 그래서 신용회복위원회를 찾아 워크아웃 신청을 하고 월 상환 금액을 30만 원으로 조정할 수 있었다. 여기서도 문제가 되는 것은 우선 신용 회복위원회 자체가 채권단이 만든 사단법인이기 때문에 채무자가 아니라 채권자 위주로 채무 조정을 실행한다는 점이다.

소득이 100만 원인데 조정 금액이 30만 원이라는 것은 최저 생계비에 맞춰 허덕거리며 살라는 명령이다. 그녀는 가혹하지만 그나마 빚 독촉에서 벗어날 수 있다는 희망으로 조정 결과를 받아들이고 허리띠를 졸라매가며 워크아웃을 하고 있었다. 그러나 그런 가혹한 희망조차 얼마 안 가 절망으로 바뀌어버렸다. 10년 전 정신없이 빚을 내는 바람에 어디에 얼마를 빌렸는지 파악하기도 힘든데 S신용정보회사에서 채권을 보유하고 있다며 급여 통장을 압류해버린 것이다. 워크아웃 신청 당시 그 빚에 대해서는 파악하지 못해 워크아웃 대상에 포함시키지 못했다.

법률적으로 급여 압류는 소득이 150만 원이 넘을 때만 할 수 있다. 그러나 통장 압류는 미리 통장 압류 금지 조치를 해놓지 않은 이상 얼마든지 가능하다. 급여 압류가 되지 않으니 급여가 입금되는 통장을 압류해버림으로써 급여가 입금되어도 찾을 수 없도록 만든 것이다. 우리나라 법률 체계가 사회적 약자를 보호하기에 너무도 허점이 많기에 가능한 일이다.

더욱 황당한 점은 채무자가 기억할 수 없는 빚이 여기저기 채권으로 팔리면서 알지도 못하는 신용정보회사로부터 이런 조치를 당했다는 것이다. 이처럼 채권 채무 관계에서는 한 번만 실패해도 영원히 끝나지 않을 무서운 사냥이 반복된다. 법이 있어도 사회적 약자를 보호한다는 취지는 명분으로만 존재할 뿐 현실에서는 온갖 방법으로 채무자를 괴롭힐 수 있다. 이와 같은 엉성한 법률 체계와 채권자들의 집요함은 단 한 번의 실패가 삶을 송두리째 삼켜버릴 수 있다는 공포를 양산하기 충분하다.

상담을 통해 당장 급여 압류부터 풀 수 있도록 민원을 제기하라고 했다. 이후 그녀는 서울시 금융복지상담센터와 협업하여 급여 압류 해제 과정을 밟았다. 급여 통장이라는 사실을 입증하고 압류 방지를 뒤늦게 신청하는 과정에서 절차가 너무 복잡해 도움을 주는 상담사들도 어려웠다고 한다. 그러니 심리적으로 허약한 채무자들이 스스로 이런 조치를 취하는 건 더 어려웠을 것이다.

가까스로 급여 압류를 해제한 뒤 워크아웃 내용을 수정하기로 했다. 워크아웃은 말 그대로 상환 가능한 범위 내에서 채권 채무 관계를 재조정하는 것이다. 그러나 대부분의 경우 신용회복위원회의 워크아웃 내용은 채무자들에게 가혹하다. 유재희 씨의 워크아웃 내용 또한 소득의 30퍼센트를 8년간 지속적으로 갚아야 하는 것인데, 소득이 늘어나지 않는 한 다시 상환 불능에 빠질 수 있다.

　법원에 회생 신청을 해서 상환 기간을 5년으로 단축하고 최저생계비를 조금 더 인정받는 방향으로 채무 조정을 다시 하기로 했다. 그러나 법률구조공단은 기존의 빚을 모두 찾아오지 않은 상태에서 회생을 진행하게 되면, 회생 대상에 포함되지 않은 빚을 고스란히 다 갚아야 한다고 지적했다. 워크아웃 절차에서도 한 차례 겪은 고초이기 때문에 기존 빚을 전부 찾기 위해 발길을 돌렸지만 방법이 없었다. 기억에 의존해 빚을 추적해야 하는데, 10년 전의 일이어서 기억에도, 서류도 남아 있지 않았다. 은행연합회나 신용정보조회 등 채무 관계를 파악할 수 있는 일반적인 방법만으로는 채무를 모두 파악할 수 없었다. 채권 매각 과정에서 여기저기 돌아다니고 있기 때문이다.

　앞서도 지적했지만 소멸 시효가 지난 채권도 사고팔 수 있기 때문에 언제 어느 때 누군가 '당신이 내게 갚을 돈이 있다'며 무섭게 다가올지 알 수 없는 노릇이다. 노예 문서가 이 사람 저 사람에게 사고팔리듯이 한 번 노예 문서를 확보하면 어떻게든 노예를 찾아 주인에게 보낼 수 있다. 그러니 채무자는 새로운 형태의 노예인 셈이다.

신용회복 신청에도
그치지 않는 추심

연체자가 되고 싶은 사람은 없다. 대부분 소득은 낮거나 불안정한데 생계비는 높기 때문에 빚이 생기고 이를 갚지 못하는 상황에 빠진다. 지금과 같이 비정규직을 양산하고 자영업 시장을 도태시키면서도 주거비와 교육비가 높은 불균형한 경제구조가 개선되지 않는 한 생계형 연체자는 계속 늘어날 수밖에 없다.

양선하 씨의 경우도 배우자의 회사가 부도 직전에 내몰리면서 임금이 밀리기 시작했다. 회사가 회생 불가능하다는 것을 제대로 파악하기만 했어도 빚의 규모를 줄일 수 있었을지 모른다. 그러나 사람들은 불행의 얼굴을 정면으로 마주하기 전까지 '설마' 하는 마음으로 불행이 쓰고 있는 가면을 믿어버린다. 양선하 씨의 남편은 두 달째 월급을 집에 가져오지 못했다. 그렇지만 회사가 부도날 것이란 극단적인 결과를 받아들이지 못했다. 열심히 일했는데 급여를 받지 못한다는 사실부터 인정하기 어렵고, 새로운 직장을 찾을 의욕도 대안도 없었기 때문이다.

엎친 데 덮친 격으로 셋째 아이를 출산했는데 장애 판정을 받았고, 그 과정에서 생긴 의료비가 빚에 더해졌다. 가족들은 완전히 패닉 상태에 빠졌고, 카드 돌려 막기가 한계에 이르면서 빚 독촉이 시작되었다. 파산과 회생제도를 이용해야 했으나 카드사에서 날아온 지급명령서에 놀라 급한 마음에 신용회복위원회부터 찾아갔다.

빚 독촉이 가장 두려웠던 양선하 씨 부부는 상담 중 개인워크아웃을 신청하게 되면 추심을 막을 수 있는지 물었다. 신용회복위원회에서는 신청만 해도 추심은 불법이 된다며 마음 놓으라고 했고, 마침 걸려온 추심원의 빚 독촉 전화에 양선하 씨 부부는 워크아웃 신청 사실을 알렸다. 내심 추심원이 점잖게 물러설 것이라 기대했다. 그러나 추심 중단은커녕 더 무서운 말을 들었다. 카드사는 워크아웃 신청 내용에 절대로 동의하지 않을 것이며, 따라서 워크아웃은 소용없다는 것이다.

채권추심 과정에서는 애매모호한 협박이 자주 발생한다. 추심원들은 마치 채무자들에게 필요한 정보를 주는 것처럼 말한다. "선생님이 잘 모르셔서 그러는데요. 워크아웃이란 게 그렇게 간단하지 않아요. 카드사가 최종 워크아웃에 동의해야 법적으로 효력을 갖게 되는데요. 동의를 안 하게 되면 워크아웃은 승인이 나질 않습니다." 혹은 "법원에 출두하셔서 재산이 없다는 것을 소명하셔야 합니다."라든가 "향후 진행될 법적 절차는 우선 선생님의 모든 소유 재산, 가령 집에 있는 컴퓨터와 같은 동산에도 압류를 진행할 수 있고…"라며 '당신이 몰라서 알려준다'는 식으로 친절한 협박을 가한다.

추심원이 친절하게 정보를 주는 듯한 인상을 풍기면 채무자들은 방어하려는 심리가 풀린다. 오히려 추심원에게 약간의 고마움까지 느끼며, 한편으로는 법률적 무지함 때문에 향후 여러 가지 법률적 고초를 겪게 될까 봐 두려워한다. 법적 조치와 관련된 용어를 접하면서 자신이 마치 범죄자가 된 듯해 수치심과 죄책감도 느끼게 된다. 그러나 많은 경우 추심원들은 고의로 이런 법률적 조치들을 언급한다. 채무자들을 심리적으로 묶어두기 위한 수법이다.

추심원들이 언급하는 여러 법률 지식도 부분적으로만 사실일 뿐 대부분 과장되거나 앞뒤가 안 맞는다. 가령 워크아웃을 진행할 때 채권자가 동의해야 한다는 건 맞는 말이기는 하다. 그러나 이 또한 부분적으로만 사실이다. 대부분의 채무자가 워크아웃을 진행할 때는 다수의 채무에 대해 조정 신청을 하는데 채권단 가운데 절반 이상의 동의를 받으면 워크아웃은 효력을 발휘한다. 따라서 추심원의 애매모호한 협박에 흔들릴 필요는 없다. 특히 카드사에 고용되어 있는 추심원이 아니고 추심 업무만을 위탁받아 빚 독촉을 하는 사람이라면 법적 조치에 대해 언급해선 안 된다. 그 자체로 불법이다.

한번은 채무자와 함께 추심원을 만난 적이 있다. 추심원은 그 자리에서도 법적 조치에 대해 언급하며 채무자를 심리적으로 괴롭혔다. 나는 그 자리에서 법적 조치에 대한 언급은 불법이므로 중단해줄 것을 요청했다. 그러나 추심원은 진심으로 안타깝다는 표정을 지어가며 "나는 다 채무자들을 돕기 위해 이런 정보를 드리는 건데 채무자들은 너무 오해를 많이 한다. 이런 식으로 하면 나는 원리원칙대로 할 수밖에 없고, 도와주고 싶어도 도움을 줄 수가 없다"라며 은근히 으름장을 놓는 것이 아닌가. 순간 나조차도 추심원을 잘 달래야지 괜히 적으로 만들면 안 되겠다는 생각이 들면서 슬그머니 마음이 약해지려 했다. 하마터면 그 자리에서 나 역시도 완벽하게 속을 뻔했던 것이다. 이런 이유로 채무자 중에는 우리가 제시하는 조언대로 조치를 취하기보다 추심원의 말을 믿고 따라가는 경우도 많다.

양선하 씨 또한 사정이 다르지 않았다. 우리는 양선하 씨에게 워크아웃 제도에 대해 설명을 해주고 불법 추심은 녹음을 해서 신고하라는 조언을 해주었다. 그러나 우리의 조언은 큰 도움이 되지 못했다. 추심도 고통스럽고 녹음을 해서 신고할 용기도 쉽게 나지 않는 데다 아이의 장애 판정으로 이 가정은 이미 정서적으로 무언가를 할 수 있는 상태가 아니었던 것이다.

배우자 회생 중
보증인인 아내도 추심하다

2012년 은행권의 연대보증제도가 폐지되기 전까지 금융권은 신용도가 낮은 대출자에 대해 배우자를 보증인으로 요청했다. 특히 공공기관이 진행하는 저신용 서민대출의 경우 금융권에서 대출이 어렵기 때문에 정부가 정책적으로 보증을 서서 제한적으로 대출을 해주곤 했다. 이러한 정책 대출은 연대보증제도가 폐지될 때까지 채무자의 낮은 신용을 배우자의 보증으로 대체했다.

노지희 씨의 사연이 이런 경우다. 노지희 씨의 남편은 G신용보증재단에서 7년 전에 1,400만 원을 빌렸다. 조그만 가게라도 차려볼 요량으로 대출을 알아보던 차에 은행은 신용이 부족해 대출이 어렵고, 마침 G신용보증재단의 보증으로 농협에서 돈을 빌릴 수 있었다. 그러나 장사는 생각처럼 되지 않았다. 가게는 접을 수밖에 없었고 빚은 연체되었다. 추심이 이어졌지만 갚을 방법이 없어 법원에 개인회생을 신청했다.

당시 노지희 씨 남편의 신용을 생각한다면 참으로 고마운 대출이었다. G신용보증재단에서 저신용 서민들에게 정책적으로 지원해준 대출이었는데, 당장 사업을 시작하면 잘될 거란 희망

앞에서 얻은 쌈짓돈이기 때문이다.

조건은 당시로서는 대단한 것이 아니었다. 앞서 말한 대로 배우자가 보증을 서는 간단한 조건만 충족하면 되었다. 그러나 희망이 절망으로 바뀌고 연체된 빚을 해결해야 할 상황에서 그 간단한 조건은 생각보다 무거운 형벌로 되돌아왔다. 노지희 씨는 시간이 지나면서 채무에 대한 보증 사실은 잊고 지내왔다. 보증재단에서 주로 남편에게 빚 독촉을 했기 때문에 남편만 개인회생을 하면 모든 문제가 끝날 거라고 생각했다.

그러던 어느 날 느닷없이 K신용정보에서 노지희 씨에게 직접 빚 독촉을 하기 시작했다. 남편은 개인회생까지 끝내고 면책을 기다리고 있는데 왜 자신이 돈을 갚아야 하는지 물었더니 보증 이야기를 꺼냈다. 그들은 보증인인 노지희 씨에게 빚 독촉을 할 수 있다는 사실을 강조했다. 이 경우 보증인인 아내 또한 개인회생 혹은 파산을 신청하는 것 외에 방법이 없다. 아내의 경우 소득이 없기 때문에 개인회생은 어렵고, 게다가 이미 남편이 원래 채무에 대해 회생을 통해 일부라도 갚은 상태여서 굳이 회생을 할 필요는 없다. 파산 면책을 통해 문제를 해결하는 수밖에 없다. 빚의 악몽에서 벗어났다고 한숨 돌린 부부가 이런 법 제도의 허술함 탓에 다시 가혹한 과정을 겪었다니, 안타까울 뿐이다.

4장 독촉: 추심은 어떻게 인간의 권리를 침해하는가

남편은 사라졌지만
빚 독촉은 계속된다

식당을 하다가 장사가 되지 않아 결국 배우자가 잠적을 해버린 사연도 있다. 아내는 초등학생 자녀와 어떻게든 남편을 찾아 다시 잘살아 보고 싶었지만 어디에 갔는지 남편은 전화 통화조차 되지 않았다. 손정은 씨는 함께 식당을 운영하긴 했지만 자신은 주로 집안 살림을 했기 때문에 폐업 과정에 대해 거의 아는 바가 없었다. 힘든 줄은 알았지만 완전히 문을 닫아야 할 정도였는지는 몰랐다. 그동안 남편과 고민을 함께 나누지 못해 미안한 마음이 들다가도, 잠적한 남편을 생각하면 온갖 상상이 들어 괴로웠다. 설상가상 소득은 완전히 끊겼고 빚 독촉이 시작되었다.

두 달가량 그렇게 남편과 연락이 끊어진 채 살고 있는데 카드사에서 연체 사실을 알리는 전화가 왔다. 큰돈은 아니었다. 그나마 식당을 폐업하면서 큰 빚은 어느 정도 정리한 듯했다. 카드사는 200만 원과 400만 원의 빚에 대해 연체 사실을 통보하면서 손정은 씨가 대신 갚아야 한다는 걸 은연중에 강조했다. 느닷없는 남편의 실종과 생전 처음 겪는 빚 독촉으로 그녀의 삶은 하루하루가 지옥이었다. 창피한 것은 물론이고 살고 있는 임대 아파트 보증금마저 빼앗기고 집에서 쫓겨나는 건 아닌지 덜컥 공포감이 밀려오기도 했다. 당장 급한 대로 비상금으로 갖고 있던 돈 몇 십만 원을 털어 연체이자를 지불했다.

엄밀히 말하자면 그녀는 남편의 빚을 대신 갚을 필요는 없었다. 배우자라고 법적 대리 변제 의무가 있는 건 아니기 때문이다. 카드사의 연체 사실 통보를 비롯한 간접적인 대리 변제 강요는 그 자체로 불법이다. 연체이자를 대신 갚을 의무도 없다. 그러나 손정은 씨의 부채 현황을 자세히 분석해보니 대출 중 하나가 임대 보증금과 연결된 것으로 나타났다. 연체가 오래될 경우 금융사로부터 가압류가 들어오고 임대 아파트에서 쫓겨날 위험이 있었다. 다행히 대출 금액이 크지 않고 금리도 높지 않았다. 취업 전까지 버티기 위해 남겨둔 생활비의 일부로 새마을금고의 대출 이자를 납입하고 나머지 카드 대출의 추심은 요건을 갖춰 신고할 것을 권했다.

이 여성의 경우 적당한 시점에 민원을 통해 문제가 커지는 것을 막은 다행스러운 사례다. 남편이 갑작스럽게 사라진 상황이 숨 막히도록 고통스러울 텐데도 주변에 도움을 청했기 때문에 더 큰 봉변을 피할 수 있었던 것이다. 현실을 비관하고 주저앉아 빚 독촉을 회피하고만 있었다면 어떤 일이 벌어졌겠는가!

연체가 길어지고 금융사에서 그나마 살고 있는 집의 임대 보증금을 회수해버리면 아이들과 그대로 길거리 신세가 된다. 그런 절망적인 상황이 실제로 펼쳐졌다면 이 여성 또한 어떤 극단적인 선택을 했을지 가늠이 안 된다.

도움을 청하면 이런저런 해결책을 찾을 수 있다. 따라서 어려움에 빠진 이들이 도움을 청할 수 있는 사회적 분위기가 조성되어야 한다. 그러나 우리 사회는 빚을 갚기 어려운 사람을 도덕적 해이라면서 몰아세우고 빚 독촉으로 폭력을 가한다. 도움을 청하도록 만들기는커녕 도망가도록 만든다. 가끔 빚 때문에 자살을 선택한 사람들의 사연을 들여다보면 상담을 통해 충분히 새

채권의 공정한 추심에 관한 법률

제9조 제6호 : 채무자 외의 사람에게 채무자 대신 채무 변제할 것을 반복적으로 요구함으로써 공포심·불안감을 유발하여 사생활 또는 업무의 평온을 심하게 해치는 행위를 금지(위반 시 3년 이하 징역· 3,000만 원 이하 벌금)

제10조 제1항 : 채권추심자가 채권발생이나 채권추심과 관련하여 알게 된 채무자·관계인의 신용정보·개인정보를 누설하거나 채권추심의 목적 외로 이용하는 행위를 금지(위반 시 3년 이하 징역· 3,000만 원 이하 벌금)

제12조 제2호 : 채무자의 소재 파악이 곤란한 경우가 아님에도 채무자의 관계인에게 채무자의 소재, 연락처 또는 소재를 알 수 있는 방법 등을 문의하는 행위를 금지(위반시 1,000만 원 이하 과태료)

출발의 길을 만들어줄 수 있었던 사례가 많다. 그래서 더욱 안타깝다.

직장 생활을 위협하는
빚 독촉

청년실업의 심각성은 어제오늘 일이 아니다. 송광진 씨 또한 대학 졸업 이후 바로 취업이 된 행운아가 아니었다. 그는 대학 졸업 후 몇 달 동안 아르바이트를 전전하다 겨우 직장을 갖게 되었다. 학자금 대출로 대학을 겨우 졸업했기에 취업 준비는커녕 졸업과 동시에 빚 갚는 생활이 시작되었다. 취업이 뜻대로 되지 않아 취업 준비에 매진하고 싶었지만 당장 학자금 대출 이자조차 부모님께 부탁할 수 있는 형편이 아니어서 아르바이트를 해야만 했다. 그렇게 어렵게 아르바이트와 취업 준비를 병행하며 간신히 직장을 갖게 되었다.

그러나 직장을 가졌다는 든든함은 오래가지 않았다. 아버지가 암으로 병원에 입원하게 된 것이다. 나이가 많은 어머니는 생활비와 의료비를 감당할 만큼 돈을 벌 수 없었다. 결국 아버지의 병원비는 송광진 씨의 몫이었다. 그러나 겨우 갖게 된 첫 직장의 월급으로는 생활비와 의료비, 학자금 대출 이자를 모두 감당할

4장 독촉: 추심은 어떻게 인간의 권리를 침해하는가

수가 없었다. 담보가 있는 것도 아니고 은행에서 넉넉하게 대출을 받을 만큼 신용이 좋지도 않았다. 결국 카드사와 저축은행에서 높은 금리로 돈을 빌리게 되었다.

30퍼센트 가까운 고금리 빚은 조금씩 연체되기 시작했고, 도저히 감당이 안 되어 법원에 개인회생을 신청했다. 법원의 개인회생제도는 회생 개시 결정이 나면 채권추심에 대해 금지 명령을 내릴 수 있다. 그러나 법적 절차는 당사자에게 까다롭게 적용된다. 냉소적인 유행어로 "법이란 서민에게는 법대로, 부자에게는 떡값대로, 권력자에게는 충실한 개와 같이 작동한다"는 말이 나도는 세상이다.

송광진 씨는 직장 생활에 적응하는 틈틈이 법원을 오가며 가까스로 개인회생 개시 결정을 받아냈다. 그러나 서류와 진술서를 보정하라는 요구를 받았고, 그 사이 채권추심 금지는 기각되었다. 그래도 송광진 씨의 경우 젊기 때문에 인터넷을 통해 이런저런 정보를 수집해 보완 조건을 충족했고, 곧 내려질 추심 금지 결정을 기다리는 중이다. 다른 채권추심에 대해서도 크게 위축되지 않고 담담하게 대응했다.

빚을 갚지 못하는 건 미안한 일이지만 우선 급한 아버지의 병원비를 해결해야 했고, 자신 또한 제대로 사회생활에 적응해야 하기에 그는 무리한 빚을 짊어지고 현실에 좌절하며 살 수만은 없다고 여겼다. 개인회생을 통해 채무를 조정해서 미래를 포기하지 않으려 노력했다. 그러나 모 저축은행은 송광진 씨의 이러한 확고한 다짐조차 흔들 만큼 강한 추심을 지속했다.

추심원은 송광진 씨의 휴대폰이 아니라 직장 전화로 여러 차례 연락해서 직장 동료들로 하여금 빚 독촉 전화임을 눈치채도록 했다. 직장에 전화를 걸 때도 직통 번호를 이용하지 않았다. 회사 대표번호로 전화를 걸어 위압적인 목소리로 저축은행임을 밝히고 송광진 씨를 바꿔달라 요청했다. 그런 전화가 매일 세 통씩 걸려온다면 직장 동료들 사이에서 이상한 소문이 돌 수밖에 없다. 그는 다른 추심원들과는 적극적으로 사정을 이야기하고 갚기 위한 노력을 하겠다고 하는 등 전화를 피하지 않고 대응을 해왔다. 그러나 저축은행의 이런 식의 괴롭힘은 도저히 감당이 되지 않았다.

이 또한 앞서 말한 애매모호한 추심 행위다. 관련 법에는 타인에게 채무 사실을 알려선 안 된다고 명시되어 있다. 이 경우 저축은행 추심원은 채무 사실을 명확히 알리지는 않았지만, 우회적으로 채무 사실을 알 수 있도록 했다. 또한 반복적으로 전화를 하긴 했지만 금융감독원에서 하루 세 번까지 허용하는 것을 악용해 매일 정확히 세 번씩 전화를 했다. 아주 교묘한 방법으로 법의 경계를 의식하면서 추심을 했기 때문에 이 모든 추심 행위는 정확히 말하자면 불법은 아니다. 결국 현행법의 테두리 안에서도 금융회사와 추심회사 들은 채무자들을 심리적으로 얼마든 압박하고 괴롭힐 수 있다.

이제 막 사회생활을 시작한 초년생에게 일어난 이런 일들은 사회적으로 큰 손실이다. 2013년 9월 창조경제연구회에서는 사회초년생이 창업을 했다가 실패한 경우 빚 때문에 재기가 불가능한 현 사회구조에 문제를 제기하며 공개 포럼을 열었다. 연구회에서는 대학생들을 대상으로 신용불량 위험을 무릅쓰고 창업할 의사가 있는지 물었다. 응답자의 89.5퍼센트는 위험을 전제로 한 창업에 부정적인 답을 했다. 반대로 신용불량 위험이 없다면 어떻겠느냐는 질문에는 69.4퍼센트가 긍정적인 답을 했다. 한 번 실패하면 다시 재기할 수 없는, 패자 부활이 불가능한 사회에서 창조경제란 가능하지 않다. 실리콘밸리에서 성공한 벤처기업은 평균 2.8회의 실패를 겪는다고 한다. 우리사회에서 '실패는 성공의 어머니'라는 말은 진부한 교훈이 아니라, 말도 안 되는 비현실적인 이야기라고 보는 게 더 정확하다.

게다가 부모의 불행이 등록금 대출과 병원비 대출로 자녀에게 대물림될 뿐 아니라 확대 재생산되어 기어이 빚 독촉의 끔찍한 현실과 마주하게 하는 세상에서 건강하고 창조적인 미래를 기대할 수 있을까?

채무자를 괴롭히는 것이
추심의 목적인가

직장에 간접적으로 채무 사실을 알리는 방법은 수시로 대표번호로 전화를 거는 것 말고도 또 있다. 지급명령서를 직장으로 송부하는 것이다. 택시 기사 차성룡 씨의 사례가 이에 해당된다.

앞서도 계속 거론했지만 최근 들어 10년 가까이 된 채권의 추심이 늘어나고 있다. 차성룡 씨의 경우 2002년 4월에 대출을 받았는데 총 얼마인지는 기억나지 않지만 일부를 갚은 건 분명하다고 한다. 그런데 거의 8년이나 지난 2010년 갑자기 의정부지방법원에서 지급명령서류를 회사로 송부했다. 다행히 급여 압류는 없었으나 남은 채무가 400여만 원이 있었다. 그 400여만 원의 채권이 S신용정보에 팔려 2년 가까이 채무 조정 공지와 상환 독촉장이 날아왔다.

조정 내용은 당장 매월 상환이 크게 부담되는 정도는 아니었다. 10만 원씩 1년간만 갚으라는 조건이었다. 그러나 최초로 돈을 빌린 곳도 아니고, 처음 얼마간을 제외하고 8년간 아무 소식도 없다가 갑자기 추심회사에서 독촉장이 날아오니 불쾌감과 불안감으로 갚고 싶은 마음이 들지 않았다고 한다. 마치 보란 듯이 회사로 우편물을 보내는 것은 일부러 직장생활에 지장을 주기 위한 것으로 보여 괘씸하기까지 했다.

차성룡 씨의 형편이 넉넉한 것도 아니었다. 지금도 택시 회사에 취업하기 전 실업 상태에서 발생한 빚 때문에 워크아웃 중이다. 매월 10만 원씩 신용회복위원회에 불입하는 것조차 가끔씩 밀릴 때가 있다. 가족들과 헤어져 혼자 살고 있어서 사는 것에 대한 즐거움도 없고, 택시를 몰면서 겨우 쥐게 되는 돈으로는 저축도 하지 못하는 불안한 생활을 가까스로 이어갈 뿐이다. 그는 이런 상황에서 기억도 못한 빚을 갚기 위해 1년간 10만 원씩 추가로 부담하는 건 자신이 없다고 하소연했다.

채무자가 빚을 원활히 갚기 위해서는 직업을 가져야 하고 직장 생활에 지장이 없어야 한다. 채권자가 원하는 것이 채무 상환이라면 채권자의 행동은 더더욱 채무자의 직장 생활을 보호해야 마땅하다. 그러나 어찌된 일인지 우리나라 법률 체계와 채권자들의 횡포를 보면 마치 채무자를 괴롭히는 것이 추심의 목적인 듯하다. 빌려준 돈을 돌려받는 일에는 관심이 없는 것처럼 보일 정도다. 어느 개인택시 기사는 대부업체에서 돈을 빌렸는데 연체를 하게 되니 대부업체에서 택시 번호판을 떼어 갔다고 한다. 번호판이 없으면 영업을 할 수 없고, 그렇게 되면 채무 상환은 더욱 어려워진다. 문제는 이 또한 불법이 아니라는 것이다. 유체동산의 압류 행위에 해당하는, 법적으로 가능한 재산권 행사다.

상당히 많은 연체자들이 전화 혹은 방문 형태로 추심원이 직장까지 찾아온 경험이 있다. 한 연예인은 동료 연예인이 드라마를 촬영하는데 겉보기에도 험상궂은 사람이 촬영 장소에 나타나 그 동료 연예인만 뚫어지게 쳐다보다가 의미심장하게 웃으며 사라진 일을 목격한 적이 있다고 한다. 이후 그 사람은 촬영 때마다 나타났고 동료 연예인은 그 사람을 볼 때마다 얼굴이 하얗게 질렸다. 이런 일들이 반복되면서 제작진 모두 곤혹스러워 하자 그는 고통스러운 얼굴로 보증을 잘못 섰는데 갚지 못하는 상황에 처해 추심원이 쫓아다니고 있다고 고백했다.

만약 채무자가 보수적인 직장이나 공기업, 공공기관에 다니는 사람이라면 심리적 압박에 직장을 그만둘 수밖에 없을 것이다. 경우에 따라서는 업무 평가에 부정적으로 반영될 정도로 업무에 큰 지장을 초래하기도 한다. 그럴 경우 채무자의 부채 상환 능력은 더욱 약화될 수밖에 없다. 따지고 보면 이건 명백한 인권 침해다. 직장을 방문하거나 전화를 거는 등의 채권추심이 법적으로 아예 불가능하도록 제도화되지 않는다면 한 번의 연체만으로 모든 것을 잃게 만드는 잔인한 일들이 반복될 수밖에 없다.

5장
—
빛,
갚지 않을 수 있다

헐값에 빚을 사서
거액을 챙기는 대박 사업

이제 본격적으로 채권의 땡처리에 대해 이야기를 해보자. 외환위기 당시 사업 실패로 카드 빚을 안게 된 양인수 씨는 어느 날 전화 한 통을 받았다. 재기에 성공하지 못하는 바람에 당시 카드 빚을 갚지 못한 채 연체자 신분으로 어렵게 살아온 터였다. 전화를 건 사람은 대부업자였다. 그는 양인수 씨의 카드 채권을 자신이 보유하고 있다며 오늘 당장 1만 원을 입금하면 빚의 절반을 깎아주겠다고 했다.

순간 복잡한 생각이 머릿속을 스쳐간다. 1만 원으로 빚의 절반을 깎을 수 있다고? 그런데 왜 카드사가 아닌 대부업자가 전화를 했을까? 반가움과 불안이 동시에 교차한다. 채무자 상담을 하다보면 이런 형태의 민원이 종종 발생한다. 이런 일들이 왜 발생할까? 실제로 1만 원만 입금하면 빚의 절반을 깎을 수 있는 걸까?

이 문제를 이해하려면 대다수 시민들이 잘 모르는 금융의 숨겨진 세계에 대해 먼저 알아야만 한다. 앞서 언급했던 채권의 2차 시장, 부실채권시장을 좀 더 자세히 들여다보자. 금융회사는 석 달 이상 연체된 채권을 부실채권으로 분류한다. 금융회사에 부실채권이 지나치게 많이 쌓이면 금융회사는 금융감독 당국으로부터 제재를 받는다. 부실에 따른 위험 관리를 위한 '대손충당금'을 더 쌓아야 하는 것이다. 쉽게 말해 손실에 대비해 자산을 더 쌓아두어야 한다는 의미다. 이는 해당 금융회사의 건전성에 이상이 있다는 신호이기도 하다. 대손충당금을 더 쌓으면 유동성이 감소해 영업에 걸림돌이 된다. 이에 금융회사는 적절히 위험 관리를 할 수밖에 없다. 그래서 부실채권들을 손실로 처리하거나 대부업체 등에 헐값을 받고 매각해버린다.

대부업체는 금융회사로부터 부실채권을 헐값에 매입해 채무자에게 원금은 물론이거니와 연체이자와 법정 비용까지 청구할 권리를 갖게 된다. 가령 100만 원짜리 채권이라면 연체 기간에 따라 다르지만 5퍼센트 전후 즉 5만 원에 매입한 뒤, 원금 100만 원과 더불어 연체이자 및 법정 비용까지 포함해 극단적으로는 1,000만 원 이상도 받아낼 권리가 생긴다. 금융감독원의 2012년 12월 발표에 따르면 은행과 카드, 캐피탈 등 여신전문회사와 저축은행 등 제도권 금융회사가 대부업체에 대출 채권을 넘겨준 고객이 76만 명에 달한다. 금액 기준으로는 9조 원을 넘는다.

새정치민주연합 이학영 의원실 조사에 따르면 2013년 기준 대부업체가 보유하고 있는 채권 규모는 7조 738억 원이고, 채무자 인원은 325만 명에 달한다고 한다. 금융감독원이 수행한 2012년 조사 당시 대부업체가 제도권 금융으로부터 사들인 부실채권의 평균 가격은 원금의 5.7퍼센트에 불과했다. 만약 이자는 차치하고 원금만 제대로 추심해서 받아낸다 해도 94.3퍼센트가 남는 장사다. 좀 더 구체적으로 말하면 1,000만 원짜리 채권을 57만 원에 사서 1,000만 원 전부를 받아낸다면 943만 원이 남는 대박 사업이 되는 것이다.

이런 이유로 인터넷에서는 부실채권 투자는 일명 'NPL 재테크'의 한 방법으로 소개되어 인기를 끌고 있다. 누군가를 죽음으로까지 몰고 가는 빚 독촉의 악몽이 다른 누군가에게는 재테크의 수단이 되는 것이다. 적은 돈을 투자해 채무자를 얼마나 잘 괴롭히느냐에 따라 투자 수익이 크게 발생할 수 있다.

이렇게 수익률이 큰 사업을 금융권이 가만히 내버려둘 리가 없다. 영화 〈더 울프 오브 월스트리트 The Wolf of Wall Street〉의 주인공처럼 거짓말 같은 수익률을 얻을 수 있다면 금융권의 흥미를 끌기에 충분하다. 이 영화에 등장하는 주인공은 실존 인물이다.

그는 젊은 나이에 졸부가 된 조던 벨포트^{Jordan Belfort}로, 신자유주의 금융의 첨병인 월스트리트에서 쓰레기 채권인 페니 스탁^{Penny} Stock(1달러 이하로 거래되는 주식)으로 거액의 돈을 번다. 조던 벨포트의 흥미를 끌었던 페니스탁의 거래 수수료는 50퍼센트였다. 휴지나 다름없는 주식을 누군가에게 팔면 판 금액의 절반이 수수료라는 말이다.

영화 주인공을 맡은 레오나르도 디카프리오^{Leonardo DiCaprio}는 상장되지도 않은 투기적 주식을 배관공이나 노동자들에게 비싸게 팔아 거부가 되었다. 그 주식을 산 사람이 손해를 입건 말건 그는 부자가 된다. 이 영화에서는 제대로 보여주지 않지만 누군가의 수익은 사실상 다른 누군가의 손실이다. 이 영화는 극단적인 인물을 다루고 있기는 하지만, 월스트리트 안에서 벌어지는 탐욕 추구가 법적 테두리 안에서 매우 황당하게 전개될 수 있다는 것을 보여준다.

그러나 이러한 페니스탁의 거래 수수료도 부실채권의 거래 차익에 비하면 미미한 수익률 아닐까? 금융권은 부실채권 매매 수익률에 대한 탐욕으로 출자를 통해 자산관리 회사를 설립했다. 유암코와 우리F&I(2014년 대신증권에 매각되어 현재는 대신F&I로 명칭이 바뀌었다)는 대표적인 부실채권 처리 회사다. 은행은 고객이 부동산 담보 대출을 연체하면 그 연체채권을 경매 방식으로

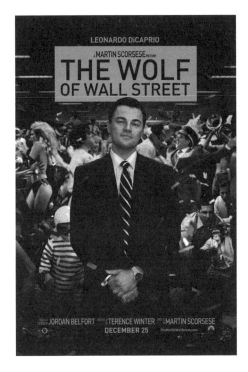

실제 인물을 다룬 영화 〈울프 오브 월스트리트〉는 월스트리트 안에서 벌어지는 탐욕 추구가 법적 테두리 안에서 매우 황당하게 전개될 수 있다는 것을 보여준다.

자산관리 회사에 파는데, 이 두 업체가 은행 담보채권의 대부분인 70퍼센트를 사들이고 있다.

　신용채권은 주로 대부업체들이 매입하고, 담보채권은 이 두 업체가 독점하다시피 한다. 담보가 있는 연체채권의 경우 담보물을 처분해서 채권을 회수할 가능성이 높기 때문에 거래 가격이 높다. 은행 등이 쏟아내는 물량도 덩치가 크기 때문에 자본력이 뒷받침 되는 업체가 경매에서 유리하다. 이런 이유로 대부업체가 주로 신용채권을 매입하는 것과 달리 이 두 회사는 담보채권을 주로 싹쓸이한다.

이 두 회사는 직원 수 30여 명으로 영업이익만 각각 1,000억 원, 500억 원 이상을 창출한다. 특히 유암코는 2009년 신한, 국민, 하나, 기업, 우리, 농협중앙회 등 주요 은행 여섯 곳이 출자해 만든 민간 공동 배드뱅크다. 주요 은행들은 금융감독 당국이 제시하는 건전성 가이드라인을 맞춘다는 명분으로 부실채권을 자신들이 출자한 회사에 싸게 매각한다.

유암코 등의 배드뱅크는 부실채권을 싸게 매입한 뒤 추심이나 담보권의 실행을 통해 부실채권의 원금과 이자는 물론 연체이자와 법정 비용까지 회수한다. 회수 실적이 매우 뛰어나 기대수익이 10~15퍼센트로 추정된다. 상황이 이렇다 보니 최근에는 현대해상 외에 LIG손해보험, 동부화재, 메리츠화재, 롯데손해보험 등 보험회사도 앞다퉈 부실채권시장에 뛰어들고 있다.

결과적으로 주요 은행은 부실채권을 통해 또 다른 수익 창구를 만든 셈이다. 특히 2008년 금융위기 이후 금융회사의 부실채권이 급격히 늘어나면서 시장은 호조를 맞는다. 그에 따라 2011년 금융회사들이 건전성 강화를 위해 부실채권을 털어내기 바쁘던 시절 유암코와 우리F&I는 대규모 이익을 거머쥔다. 금융감독원이 발표한 자료에 따르면 유암코의 영업이익은 2010년 186억 원 규모였던 것이 2011년 1,000억 원을 넘어서면서 이익이 10배 이상 껑충 뛴다. 그리고 2014년 1,329억 원까지 기록하며 놀라운 속도로 더욱 뛰어오른다. 영업이익이 1,000억 원 이상인 기업은 우리나라 전체에서 100여 곳에 불과한데, 주로 대기업이나 중견기업이 여기 속한다. 당연히 직원들 숫자는 비교가 안 된다. 30여 명이 벌어들이는 이 환상적인 수익은 영화 〈더 울프 오브 월스트리트〉에서 '탐욕은 아름답다'고 말하는 고든 게코도 놀랄 수준이 아닐까?

그런데 이런 환상적인 수입에는 반대급부가 있다. 다시 강조하지만 금융산업의 수익이란 누군가의 손실이다. 유암코 등의 기업이 고수익을 창출하는 동안 딱 그만큼 손실을 보는 누군가가 있으니, 그들이 바로 빚의 수렁에서 고통 받고 있는 채무자들이다. 혹은 기발한 금융 기법 탓에 만져보지도 못한 돈이 빚으로 돌변해 그동안 이루어왔던 성공적인 삶이 위협받고 있는 중견 기업인도 있다. 영원히 만족할 줄 모르는 금융기관의 탐욕에 누가 희생될지 아무도 예측할 수 없다. 이는 결국 금융 소비자 모두의 문제다.

약탈적인 너무나
약탈적인 금융시장

최근 팔레스타인에서 흉악한 범죄를 저지르고 있는 유대인들은 중세 시대 때부터 평판이 썩 좋지 않았다. 성서에서 금하는 대금업을 독점하고 있었기 때문이다. 구약성서뿐 아니라 신약성서에도 "가난한 사람에게 돈을 꾸어주면 그에게 채권자 같이 이자를 받지 말라"(《출애굽기》 22장 25절)는 가르침이 있다. 중세 유럽 사회는 돈으로 돈을 낳는 일을 신성모독으로 간주해 엄하게 규제했으며, 그런 탓에 대금업에 종사하는 유대인을 경멸과 조롱의 대상으로 여겼다.

이처럼 천대 받던 대금업이 금융업으로 조금씩 성장하게 된 배경은 무역업이 활발해지면서 상업금융이 불가피해졌기 때문이다. 일종의 경제 활성화를 위한 규제 완화였던 셈이다. 당시 어음 할인 방식의 상업 금융은 무역업자들의 사업을 확장하고 무역을 촉진하는 데 윤활유 역할을 했다.

그렇게 발전과 변신을 거듭해온 금융은 이제 경제의 활력을 불어넣는 역할 정도에 안주하지 않는다. 오히려 경제 전체를 거머쥐고 파괴하는 괴물이 되어가고 있는 것이 아닌가 걱정될 정도다.

괴물 같은 금융은 연 매출 350억 회사도 빼앗고, 기업의 대표자를 채무자로 만들어 지독한 추심의 고통을 겪도록 만들기도 한다. 최첨단 금융기법으로 인해 벌어진 약탈적인 금융의 결과다.

2014년 7월 방영된 MBC 수목드라마 〈개과천선〉은 은행들이 무리하게 판매한 파생금융상품에 의해 수많은 중소기업들이 쓰러진 실제 사건을 다뤄 화제가 되었다. 당시 판매된 파생금융상품은 키코KIKO였다. 이 상품은 환율이 내려갈 때 기업들이 입는 손해를 방어하기 위해 만들어진 상품이다. 그런데 키코는 환율이 내려갈 때 기업들이 가져갈 수 있는 이익은 제한적인 반면

드라마 〈개과천선〉은 은행들이 무리하게 판매한 파생금융상품에 의해 수많은 중소기업들이 쓰러 진 실제 사건을 다뤄 화제가 되었다. 당시 판매된 파생금융상품은 키코였다.

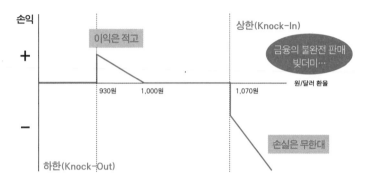

KIKO 상품구조

키코는 환율이 내려갈 때 기업들이 가져갈 수 있는 이익은 제한적인 반면 환율이 크게 상승할 경우 무한대의 손실을 입을 수 있는 사기적 구조로 설계되었다.

환율이 크게 상승할 경우 무한대의 손실을 입을 수 있는 사기적 구조로 설계되었다. 키코 사태가 한창이던 2008년 검찰은 미국 선물거래위원회CFTC와 증권거래위원회SEC에 자문을 의뢰했다. 돌아온 답변은 "(키코를) 사기죄로 기소해야 한다"였다.

견실한 중소기업을 이끌던 조우종 대표는 바로 그 사기성 파생금융상품으로 하루아침에 기업을 빼앗겼다. 자산 대비 부채 비율이 50퍼센트도 안 되는 연 매출 350억, 직원 100명의 기업이 금융상품 계약서 한 장으로 350억 빚더미에 앉게 되었다. 자신들에게는 책임이 없다고 주장한 은행들은 우리나라 최고의 로

펌을 고용해 2013년 소송에서 승소했다. 키코에 피해를 입은 기업들은 경영을 잘못한 것도 아니고 수출 실적이 떨어진 것도 아닌데 단지 금융상품 가입서 한 장으로 평생을 일군 기업이 주저앉는 광경을 고통스럽게 지켜봐야 했다. 그러나 그 고통은 거기서 끝나지 않았다.

키코라는 파생금융상품으로 인해 빚 폭탄을 맞아 자산을 빼앗긴 기업이 하나둘 등장하기 시작했다. 빚이 늘었다는 이유로 이자율이 오르고, 이자율이 오르니 빚이 더 늘어나는 악순환에 빠졌다. 수출 업체였기 때문에 해외 거래처와의 영업으로 처음 얼마간은 매출을 유지할 수 있었다. 돈을 버는 족족 자신이 만져보지도 못한 돈을 갚느라 정신이 없었지만 오르는 이자율, 늘어나는 빚은 매출마저 잠식하기에 이른다. 결국 기업 자산을 하나둘 매각하고, 직원들을 내보내다 은행의 워크아웃 절차를 밟기에 이른다.

처음에는 워크아웃이라고 하니 말 그대로 자산을 평가해 자산과 빚을 어느 정도는 합리적으로 정리할 줄 알았다. 그러나 은행은 기업의 자산 중 돈이 될 만한 것들을 헐값에 팔아치우는 방식으로 현금화하기 시작했다. 가령 300억짜리 공장 부지를 급매로 100억 원밖에 안 되는 헐값에 팔아치우는 식이다. 워크아웃 절차를 거쳐 조금이라도 남겨서 여전히 해외에 살아 있는 거래

처를 통해 재기해볼 수 있지 않을까 했던 실낱같은 희망마저 가차 없이 거둬가는 순간이었다. 조우종 대표는 이러다가 말 그대로 뼈까지 다 발리겠다는 생각이 들었다고 한다. 결국 워크아웃을 종료하고 법원을 통해 법정관리를 신청했다.

은행의 잔인한 워크아웃을 지켜봐야 했던 조우종 대표에게 법원은 그야말로 천사 같았다고 한다. 최소한 채권자와 채무자 모두에게 공정한 책임과 의무를 부과했기 때문이다. 회사의 지분은 거의 대부분 상실했지만 법원은 경영을 책임질 수 있는 여지는 지켜주었다. 현재 회사 대표는 법정관리를 가까스로 졸업하고 재기를 준비하고 있다. 그러나 이미 금융권이 거의 대부분의 자산을 빼앗아간 상태로, 키코 사태 이전으로 돌아갈 수는 없다. 게다가 그 과정에서 기업의 자산만 빼앗긴 것이 아니다.

집요한 추심으로 얻은 놀라운 영업이익

위험을 함께 부담하지 않고 오로지 소비자와 채무자에게만 위험을 전가하는 것이 우리나라 금융의 관행이다. 은행의 대출 상품은 기업에 필요한 자금을 공급한다. 따라서 은행은 전문성을 바탕으로 기업을 제대로 평가해 위험을 통제해야 한다. 하지만 현실은 이와 다르다. 은행은 기업 대표자의 보증을 통해 대출 위험을 쉽게 처리해버린다. 물론 어떤 면에서 은행이 망하면 세금이 투입될 수 있기 때문에 은행 위험을 최소화해야 한다고 생각할 수도 있다. 그래서 선진국은 은행이 망하지 않는 사업을 하도록 많은 영업 규제를 한다. 최악의 경우 세금을 투입해 은행이 짊어져야 할 위험을 소비자에게 전가하지 않으려는 것이다. 납세자의 이익과 소비자의 이익이 별개가 아니기 때문이다.

무능하고 무책임한 우리나라 은행의 관행은 모든 위험을 소비자에게 전가함으로써 마치 납세자의 이익을 대변하는 것처럼 행세한다. 그 결과 기업 대출에는 언제나 대표자의 보증이 따라붙는다. 이제 파생금융상품 계약서 한 장으로 법정관리에 들어간 기업의 빚은 대표자 개인의 책임으로 전가된다.

조우종 대표는 350억 원의 회사 대출 중 190억 원을 책임져야 했다. 일부는 기업 자산을 매각해 해결했지만 나머지는 조 대표의 개인 자산을 헐값에 처분해서 갚아야 했다. 하루아침에 무역인 상과 대통령 표창까지 받은 수출 애국자가 모든 자산을 처분하고도 모자란 빚을 떠안고 살아야 하는 연체자가 된 것이다.

조 대표는 결국 자산을 모두 처분하고도 남은 빚에 대해 법원의 개인회생 절차를 밟았다. 개인회생은 빚 전체를 갚지 않는 게 아니라 소득의 범위 안에서 최대한 갚아나가는 채무 조정 프로그램이다. 기업의 모든 자산과 지분을 빼앗기고 개인의 집도 빼앗겼지만 그래도 거래처가 살아 있고 기술이 있는 한 새 출발을 할 수 있다고 여겨 과감히 만져보지도 못한 돈을 법원을 통해 조정해 갚았다. 그러나 금융의 탐욕은 여기서 멈추지 않았다.

은행은 집을 처분해서 갚고도 남은 6억 원의 대출 채권을, 앞서 말한 직원 30명이 영업이익 1,000억 원을 만드는 유암코에 헐값에 팔아넘겼다. 여전히 그 채권은 살아서 채무자를 괴롭힐 틈을 노리고 있다. 조 대표의 채권은 담보물이 있기 때문에 70퍼센트 가격에 팔렸을 것이다. 채권의 2차 시장에서는 6억 원짜리 대출이 6,000만 원에 팔려 담보물인 집을 처분해 5억 원 이상 회수하는 실적을 챙겼다. 그런데 어찌된 일인지 남은 빚이 3억이라는 것이다. 집을 처분해 갚은 빚은 원금부터 계산한 것이 아니라 연체이자부터 제했다고 한다.

조 대표는 개인회생으로 절반 가까운 빚을 다시 갚았다. 그리고 법원을 통해 빚을 조정해 다 갚았으니 문제가 말끔히 해결되었다고 여긴 순간, 채권추심회사로부터 다시 추심 통지가 날아왔다. 당시 배우자가 연대보증을 했기 때문에 배우자가 3억 원의 빚을 갚아야 한다는 것이다. 그 채권이 유암코에 여전히 살아 있었다.

파생금융상품으로 모든 것을 빼앗기고 마치 남의 빚을 갚듯 전 재산을 털어 넣었음에도 평범한 주부인 아내까지 추심을 당했다. 이미 충분히 이익을 뽑고도 남았지만 금융회사의 탐욕은 끝이 없었다. 그 탐욕의 결과가 유암코에게는 놀라운 영업이익으로 되돌아왔다. 동시에 100여 명의 일자리를 창출했던 견실한 기업가는 금융상품으로 모든 것을 빼앗기고도 빚더미에 앉으며 다시 추심까지 당해야 했다. 이런 기가 막힌 현실이 우리가 마주하고 있는 금융의 세계다.

누구를 위해
법은 존재하는가

수많은 사례에서 결국 채무자들의 빚은 소득의 불안 혹은 절대적으로 생계비에 못 미치는 저소득과 연결되어 있다. 물론 모든 저소득층이 채무자로 전락하고 연체자가 되어 인권을 유린당하며 살지는 않는다. 어려운 가운데 재기에 성공하고 저축상을 수상하는 사례도 아주 드물지만 있다. 그러나 소득 1분위 가구의 가처분 소득 대비 부채 원리금 상환 비율은 평균 68퍼센트다.

소득이 낮다고 모든 사람이 빚을 지는 것은 아니라는 말은 심각한 청년 실업을 두고 청년들이 고상한 직업만을 선호하기 때문이라고 진단하는 것과 같다. 이는 가난이 개인의 책임이라는 계급의식이다. 가난하거나 힘없는 사람은 그렇지 않은 사람보다 불행을 적극적으로 수용할 것을 강요하는 말이다. 마치 진부한 명작 동화에나 등장할 법한, 인생의 반전을 만들 수 있다는 환상을 가난한 사람에게만 적용하는 못된 순진함이다.

빚에 시달리는 사람들의 또 다른 공통점은 질병이나 사업 실패 등 예측하기 어려운 돌발 변수에서 빚이 시작되거나 심화된다는 점이다. 내담자들의 질병, 사업 실패 이야기는 얼핏 그 사람만의 불행으로 여겨지기도 한다. 그러나 이는 구조적인 안전 부실에서 비롯되는 사회적 불행이다. 좀 더 선진화된 사회는 개인에게 발생하는 통제 불능의 불행을 최소화기 위한 시스템을 갖추고 있다. 의료와 주거, 교육의 복지망이 잘 갖춰진 나라에서는 이런 문제들로 어느 날 갑자기 평범한 시민이 연체자가 되고 빚에 쫓겨 자살을 선택하도록 방치하지 않는다. 또한 실패가 성공의 중요한 밑천이 된다는 것에 대한 사회적인 동의가 있기에 사업 실패 이후의 새 출발을 적극적으로 지원해줄 수밖에 없다.

이렇게 근본적인 소득의 문제에서 출발해 예측할 수 없는 돌발 변수들로 심화된 빚은 카드사, 저축은행 등 제2금융권의 불필요한 친절로 악성화되기 시작한다. 이자가 이자를 낳고, 급기야 금융사들이 탐욕스럽게 돈을 벌기 위해 만든 추심 시장에서 채무자는 인간 이하의 모욕을 감수해야 하는 지경에 이른다. 그리고 마지막으로 기본권보다 재산권을, 인권보다 채권을 중시하는 우리나라 사법체계 앞에서 채무자는 어디에서도 보호받을 수 없다는 극단적인 절망과 고독감에 내몰린다.

영화 〈화차〉에서 사채 빚에 시달리던 주인공은 과거를 회상하며 이런 대사를 내뱉는다. "그땐 나한테 아무도 없었어." '화차'는 지옥에서 죄인을 실어 나르는 불타는 수레라는 뜻을 지니고 있다. 빚을 연체하고 있다는 이유로 온갖 모욕 속에서도 아무런 보호조차 받을 수 없는 연체자가 350만 명이 넘는 우리 사회 곳곳에서 이 화차가 불타고 있는지도 모른다. 이 영화의 원작은 1990년대 일본의 거품경제가 무너지면서 수많은 시민을 카드 빚과 사채의 비극으로 밀어 넣은 사회 문제를 풀어낸 미스터리 소설이다. 소설 속에 등장하는 다음과 같은 옛 시조 한 구절은 21세기 대한민국에서 허덕허덕 빚을 갚으며 연체만은 피하고자 아슬아슬 외줄을 타고 있는 채무자들에게 저자가 던지는 연민 가득한 외침이나 다름없다. "화차여, 오늘은 내 집 앞을 스쳐 지나, 또 어느 가여운 곳으로 가려 하느냐."

21세기 대한민국의 법 제도는 이 불쌍한 사람들이 예기치 못한 비극을 만나 화차에 끌려가는 현실을 지켜만 보고 있다.

5장 빚, 갚지 않을 수 있다

'화차'는 지옥에서 죄인을 실어나르는 불타는 수레라는 뜻을 지니고 있다. 빚을 연체하고 있다는 이유로 온갖 모욕 속에서도 아무런 보호조차 받을 수 없는 연체자가 350만 명이 넘는 우리 사회 곳곳에서 이 화차가 불타고 있는지도 모른다.

채권자를 위해
진화하는 법률

　　　　　　　　빚 독촉 과정의 가혹성은 이미 여러 형태로 지적되고 있다. 시민사회 단체도 채무자들의 인권을 보호하기 위해 지속적으로 추심 관련 법들을 바꾸려고 노력 중이다. 그런데 웬일인지 추심 관련 법은 채무자에게 유리하게 바뀌는 것이 아니라 채권자에게 편법 추심의 편의를 제공하려고 작정한 듯이 개악되고 있다. 가령 이전의 추심 관련 법(〈대부업의 등록 및 금융이용자 보호에 관한 법률〉 제10조, 〈신용정보의 이용 및 보호에 관한 법률〉 제26조의 2)에 따르면 대부업자나 금융기관 등이 집이나 직장을 찾아와서 빚 독촉을 하기 어려웠다. 그때도 여전히 모호한 전제 조건이 있었으나 '정당한 사유 없이' 방문해서 독촉하는 것 자체를 불법으로 규정했다. 그러나 2009년 법이 개정되면서 황당한 문구가 삽입되었고, 그 문구는 추심 시장에 날개를 달아주었다.

"반복적으로 또는 야간(오후 9시 이후부터 다음 날 오전 8시까지)"이라는 문구가 추가된 것이다. 집이나 직장을 방문해서 추심하는 것을 가급적 '금지'하는 것에서 제한적으로 '허용'하는 것으로 바뀌어버린 것이다. 이 문구 하나로 집이나 직장으로 낮 시간 동안 한두 번 방문하는 것은 법의 허가증을 받은 셈이나 다름없게 되었다. 이 문구 때문에 연체자들은 아이가 등교하는 시간에 맞춰 찾아오는 추심원들을 만나게 되었다. 이에 대해 민생연대의 송태경 사무처장은 지속적으로 법 개정의 필요성을 제기했으나, 2014년 개정된 채권추심법에도 여전히 '반복적으로 야간에'라는 문구는 살아남았다.

이외에도 배우자 등에게 대리 변제를 강요하는 행위도 2009년 법 개정 전에는 전면 금지였다. 그러나 이제는 채무자가 '추심원이 반복적으로 대리 변제를 강요'했음을 입증하지 못하면 처벌할 수 없게 되었다. 이런 이유 때문에 대략 2006년에서 2008년 초까지 주춤했던 방문을 통한 빚 독촉과 대리 변제 강요 등이 법의 구멍 사이로 활개를 치게 되었다. 상담 중에는 채권추심업자로부터 "법 어디에 한 번 이상 전화하면 불법이라고 적혀 있느냐? 정당한 사유가 있으면 얼마든지 할 수 있다. 거짓말하지 마라"라는 협박 전화를 받는다고 하소연하는 채무자도 만난다.

추심원이 불법적인 방법을 동원한다 하더라도 채무자가 적극적으로 대응하기는 어렵다. 채무자가 불법 추심을 입증해야 하기 때문에 채무자가 작정하고 음성 녹취나 동영상 촬영을 하지 않는 한 불법 추심을 신고해봐야 처벌을 기대하기 어렵다. 빚을 연체할 수밖에 없는 사람들이 추심에 대비해 이렇게 치밀하게 준비를 할 수 있을까? 무방비 상태로 전화 독촉을 받거나 위협적인 방문 행위 앞에서 증거 확보를 위해 어떤 조치를 취한다는 것은 거의 불가능하다.

심리적으로도 심각하게 위축되어 있는 상황에서 증거 확보를 위해 이러한 행동을 하라는 건 채무자에게 뻔뻔해지라고 강요하는 것과 다름없다. 금융감독원이나 경찰에 신고를 해도 불법 행위를 처벌하기란 쉽지 않다. 오히려 법과 제도가 채무자의 편이 아니라는 점만 추심원에게 확인시켜주는 계기가 된다. 이러한 법 제도적 약점 때문에 추심원만 더욱 적극적으로 편법을 동원하거나 불법을 넘나드는 추심을 하게 된다.

더욱 심각한 문제는 불법 추심을 하다가 실제로 단속되더라도 솜방망이 수준의 처벌만 받으면 된다는 것이다. 2014년 9월 국회에서 공개한 "최근 5년간 대부업체 적발 현황 및 대부업체 불법채권추심 검거 현황"을 보면 '채권의 공정한 추심에 관한 법률'이 시행된 이후 불법 채권추심 검거 건수는 2010년 144건, 2014년 154건으로 증가했다. 2012년 이례적으로 상반기에만 615건의 검거 건수를 기록했다. 하지만 구속 인원을 살펴보면 2010년에 4명(2.8퍼센트), 2014년에 5명(3.2퍼센트), 2012년에 20명(3.2퍼센트)에 불과한 것으로 밝혀졌다. 최근 5년간 대부업법 위반 혐의로 기소된 6,495명 중 2퍼센트인 133명만 실형을 선고받았다. 반면 벌금형은 59.3퍼센트로 절반을 넘었다.

현행 대부업 관련법에 따르면 법정 기준 이상의 금리(연 39퍼센트)를 받은 업자에게는 3년 이하의 징역이나 3,000만 원 이하의 벌금을 부과할 수 있고, 무등록 대부업과 불법 추심 행위에 대해서는 5년 이하의 징역이나 5,000만 원 이하의 벌금을 부과할 수 있다. 그러나 실제 판결에서 사채업자들이 징역형 등 형사 처분을 받는 경우는 극히 드물고, 통상 300만 원 이하의 약식 벌금형을 선고받거나 기소유예 처분을 받고 있다. 경찰 관계자는 "불법 사채업자들이 적발돼도 불구속되거나 벌금형으로 끝날 것을 알기에 마음 놓고 활개를 치는 것"이라고 말했다.

이렇게 솜방망이 처벌이 반복되니 불법 추심원들은 기존의 불법 추심을 반복하는 경향이 있다. 불법 채권추심 재범률은 점차 증가하고 있는 추세다. 단속이 소극적이고 처벌이 경미하다 보니 불법을 저지르며 돈을 버는 행태가 당연시 되는 분위기다. 법과 제도 모두가 힘없고 가난한 채무자들을 철저히 외면하고 있는 게 현실이다.

채무자를 '사람'으로 보는 구제 프로그램

앞서 여러 차례 말했듯이 채무자는 대개 빚 독촉의 두려움을 피하기 위해 더 높은 금리의 대출을 받아서 기존의 빚을 갚는다. 결국 빚 독촉으로 인해 빚이 악성화되면서 부채 규모가 더 커지고 상환 가능성은 더욱 어렵게 꼬인다. 이것을 사회적으로 확대해 보면 과잉 부채의 30퍼센트 이상이 기존 빚을 갚기 위해 추가로 발생한 빚이다. 빚은 주변의 관계를 통해 확대 재생산된다. 그리고 그 모든 이익은 철저히 금융회사와 대부업체에 돌아간다. 경제성장의 밑거름이 되는 것도 아니고 고용을 창출하는 산업의 한 영역도 아니다. 오로지 금융회사의 주주와 시장의 80퍼센트 이상을 차지하고 있는 대형 대부업체, 그리고 그들과 관련된 채권의 2차 시장 공룡들의 '설거지 사업' 이익으로 돌아갈 뿐이다.

이들의 사익을 보장하고 키워주기 위해 모든 국민 혹은 법과 제도가 채무자들을 가혹하게 괴롭히는 행태를 묵인하는 이 야만적인 현실을 언제까지 내버려두어야 한다는 말인가? 만약 사회적으로 채무자의 새 출발을 위한 구제 프로그램이 다양하게 마련되어 있다면 이러한 빚의 악성화 혹은 빚의 확대 재생산을 막을 수 있다. 이는 사회적 비용을 크게 낮출 뿐 아니라 채무자가 빚의 고통 속에서 사회적으로 퇴출되는 것을 막는다.

더욱이 이런 과정이 전제되어야만 금융회사들의 탐욕스럽고 약탈적인 대출 관행이 감소할 수 있다. 좀 더 극단적으로 말하면 사회는 채권자들에게 사회적 책임에 대한 신호를 분명히 보내야 한다. 함부로 빌려주면 쉽게 떼일 수 있다는 신호 말이다. 이런 환경이 되어야 채권자들이 돈을 쉽게 회수하기 어렵다는 판단 아래 좀 더 책임 있는 대출을 할 수 있다.

선진국은 채무자들의 새 출발을 지원하고 약탈적 대출을 사전에 차단하는 다양한 채무 구제 프로그램을 구비한 뒤에 신용을 공급한다. 우리도 이와 같은 프로그램을 적극적으로 가동해야 한다. 물론 이를 위해 정부가 국민행복기금을 만들지 않았느냐고 반문할 수 있다. 그러나 앞서도 지적했지만 국민행복기금은 주식회사로 운영되면서 채무자의 자활과 새 출발을 지원하는 프로그램이라기보다는 은행의 채무 독촉 프로그램으로 전락해버렸다. 몇몇 채무자에게는 국민행복기금과 같은 채무 조정 프로그램이 도움이 될 수도 있다. 하지만 수익 구조와 대상자 선정, 채권 회수의 위탁 등을 볼 때 채권자 친화적으로 작동할 수밖에 없다는 한계가 있다.

채무자를 구제하기 위해서는 채권자의 참여를 최대한 배제해야 한다. 중립적인 입장에서 사람을 들여다보고 사람을 살려야 한다는 전제 아래 프로그램을 설계해야 한다. 채무를 형편에 맞게 조정해주는 프로그램뿐 아니라 법원의 개인파산, 개인회생 제도의 개선도 함께 거론해야 한다. 국민행복기금 대상자 중에는 이미 채무 재조정으로도 새 출발이 불가능한 사람이 상당수다. 이들에게는 채무 조정이 아니라 개인파산과 면책이 필요하다. 따라서 채무 구제를 위한 법적, 공적 프로그램을 모두 확대시켜야 한다.

채무 조정 프로그램 설계뿐 아니라 채무자의 심리 상담 지원도 병행해야 한다. 빚을 제때 갚지 못하는 채무자들은 심리적으로도 크게 위축되어 있고, 심한 패배감과 공포심에 휩싸여 있는 경우가 대부분이다. 이들은 자신의 신용회복을 위한 객관적인 판단과 구체적인 실천이 어렵다.

　서울시와 성남시 등에서 운영하고 있는 금융복지상담센터와 연계해 대안을 마련해야 한다. 금융복지상담은 전문가에 의해 채무자의 전반적인 재무 상태를 객관적으로 분석한 뒤 그 결과를 토대로 채무 상환 가능성을 판단한다. '불가능하다'는 결론이 나오면 법원의 파산 회생 면책 프로그램을 이용하도록 돕고, 부분적인 채무 조정으로 상환이 가능한 채무자들은 국민행복기금을 통해 채무 재조정을 해줄 수 있다.

　여기서 의도적으로 부채 상환을 회피하는 사람은 자연스럽게 구제 프로그램에서 배제된다. 하지만 상담 과정에서 이런 사람은 거의 찾아보기 어렵다고 한다. 법원의 파산관재인의 경우 주로 채권자 입장에서 채무자를 조사하지만, 금융복지상담센터는 채무자를 '사람'으로 보고 그들의 채무 발생 사유를 꼼꼼히 챙겨 듣는다. 또한 소비구조를 전반적으로 개선하고 복지 시스템 연결을 통해 채무자의 안정적인 새 출발 및 자활을 지원한다.

　서울시는 2013년부터 상담센터를 운영하여 1년간 321명에게 파산 면책 상담을 진행했다. 이들의 소득 대비 부채 수준은 400배를 넘어섰다. 신청자의 83.4퍼센트가 기초생활수급자거나 무직 혹은 월 소득이 50만 원 미만이었다. 상담을 받은 채무자

중에는 60세에서 85세까지의 고령자가 500여 명에 가까울 정도로 많은 비중을 차지했다. 이들 중 일부는 글을 몰라 오랫동안 연체 상태임에도 법원의 파산 면책 프로그램을 이용할 수 없었다. 파산 면책을 진행하려면 우선 기본적으로 진술서를 작성해야 하지만 글을 모르기 때문에 불가능했던 것이다. 이런 분들에 대해서도 상담센터에서는 서류를 대신 작성해주는 등의 서비스를 제공했다. 파산 면책 상담을 받은 채무자 5명 중 1명은 임대주택에 연결되거나 기초생활수급자 지정을 받는 등의 복지 서비스도 동시에 제공받았다. 그만큼 빚에 시달리면서도 복지에서도 그늘에 있을 수밖에 없는 취약 계층이 많았던 것이다.

금융복지상담센터는 단순히 제도 이용을 좀 더 편리하게 해주는 것에 그치지 않았다. 채무자들이 빚을 갚지 못했다는 따가운 눈총 대신 함께 문제를 풀어주겠다는 따뜻한 관심과 배려가 먼저였다.

상담을 받고 새 출발에 성공한 어느 싱글맘은 자녀 셋에게 처음으로 엄마 노릇을 하는 것 같아 뿌듯하고 고맙다며 눈물로 고백했다. 어느 기초생활수급자는 상담사의 도움으로 개인회생을 진행하게 된 뒤 추심이 없는 아침이 마치 기적 같다고 말했다. 매일 아침 출근할 때마다 날아가는 기분이라는 것이다. 그동안 얼마나 숨 막히는 고통을 겪었기에 이렇게 고백을 할까?

어느 사회건 한 사람이 살다 보면 실패도 하고 좌절도 할 수 있다. 이때 퇴로가 없는 사회에서는 불안과 공포가 만연하고 그에 따라 적극적으로 투자하고 도전하는 경제 활력도 기대할 수 없다. 법원의 파산 면책과 같은 법적 채무 조정과 국민행복기금 같은 공적 채무 조정 프로그램, 서울시의 금융복지상담센터와 같은 맞춤형 새출발 지원 프로그램 등이 활성화되지 않는다면 이 사회는 한 번의 실수로 인생을 포기해야 하는 비정한 정글이 될 것이다.

빚은 반드시 갚아야 하는 것이 아니다

앞서 잠시 소개했지만 내가 속한 희망살림에서는 2014년 한 해 동안 44억 원의 채권을 소각했다. 지난 1년 동안 대부업체들을 만나 적극적으로 설득했다. 우선 서울시의 대부업체 관리감독을 위한 민관대책회의 시스템이 큰 도움이 되었다. 현장에서 대부업을 일상적으로 감독하는 공무원의 적극적인 소개를 통해 대부업체들을 대면할 수 있었기 때문이다.

처음에는 채권을 확보하는 것이 대단히 어렵거나 불가능할지 모른다는 우려가 컸다. 그러나 현장에서 만나보니 부실채권을 매입해서 추심하는 회사, 일명 매입채권추심회사들은 일반적으로 우리가 알고 있는 대부업체들과는 조금 달랐다. 아무래도 그들은 채권을 할인해서 매입하기 때문에 돈을 빌려주고 30퍼센트 이상의 이자를 챙기는 업체와는 다른 방식으로 영업을 하기도 했다. 채무자가 적극적으로 사정을 이야기하면 채무를 자체적으로 조정해주기도 하는 방식으로 영업하고 있었다.

나는 더욱 적극적으로 설득했다. 채무 조정 사업과 채권추심 사업은 종이 한 장 차이일 수 있다. 따지고 보면 채권의 할인 거래 자체를 당장에 모두 없앨 수는 없을 것이다. 적어도 채권이 할인 시장에서 경매 방식으로 거래되고 있다면, 최소한 업체들 스스로 채무자들의 채무를 주도적으로 조정해주는 방식으로 영업할 수도 있다.

채무자를 코너에 몰아넣고 무조건 쥐어짜는 방식으로 추심하는 영업 관행 때문에 채무자들의 빚은 더욱 악성화되고, 종종 채무자가 잠적해버리기도 한다. 채무자를 살리는 방향으로 채무 조정을 적극적으로 홍보하게 되면, 채무자 전체가 도덕적 해이에 빠지는 것이 아니라 용기를 내서 형편껏 빚을 갚으려 노력할 것이다.

나는 업체들을 만나면서 도덕적 해이에 대한 우려가 금융권의 의도적인 채무자 흠집 내기에서 시작해 이제는 하나의 신념이 되어 있음을 자주 목격한다. 그 신념은 채권자들에게 빚을 떼일지 모른다는 두려움으로 작동하면서 채무자들의 숨통을 쥐게 만들고, 꼭 쥔 그 손은 풀지 못할 것처럼 보였다. 마치 조금이라도 느슨해지는 순간 모든 것을 잃을지 모른다는 두려움이 가득한 것처럼 말이다.

그러나 사람들은 생각보다 겁이 많고 뻔뻔하지도 않다. 금융복지상담센터를 통해 상담을 요청하는 채무자 중 많은 수가 파산보다는 조금이라도 갚는 방향을 선호한다는 상담사들의 말이 이를 증명해준다.

빚은 반드시 갚아야 하는 것이 아니다. 상당수 채무자들이 빚을 갚기 위해 고군분투하는 동안 이자로만 원금 이상을 갚으면서도 장기 연체자로 사회에서 퇴출당하는 수모를 당한다. 여러 대부업체를 돌고 돌아 0.1퍼센트까지 가격이 떨어진 채권을 죽을 때까지 추심하는 제도를 바꿔야 한다. 중세 시대 가난한 사람에게 이자 받는 행위를 천시하던 만큼은 아니더라도 분명 금융이 사람의 모든 노력과 결실을 제로로 만들고 죽음에 이르게 하는 현실을 계속 방치해서는 안 되지 않겠는가?

나는 특별히 채무자 인권 운동을 하겠다고 마음먹은 적은 없었다. 사회적 기업을 운영하고 있지, 시민단체에 속해 있던 것도 아니다. 사회 개혁을 위해 무언가 해야 한다는 의무감이나 포부를 지니고 살아가는 사람도 아니다. 힘겹게 살아가는 사람들에게 좋은 정보를 제공하고 스스로를 보호할 수 있도록 교육하는 것만으로 사회에 기여할 수 있다는 순진한 믿음을 지녔을 뿐이다. 기초생활수급자들에 대한 경제 교육은 그저 그들이 좌절하지 않았으면, 지긋지긋한 양극화에 상처받지 않았으면, 하는 마음으로 임해왔다. 한 사람 한 사람 서울시 혹은 몇몇 기초 단체에서 받은 사업비에만 맞춰 상담하지 않으려고 애썼을 뿐이다. 돈을 받았기 때문이 아니라 우리가 만나는 사람들의 인생에 보탬이 되어야 한다는 것이 교육과 상담의 목적이었다. 그러나 그렇게 나름 사회적 가치 실현이라는 목적을 잃지 않으려 할수록 우리는 좌절해야 했고 분노해야 했다.

가난한 사람들 중 상당수가 직면하고 있는 빚의 위력은 대단했고, 우리가 달려들어 벗겨내려 해도 도저히 벗어날 수 없는 올가미였다. 우리가 가진 자원으로는 역부족이었고 불쌍한 사람들에게 막다른 골목에 길이라도 있다는 듯 희망고문을 할 수밖에 없음을 인정해야 했다. 앞서 사례를 통해 이야기한 대로 우리나라의 법과 제도는 사람들에게 실패하면 끝이라는 엄포를 놓는 구조로 설계되어 있기 때문이다. 그래서 시작한 일이 서울시 금융복지상담센터 설립이었다. 그동안 우리가 서울시로부터 위탁

받은 사업을 서울시에서 직접 할 수 있도록 방향을 수정해야 했다. 그래도 민간 사회적 기업보다는 서울시가 채무자를 보호하는 데 조금이라도 더 힘이 있지 않을까 하는 마음에서였다.

그 기대는 큰 성과를 거두고 있다. 도저히 감당할 수 없는 빚에 눌려 사는 사람들이 서울시 상담센터를 통해 새 출발의 계기를 마련하고 있다. 상담사들은 과정 하나하나가 어렵고 복잡하지만 집요하게 길을 찾아낸다.

빚이 사라진 채무자, '더 살고 싶어졌다'

어느 상담사는 채무자가 은행에 가서 부채증명서를 발급 받는 과정에서 망신을 당한 것에 분노해 직접 은행에 달려가기도 했다. "무척 추운 날이었어요. 몸살 기운이 있는지 몸은 무겁고 창밖을 보기만 해도 오한이 들 정도였죠. 그때 마침 1차 상담을 진행한 채무자에게 전화가 왔어요. 은행인데 부채증명서 발급이 어렵다는 거죠. 그때 정말 마음속으로 얼마나 갈등이 되던지, 날도 추운데 모른 척할까, 아니면……."

상담사는 바로 채무자가 있는 은행으로 달려가 큰 소리로 은행 지점장을 불러내 싸웠다고 한다. 추운 날 고생시키는 것이 화가 나기도 하고, 가난한 사람이라고 성의 없게 대하는 그들에게 채무자가 느꼈을 모욕감과 수치심에 분노했기 때문이었다.

나는 상담사의 이 말을 들으며 기뻤다. 세상이 지독하기도 하지만 여전히 사람들은 다른 이의 좌절에 공감하고 함께 분노한다. 이러한 이타심과 측은지심이 상담에는 매우 중요한 힘이 된다. 상담사는 그 은행으로부터 채무자의 부채증명서를 발급 받을 수 있었고 채무자는 이후 무난히 법원의 파산 면책을 진행할 수 있었다.

현장에서 상담사들이 마주하는 채무자는 영락없는 죄인의 모습이다. 간혹 억지를 부리며 빚을 없애 달라고 찾아오는 사람도 있지만 대부분의 채무자는 고개를 푹 숙인 채 어깨를 한없이 늘어뜨린 모습이다.

일흔을 넘긴 어르신도 30대 중반의 젊은 상담사의 눈에는 채무자라는 죄책감에 짓눌려 작고 초라해진 노인으로 비쳤다. 젊은 시절 친척에게 해주었던 보증 채무를 10년 넘게 갚지 못해 연체자 신분으로 살아온 분이었다. 현재 소득이 없고 자녀들에게 빚을 대신 갚아달라고 부탁할 상황도 아니었기에 법원의 파산 면책을 진행했다. 상담은 부채 증명 준비와 파산 면책 관련 서류 준비로 6개월간 진행되었다.

6개월 후 법원으로부터 면책 인가를 받고 얼마 뒤 어르신이 다시 상담소를 방문했다고 한다. 상담사는 그때 그 분을 몰라볼 뻔했다. 상담 때는 한 번도 웃는 얼굴을 본 적이 없었는데, 빚을 정리하고 난 뒤 어깨를 펴고 밝은 모습으로 나타난 것이다. 상담사는 그 분의 키가 10센티미터는 더 커 보였을 정도라고 말했다.

"우중충한 옷차림부터 변했고, 길을 걸을 때도 정면을 응시하시더군요. 이전에는 구부정하게 사람들의 시선을 피하셨는데, 이제 그런 모습은 온데간데없는 아주 편안한 노신사의 모습이었습니다. 자식들에게 피해 없이 부채를 정리하고 싶다고, 그러면 지금 죽어도 여한이 없다고 말씀하시던 그 분이 아니었습니다. 사랑하는 가족과 더 오래 살고 싶어서 운동을 시작했다고 하셨죠. 빚이 인생을 바꾼다는 기사를 언론에서 접하긴 했지만 제 눈앞에서 실제로 보게 되니 정말 놀라웠습니다."

금융복지 상담사, 불법 추심을 잡아내다

이형석 씨는 매우 절망스러운 표정으로 성남시의 채무자 상담센터를 찾아왔다. 18년 전의 빚으로, 느닷없이 대부업체로부터 4,900만 원을 갚으라는 독촉이 시작되었기 때문이다. 사업을 하는 매형이 사업 자금을 빌려달라고 급하게 하소연했고, 이형식 씨는 은행에서 자신의 집을 담보로 1억 원을 빌려 매형에게 건네주었다. 외환위기가 닥쳤던 1997년의 일이었다. 매형의 사업은 뜻하는 대로 되지 않았고, 결국 이형식 씨가 매형의 빚을 끌어안게 되었다. 집을 처분해 빚을 갚아야 할 상황에 내몰렸고, 이런 과정에서 부부 싸움이 잦아지면서 결국 이혼에 이르렀다. 설상가상으로 외환위기 직후 주택 가격이 크게 떨어지면서 담보 대출 1억 원을 갚기 위해 경매로 집을 처분하고도 2,000만 원의 빚이 남았으며 불가피하게 연체를 할 수밖에 없었다.

10년이 흐른 뒤 그 채권은 소멸시효가 지났음에도 은행에서 저축은행으로 매각되었다. 소멸시효가 지났지만, 저축은행은 민사소송을 제기해 채권을 다시 살려냈다. 살아난 채권으로 저축은행이 빚 독촉을 했으나 이형식 씨는 갚을 수가 없었다. 다시 6년이 흐른 뒤, 그 채권은 대부업체로 다시 팔려갔다.

이형식 씨는 오랫동안 연체 상태에서 신용불량자란 딱지를 안고 추심을 피하느라 주소지와 연락처도 늘 불안정한, 사실상의 사회 퇴출자 신분으로 살아왔다. 최근에야 비로소 신용불량 기록도 삭제되고 제대로 된 경제생활을 시작할 수 있었다. 통장도 만들고 신용카드도 새롭게 발급받았다. 그러던 차에 걸려온 전화 한 통은 빚을 갚을 때까지, 아무리 숨어봐야 소용없으며 새 출발은 꿈도 꾸지 말라는 최후통첩처럼 소름끼쳤다.

마침 이형식 씨는 성남시에서 채무자들을 위해 상담센터가 개설되었다는 소식을 우연히 들었다. 정부나 지자체의 프로그램이라는 것이 순전히 생색내기일 뿐이라는 불신이 있었지만 지푸라기라도 잡는 심정으로 상담센터를 찾았다. 당장 4,900만 원이라는 목돈도 없고 다시 추심이 들어올 것이 불안해서 그냥 잠적해버릴까 싶은 마음이 들던 차였다.

성남시와 서울시에서 운영하는 금융복지상담센터는 바로 이런 사람들에게 채무자 우호적인 상담을 제공하기 위해 만들어졌다. 서울시 금융복지상담센터는 지난해 빚에 허덕이는 기초생활수급자 400여 명의 빚 500억 원 가량을 면책 받도록 도왔다. 기초생활수급자는 세금으로 생계비를 지원받고 있다. 이들이 생계비를 쪼개 빚을 갚는 것은, 사실상 세금으로 금융회사 혹은 대부업체의 빚을 갚는 것이나 다름없기 때문에 파산 면책은 사회적으로도 정당하다.

상담센터에 사연을 접수한 뒤, 죽거나 사라지는 것 외에 해결책이 없을 것만 같았던 문제는 의외로 쉽게 해결되었다. 상담사는 이형식 씨 사연을 듣자마자 되물었다. "대부업체에서 선생님의 새롭게 바뀐 전화번호를 어떻게 알았을까요?" 이형식 씨는 채권자에게 채무자의 모든 정보에 대한 접근 권한이 있는 줄 알았다. '어떻게 내 전화번호를 알았느냐?'고 따질 엄두도 못 냈다. 상담사의 권유로 추심원에게 조심스럽게 묻는 이형식 씨에게 추심원은 태연하게 대답했다. "최근에 신용카드 발급받으셨죠? 그 카드 신청서 열람해서 알았는데요." 추심원의 불법 추심이 들통난 순간이다. 상담사는 이 내용을 녹취하도록 했고 그 녹취를 근거로 신용카드사와 대부업체에 개인정보 무단 열람에 대한 위법성과 불법 추심 사실을 지적했다. 이를 토대로 법원의 파산 면책 과정과 같이 복잡하고 고된 절차가 아닌 '협상'으로 채무를 조정할 수 있게 되었다. 청구된 채권의 15퍼센트를 갚는 것으로 이 악몽은 종결되었다.

만약 전문 상담사가 개입하지 않았다면 이형식 씨는 4,900만 원을 갚으라는 빚 독촉에 숨죽이며 살거나 새 출발에 대한 동기를 영원히 접어야 했을지 모른다. 혹은 급한 김에 또 다른 고금리 대출을 이용하여 독촉을 잠시 피하려 했을지 모른다. 상담사들은 채무자 우호적인 관점에서 채권자의 교묘한 불법, 편법 추심들을 잡아낼 수 있다. 그러나 채무자들은 이러한 법률적 지식이 없다. 그들은 자기 방어 능력이 없는 사람들이다. 이들에게 지나치게 복잡한 법률 체계가 적용하는 것은, 말 그대로 손발을 다

묶고 어떤 형벌도 감수하라는 무언의 압력이다. 그래서 채무자들의 편에 서서 그들의 인권을 보호해줄 전문가가 절실히 필요하다.

초등학생을 파산 면책시키는 괴로움

"빚을 못 갚는 사람에 대해 저도 한때 도덕적 해이라고 생각한 적이 있죠. 그러나 채무자들을 만나보고 그런 생각이 얼마나 잔인한 것인지 알았습니다. 빚을 갚는 것도 중요하지만 사람을 살리고 봐야죠."

금융복지상담센터에서 일하는 어느 상담원의 말이다. 그는 평생을 은행원으로 살다가 지점장까지 역임한 뒤 퇴직했다. 세상은 그에게 노력한 만큼 보상이 주어지는 온실 같은 곳이었다. 적당한 양의 햇빛과 물과 거름만 주어진다면 모든 화초는 예외 없이 잘 자란다는 믿음을 갖고 있었다. 가난한 것은 안타깝지만 노력이 부족한 거라고, 가난은 지극히 개인적인 문제라고 생각했다. 자신의 인생은 열심히 살았기 때문에 주어진 당연한 결과일 뿐이라고 여겼다.

넉넉한 퇴직금을 받고 은퇴한 그는 노력이 부족한 사람들에게 적당한 양의 햇빛과 물과 거름을 주는 일을 하고 싶었다. 가난한 사람들에게도 열심히 노력함으로써 새잎이 돋고 열매를 맺고 꽃피우는 인생이 얼마나 값진 것인지 알게 해주고 싶었다. 가난한 사람들이 노력할 수 있도록 용기를 북돋고 방법을 알려주고 싶었다.

그런 마음가짐으로 그는 채무자들을 상담하는 일을 시작했다. 그러나 얼마 지나지 않아 자신이 보아왔던 것과 전혀 다르게 돌아가는 아픈 세상을 접하게 되었다. 그는 최근에 초등학생 아이들이 법원에서 파산 면책을 받을 수 있도록 도왔다. 미성년자의 파산 면책 지원은 이번이 두 번째였다. 지난 번에는 중학생과 고등학생의 파산 면책을 지원했다. 모두 부모의 빚이 상속된 안타까운 경우다.

초등학생 시절부터 법원의 파산 면책 기록을 갖게 된 이주연 군과 이성하 양의 이야기다. 주연 군이 3살, 성하 양이 7살 때 아버지가 갑자기 사망했다. 어머니는 한 손을 사용하지 못하는 장애인이다. 아버지는 가축관리사로 열심히 살았지만, 장애인 아내와 아이들을 돌보기엔 버거웠다. 아이들의 어머니는 결혼 전에는 장애인공단의 도움으로 비록 낮은 임금이었지만 사무직으로 일할 수 있었다. 그러나 아이들을 출산한 후, 몸이 더욱 약해져 걷거나 제대로 서 있기조차 힘들어 일을 할 수 있는 형편이 되지 못했다. 결국 남편은 여러 카드사에 의존했다. 카드 빚이 쌓이고 카드사들은 그 가정을 압박했다. 그래도 남편이 살아 있을 때는 간신히 살아갈 방도를 찾을 수 있었다.

남편 사망 후 주민센터를 찾아가 기초생활수급자 지정을 받으면서 생활비는 해결할 수 있었지만, 빚은 그대로 남아 7년간 독촉이 이어졌다. 부채 원금은 1,100여만 원이었는데 연체 이자까지 붙어서 4,500만원으로 불어났다. 그 빚이 아내와 초등학생 아이들에게 그대로 상속되었다. 학력이 높거나 몸이 불편하지 않았다면, 여러 해결책을 모색하며 상속 포기라는 절차를 이용할 수 있었을 것이다. 그러나 그들에게 법이란 그저 높고 무서운 담벼락 같은 것이어서 한 번 갇히면 벗어날 길이 없는 것인 줄만 알았다.

그러던 차에 주민센터의 사회복지사로부터 금융복지상담센터를 소개받았다. 다행히 상담센터는 멀지 않은 곳에 있었고 아이들과 함께 힘든 몸을 이끌고 찾아가 상담을 받았다. 세상은 온실이 아니라는 걸 이제 막 체득한, 채무자들이 혹여 자살이라도 할까 봐 조마조마한 심정으로 상담을 진행하는 상담사를 만난 것이다.

상담사는 오른손을 사용하지 못하는 어머니와 초등학교 1학년, 5학년 밖에 되지 않은 어린 아이들의 진술서를 대신 작성해 주고 법원의 파산 면책 신청서를 만들었다. 진술서를 작성하기 위해 찬찬히 들을 수밖에 없던 이 세 가족의 이야기는 눈물을 삼키기 어려울 정도로 가슴 먹먹한 것이었다.

"저는 아직 어려서 제 이름으로 오는 편지를 보면 반가웠어요. 저에게 빚을 갚으라고 보낸 편지라는 것은 몰랐어요. 아빠가 빚을 남기고 돌아가셔서 우리에게 유산으로 남아 엄마가 힘들어해요. 엄마는 저를 태권도 학원에 보내셨어요. '엄마가 없을 때는 누나가 엄마 대신이라며 누나 말 잘 듣고, 누나와 나를 지키려면 배워야 한다'고 하셨어요.

엄마는 제가 공부 열심히 하고 인격도 갖춰서 사회에서 인정받는 사람으로 자라기를 기대하세요. 그리고 누나만큼만 하라고 하시죠. 저는 한자가 재미있어서 한자 학습지를 하는데 8급 자격증도 땄어요. 저는 축구선수가 꿈인데, 꼭 그 꿈을 이루어서 엄마도 누나도 지킬 수 있도록 판사님께서 저를 도와주세요."

아마 이 아이는 '판사님'에게 호소할 수밖에 없는 채무 면책 과정이, 사실은 야만적인 금융 환경에서 벌어지는 비상식적인 일이라는 것을 모를 것이다. 그냥 어른들이 하라고 하면 해야 하는 당연한 일로 받아들이고 있을 것이다. 아이의 천진한 글에는 수치스러움이나 살을 에는 듯한 마음의 고통도 느껴지지 않는다. 그래서 더욱 이 아이의 글에 가슴이 먹먹해진다.

초등학생 5학년인 성하 양의 글은 주연 군의 글과 달리 조금은 슬픈 감정과 엄마에 대한 연민이 묻어난다. 이제 막 사춘기에 접어들었을 소녀가 아버지의 빚을 대물림 받는 바람에, 법원에서 가난이 주는 불편과 좌절을 토로하며 선처를 호소한다.

"아빠가 돌아가셨다는 생각에 무서웠습니다. 그래도 엄마는 우리와 같이 살고 있습니다. 어느 날 저는 엄마에게 통장에 저축을 하고 싶다고 하였는데, 핸드폰도 중고폰 말고 새것으로 갖고 싶다고 했어요. 그런데 엄마는 '엄마와 아빠가 잘못한 것이 있어서 저축을 못하고 핸드폰도 새것으로는 개통을 못해… 미안해!'라고 하셨어요. 아빠와 엄마의 잘못이라는 게 빚 때문이라는 건 몰랐습니다. 그리고 아빠의 빚이 저희에게 상속이 되어 동생과 저의 이름으로 온 편지를 봤어요. 엄마는 우리가 말을 잘 안 들으면 힘들어 해요. 엄마가 건강해서 오랫동안 저희랑 같이 살았으면 좋겠어요. 엄마께서 우리를 키우는 데 힘들어 하지 않게 판사님께서 도와주세요."

빚은 어떤 식으로든 갚아야 한다고 말하는 사람들 중에는 주연 군이 한자 학습지를 하고 태권도장에 다니는 것조차 불편하게 받아들이는 사람들이 있을지도 모르겠다. '돈을 빌려서 갚지도 못하는 가족이 할 건 다 하고 사네'라고 비정하게 말하는 사람들도 여전히 존재할 것이다. 생활비를 세금에 의존해 사는 이 가정의 아이가 태권도장을 다니고 학습지를 하며 중고폰일지언정 핸드폰을 갖고 있다는 사실을 '도덕적 해이'라고 꼬집는 사람들도 적지 않을 것이다. 혹은 '아이들을 굳이 법원까지 데리고 가서 파산 면책을 시켜야 하는가?'라고 아이들의 어머니를 탓하는 사람도 있을지 모르겠다.

이들은 살려고 발버둥 치는 중이다. 열심히 노력하면 지금보다 나은 미래를 살 수 있을 거라는 희망을 붙들고 있는 사람들이다. 애초에 채권자들이 이 가여운 사람들에게 돈을 빌려준 건 상환 능력 범위를 뛰어넘는 과잉 대출이었다. 어떤 이들은 소득이 적고 장애를 가진 엄마와 그 아이들에게 부족한 생활비를 해결하도록 도운 것이 카드사였기 때문에, 카드사에 오히려 고마워해야 한다고 여길지도 모르겠다.

그러나 처음부터 이들에게 필요한 것은 카드 빚과 저축은행 대출이 아니었다. 이들은 더 좋은 일자리와 고작 3만 원에 불과한 장애수당이 아닌, 실질적인 사회 안전망이 절실했다. 카드사

294

와 저축은행은 이들에게 인심을 쓰느라 돈을 빌려준 것이 아니다. 신용이 낮은 사람들에게 최대 30퍼센트에 육박하는 고금리를 챙기는 제2금융권 대출은 저소득층에게 약탈적인 대출일 뿐이다.

그들은 신용도를 꼼꼼히 평가해 책임대출을 해야 할 채권자로서의 의무는 져버린 채, 오늘도 문자로 '고객님, 고객님'을 외치며 돈 빌려 쓰라고 아우성이다. '상환능력 이상을 빌려주면 되돌려 받지 못한다'는 징벌이 전혀 없는 대한민국에서, 금융사들은 편안하게 무책임한 대출 영업을 반복하고 있다. 게다가 가여운 사람들이 빚을 갚지 못하면 가혹하게 추심한다. 심지어 빚을 갚지 못해 사망한 사람의 빚을 그의 어린 자녀들에게까지 덧씌워 초등학생 시절부터 법원 기록을 갖도록 만든다. 이들에게 도덕적 해이를 묻는 사람들의 손가락질은 금융사들에게 향해야 마땅하다.

다행히 이 가족은 '사람은 살리고 봐야죠'라는 생각으로 적극적으로 상담해주는 곳을 찾았고 새 출발 계획을 구체적으로 그려 갈 수 있게 되었다. 앞서 말했듯이 서울시 금융복지상담센터는 지난 2013년 6월부터 2014년 8월까지 15개월간 321명의 파산 면책을 도왔다. 면책된 부채의 규모는 580억에 달한다. 지금은 이보다 더 빠른 속도로 채무 취약계층을 지원하고 있다. 성남시에도 금융복지상담센터가 개설되었다.

서울시에 면책 상담을 신청한 사람들의 83퍼센트가 무직이거나 기초생활수급자였다. 그들의 평균 소득은 46만 원이었고 평균 부채 액수는 연체 이자까지 불어나 1억 원이 넘는 상태였다. 이들이 센터에 신청한 후 파산 면책을 받을 때까지 3개월가량이 소요되었는데, 이는 일반적으로 파산 면책 기간이 1년 가까이 소요된다는 점과 비교해 매우 신속한 절차였다. 이들 중 상당수가 다시 빚의 덫에 빠지지 않도록 임대주택 입주 혹은 생계비 보조, 일자리 지원 등의 복지 혜택을 받게 되었다. 기존의 기초생활수급자들은 추가 복지는 어려웠지만, 세금으로 지급되는 최저 생계비를 쪼개 금융회사와 대부업체에 갖다 바치는 일을 더 이상 하지 않게 되었다.

2011년부터 "착한 자본 만들기Make Good Money" 캠페인을 진행 중인 캐나다의 밴시티라는 신용협동조합은 '돈은 사람에게 투자해야 한다'라는 신념을 갖고 있다. 그들은 이자 수입을 벌기 위해 금융업을 하는 것이 아니라 지역사회와 사람을 살리기 위해 금융업을 한다. 빚으로 자살하는 사람들이 넘쳐나는 대한민국, 이제 우리도 금융회사에 면죄부를 주고 사람만 탓하는 것이 아닌, 사람은 살리고 금융회사에는 책임을 묻는 금융시민의식을 가져야 할 때다.

죽은 빚을 살려내
추심하는 국민행복기금

　　　　　　　　　　　　우리나라 형사소송법은 모든 죄에 대해 공소시효를 적용한다. 그 이유는 우선 '범행 후 오랜 시간이 지나 증거가 훼손되어 진실을 가리기 어렵다'고 판단하고, 그 기간 동안 도피 생활 등으로 충분히 '형벌에 상응하는 사회적 응징을 받았다'고 판단하기 때문이다.

　2015년 4월, 사회를 떠들썩하게 만든 경남기업 고 성완종 전 회장의 정치자금 폭로사건에서 이 공소시효가 주목받고 있다. 그가 유력 정치인들에게 넘겨주었다는 정치자금 사건 중 일부가 불법성을 떠나 공소시효가 완성되었기 때문이다. 사형에 해당하는 범죄의 공소시효는 25년으로 비교적 길지만, 정치자금은 형태에 따라 5년에서 최장 10년 정도의 기간이 지나면 공소시효가 완성된다. 이런 이유로 앞으로 검찰 조사가 진행되어 불법성이 인정되더라도 부패에 연루된 일부 정치인은 공소시효 완성으로 처벌 받지 않는다. 물론 이에 대해 여론은 곱지 않은 시선을 보내겠지만, 법은 원칙대로 작동할 것이다.

　그런데 사형에 해당하는 중형도 아니고 형법상의 죄를 지은 것도 아닌데 '형벌에 상응하는 사회적 응징'을 20년 이상 혹은 가족에게도 물려줘야 할 것이 있다. 바로 '빚'이다.

　63세의 김순자 씨는 23년 전 남편이 사망한 후 아들을 힘들게 키워야 했다. 그녀는 남편이 살아 있을 당시 함께 조그만 가게를 하기 위해 신협에서 돈을 빌렸다. 남편의 사망 후 가게 운영은 적자를 면치 못했고 결국 대출금 500만 원 중 400만 원이 조금 넘는 돈을 갚지 못했다. 돈을 빌린 준 신협 측에서도 김순자 씨의 딱한 사정을 어느 정도 감안해 추심을 하지 않았다. 담당 직원은 10년가량 지나면 빚이 사라진다며 빚을 갚지 못해 괴로워하는 김순자 씨를 오히려 위로했다고 한다. 그 뒤 23년간 아무런 독촉이 없었기 때문에 그녀는 당연히 신협 직원의 말대로 빚이 사라졌다고 생각했다.

　그러다 23년 만에 국민행복기금에서 연락이 왔다. 신협의 채권을 양도 받아 채무 조정을 해준다는 것이었다. 연락을 해온 곳은 국민행복기금에서 채권 관리를 위탁받았다는 모 신용정보회사였다. 당시 신협 직원이 한 말이 떠올라 김순자 씨는 채권이 오래되어 빚이 사라진 것이 아니냐고 물었다. 담당 직원은 그런 제도는 없다는 말과 함께 국가에서 채무 조정을 해주는 프로그램으로 빚이 50퍼센트 감면되었으니 빨리 신청서를 작성하라고 종용했다.

채무가 조정되었다는 감언이설과 더불어 빚은 절대로 사라지지 않으며 추후에 자식들과 심지어 조카들에게까지 상속된다는 협박성 말도 덧붙였다. 김순자 씨는 빚이 상속된다는 말에 두려움을 느끼기도 했고 동시에 정부가 오래된 빚이지만 줄여준다고 하니 고마운 마음에 신청서를 작성해 보냈다.

그런데 이상한 일이 벌어졌다. 김순자 씨는 보증금 300만 원에 월세 20만 원짜리 단칸방에 살고 있다. 너무 오랫동안 좁은 월세집에서 살다 지쳐 얼마 전 10년간 모은 돈 4,000만 원으로 1억 1,500만 원의 전세를 끼고 1억 5,000만 원짜리 집을 매입했다. 전세를 낀 것이기 때문에 언제 입주할지는 까마득하다. 바로 이 집 때문에 낭패를 당했다.

신용정보회사 직원으로부터 다시 연락이 온 것이다. 그는 신청서를 받았으나 집이 있기 때문에 부채 감면이 불가능하고 오히려 이자까지 전부 갚아야 한다고 했다. 그렇지 않으면 주택에 대해 경매 처분을 하겠다는 말도 덧붙였다. 당장 세입자가 살고 있는데 이 집에 대해 경매 처분을 하면 자신이 손해 보는 것은 둘째 치더라도 민폐를 끼치는 일이 되어버린다. 김순자 씨는 답답한 마음으로 성남시 금융복지상담센터를 찾아왔다.

이 상담사례는 박근혜 대통령의 선거 대표 공약이었던 국민행복기금이 어떤 식으로 운용되고 있는지를 여실히 보여준다.

국민행복기금은 이제 채권추심기금으로 변질되었다.

사실 김순자 씨의 채권은 소멸시효가 완성된 채권이었다. 그녀가 알고 있는 대로 빚이 사라진 것이다. 상행위로 생긴 상사채권은 5년이 지나면 소멸된다. 일종의 공소시효나 마찬가지다. 신용정보회사는 그 사실을 알고 있었고 김순자 씨에게는 거짓말을 했다. 소멸된 채권을 다시 살리려는 꼼수였다.

형법상의 죄는 공소시효를 완성하면 어떤 식으로든 다시 살아나지 않은데 비해, 채권은 소멸시효가 지나도 다시 살릴 수 있다. 가령 3,000만 원의 불법 정치자금을 받은 사건이 7년이 지나 발견될 경우 형사처벌을 받지 않지만, 빚은 5년이 지나도 다시 갚아야 할 상황에 처할 수 있다. 물론 이는 민법상의 법률로 개인들 간의 채권 채무 관계는 양쪽 당사자 간 힘의 불균형이 없기 때문에 모두를 보호해야 한다는 취지에서 만들어진 것이다.

앞서 설명했듯이 소멸시효 기간이 완성된 이후라도 채권자가 소송제기, 경매신청 등의 법적 권리행사를 하면 다시 살아날 수 있다. 채무자가 이에 대하여 적극적으로 이의 제기를 하면 소멸시효는 완성된다. 그러나 오랫동안 빚을 연체하고 빚 독촉을 받은 경험이 많은 사람들은 법원에서 날아온 우편물을 거의 열어 보지 않는다. 채권자 입장에서는 법원에 청구 행위만 해도 채무자가 아무런 이의 제기를 하지 않을 가능성이 크기 때문에 소멸시효를 중단시키기가 쉬울 수밖에 없다. 개인 간의 돈 거래에서는 이렇게까지 하지 않지만 금융사들은 법률 비용을 들여서라도 온갖 방법을 동원해 추심을 한다. 게다가 최근 사회적 약자들이 저렴한 비용으로 법원을 이용할 수 있도록 마련된 전자 소송이 오히려 채권자들에게 반가운 제도가 되어 소송을 남발하도록 만들고 있다.

소멸시효 완성을 중단시키는, 즉 채권을 다시 살리는 또 다른 경우는 채무자가 빚을 갚겠다는 의사표시를 할 때다. 국민행복기금으로부터 채권을 위탁받은 신용정보회사는 직접적인 채권자가 아니기 때문에 소송 제기와 같은 법률 행위는 할 수 없다. 이런 이유로 채무자를 달래고 겁주는 방식으로 국민행복기금 신청서를 작성하게 한 것이다. 국민행복기금 신청서 그 자체가 채무자가 채무를 변제하겠다는 의사표시를 한 것이 되어, 결국 죽었던 채권을 다시 살리는 묘안이 된 셈이다.

23년 전 남편의 사망으로 살림살이가 무너져 가난하게 살아야 했던 김순자 씨는 이제 60살이 넘어 다시 빚 독촉에 시달리게 되었다. 어떻게든 살고자 했던 63세의 그 여인은, 빚을 깎아주겠다는 추심원의 말을 믿었다가 이제는 부채 원금과 연체 이자까지 독촉 받는 처지에 내몰렸다. 겨우 장만한, 아직 온전한 자기 집이라고도 할 수 없는 집을 뺏겠다는 협박과 독촉이 이어졌다. 가난해도 열심히 살아야 한다는 믿음은 이렇듯 순식간에 깨지고 무너져버린다.

성남시 금융복지상담센터의 한 상담사는 이 상담을 접수 받고 바로 국민행복기금에 다음과 같이 민원을 제기했다.

"빚에 고통 받는 채무자를 위해 출범한 국민행복기금은 대통령 공약사항이다. 이러한 프로그램이 소멸시효가 지난 채권까지 억지로 살려가며 오히려 힘 없는 서민들이 고통 받게 해서는 안 된다. 그 과정은 누가 봐도 채무자를 속여 채무변제표시를 유도한 것으로 매우 악의적이다. 이렇게 채무변제표시를 유도해 채권을 살려놓고 정작 국민행복기금 대상에서는 제외한 뒤 집을 담보로 원금과 연체이자까지 1,300여만 원을 갚으라고 종용하는 것은 국민행복기금이 추심회사만 배불리고 있는 것이 아닌지 의심을 살 만한 일이다."

야당과 일부 시민단체에서는 소멸시효가 완성된 채권을 추심하는 것에 대해 몇 차례 문제제기를 했고 국민행복기금 측은 이에 대해 주의하겠다고 답변한 바가 있다. 그러나 이런 일들은 여전히 벌어지고 있다.

최근 모 저축은행이 10만여 명의 3조 원이 넘는 부실채권을 매각하려다 금감원으로부터 지적당한 일이 발생했다. 금감원은 '채권추심법에서 소멸시효가 완성된 채권에 대해 추심을 금지한다'고 입장을 밝히고 있다. 금감원의 말대로 채권추심법 제11조는 '무효이거나 존재하지 아니한 채권을 추심하는 의사를 표시하는 행위'를 금지한다고 명시하고 있다.

　그러나 법은 소멸시효가 지난 채권을 추심하지 말라고는 하나, 거래하지 말라고는 명시하고 있지 않다. 이를 근거로 저축은행과 카드사들은 소멸시효 지난 채권들을 다른 부실채권과 섞어서 판매하고 있다. 국민행복기금은 채무자 구제프로그램이라는 공적인 역할을 하겠다고 선언해놓고 실제로는 애매한 법망을 근거로 이렇게 부실채권까지 사들여 불법추심을 하고 있는 셈이다. 다행히 채무자에게 우호적으로 작동하고 있는 금융복지상담센터를 통해 민원을 제기할 수 있었고 현재는 국민행복기금 측의 답변을 기다리고 있는 중이다.

　소멸시효를 완성한 채권을 추심한 또 다른 사례가 있다. 이때도 금융복지상담센터를 통해 문제를 해결할 수 있었다. 이 사례 또한 60세가 넘는 고령자의 사연이다. 10년 전 회사 부도 이후 암 수술까지 받아 형편이 극도로 어려워진 노인이다. 그는 최근 채무 원금 670만 원에 연체이자까지 더한 3,700만 원에 대해 대부업체로부터 빚 독촉을 받았다. 센터에서는 우선 채권의 소멸시효 완성 여부를 먼저 조회하도록 조치를 했다. 신용정보를 통해 부채 추정 정보를 확인한 후에 초본에 따라 모든 법원 사건기록을 확인했으나 부채 기록이 없었다. 소멸시효가 완성된 것이다. 이 내용을 바탕으로 지난 달 대부업체에 내용증명을 발송해주었고 60세의 그 노인은 빚 독촉으로부터 완전히 벗어났다.

이것은 전문 상담사들이 법률 지식을 금융사가 아닌 가난한 채무자를 위해 적용하면서 이뤄진 보호 조치들이다. 채무자 보호 제도는 철저히 사회적 소외계층을 위한 것이다. 금융사와 추심회사, 대부업체들은 법과 제도의 틈을 이용해 상대적으로 법률 정보와 지식에서 약자 입장인 채무자를 일방적으로 괴롭혀왔다. 이렇게 불균형한 관계에서 벌어지는 추심 행위들이 오늘도 평생 빚으로 고통 받고 여전히 가난에서 벗어나지 못하는 힘없는 사람들을 괴롭힌다.

평범한 하루라는
기적을 경험한 사람들

상담을 받은 어느 싱글맘은 상담의 효과와 관련된 간담회에서 한없이 울었다. 그 울음은 지옥 같은 삶에서의 소리 없는 울음이 아닌 고마움과 감동의 눈물이었다. 그녀는 아이 셋을 데리고 막막하게 살면서 어쩔 수 없이 생겨난 빚을 감당하지 못해 고통의 시간을 살았던 여성이다. 금융복지 상담으로 개인 워크아웃을 하면서 이제 매월 감당할 수 있는 수준으로 빚을 갚고 있다. 게다가 아이들과 좀더 넉넉하게 살 수 있도록 주거 복지를 연결해 30평 임대 아파트에 입주까지 하게 되었다. 그녀는 이제 자활 근로를 하며 세 아이들에게 세상이 살 만한 곳이라고 따뜻하게 말해줄 수 있는 엄마가 되었다.

"태어나서 거의 처음으로 '이런 게 행복이구나' 하는 기분을 느꼈습니다. 그리고 처음으로 '아이들에게 엄마 노릇을 할 수 있게 되었구나'라고 생각할 수 있게 되었습니다."

여성들은 상담 초기에는 고통스러워서 울고, 상담이 끝나면 감동해서 운다. 특히 아이를 키우는 엄마는 고통과 감동도 두 배로 느끼는 경향이 있다. 아버지들도 눈물을 보이지는 않더라도 자식들 앞에서 다시 당당해질 수 있다며 희망을 품는다.

빚 문제가 해결되었을 때 얼마나 행복한지를 이처럼 잘 표현하는 말이 없을 듯하다.

"아침에 출근하는데 발이 땅에 닿지 않는 것 같았어요. 내가 꼭 날고 있는 것 같았다니까요."

눈물과 웃음 섞인 감동의 고백이다. 마치 기적을 경험한 사람들 같다. 이들에게 기적과 같이 여겨지는 날은 아주 평범한 시간들이다. 매일 찾아오는 추심원이 없고, 우편함에 닿는 눈길을 애써 피할 필요도 없다. 전화벨이 울릴 때마다 심장이 쿵쿵 내려앉는 하루가 사라진 것이다. 평범한 사람들이 매일 당연한 듯 맞이하는 하루가 이들에게는 기적인 셈이다.

나는 아주 상식적인 생각을 바탕으로 채무자 구제 운동에 점점 깊이 빠져들고 있다. 어떤 단단한 신념이나 이론, 이념 같은 것들 때문이 아니다. 그저 사람들이 돈 때문에 죽거나 좌절하거나 지옥 같은 삶을 살지 않기를 바랄 뿐이다. 돈보다 사람이 중요하다는 생각, 금융권의 수익성 때문에 사람들의 인격이 모욕당해서는 안 된다는 아주 평범하기 그지없는 생각뿐이다.

빚은 반드시 갚아야 하는 것이 아니라 형편이 되는 대로 갚는 것이다. 이것이 상식이다.

You are not A loan!

미국의 롤링주빌리 운동은 이렇게 말합니다. 중의적인 표현으로 채무자들에게 손을 내밉니다. 이 말의 의미는 '당신은 빚이 아닙니다not a loan'이고, 발음으로 해석하면 '당신은 혼자가 아닙니다not alone'입니다.

참으로 훌륭한 의미의 문장입니다. 채무자들에게 가장 절실한 표현입니다. 당신은 빚이 아니고, 혼자도 아니라는 선언. 이 따뜻한 선언으로 채무자 구제의 사회적 정당성과 필요성을 외칩니다.

빚 대신 빛을 드립니다!

우리 언어로 빚에 대해 중의적 표현을 한다면 '당신에게 빚 대신 빛을 드립니다' 정도가 있지 않을까 싶습니다. 이 부록은 빚이 아닌 빛을 찾는 길을 함께 하자는 의미의 행동지침입니다.

자, 먼저 당신의 채무 상태를 체크해봅시다.

부채의 종류, 현금흐름, 가족 상황, 연체 유무, 추심 경험 유무 등에 대해 체크를 해보고 어떤 종류의 도움이 필요한지 어떻게 대응하는 것이 적합한지 조언을 드리고자 합니다.

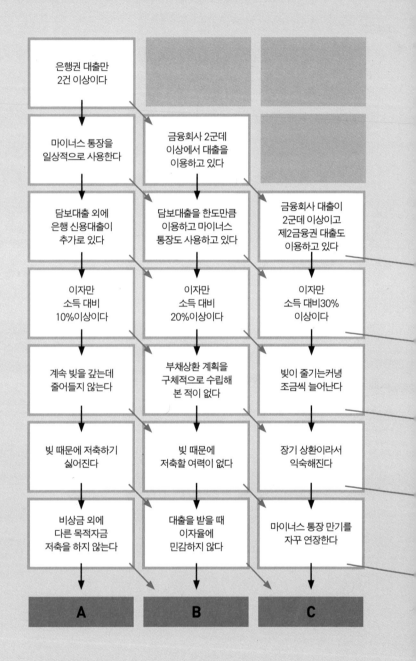

은행권 대출만
2건 이상이다

마이너스 통장을
일상적으로 사용한다

금융회사 2군데
이상에서 대출을
이용하고 있다

담보대출 외에
은행 신용대출이
추가로 있다

담보대출을 한도만큼
이용하고 마이너스
통장도 사용하고 있다

금융회사 대출이
2군데 이상이고
제2금융권 대출도
이용하고 있다

이자만
소득 대비
10%이상이다

이자만
소득 대비
20%이상이다

이자만
소득 대비30%
이상이다

계속 빚을 갚는데
줄어들지 않는다

부채상환 계획을
구체적으로 수립해
본 적이 없다

빚이 줄기는커녕
조금씩 늘어난다

빚 때문에 저축하기
싫어진다

빚 때문에
저축할 여력이 없다

장기 상환이라서
익숙해진다

비상금 외에
다른 목적자금
저축을 하지 않는다

대출을 받을 때
이자율에
민감하지 않다

마이너스 통장 만기를
자꾸 연장한다

A

B

C

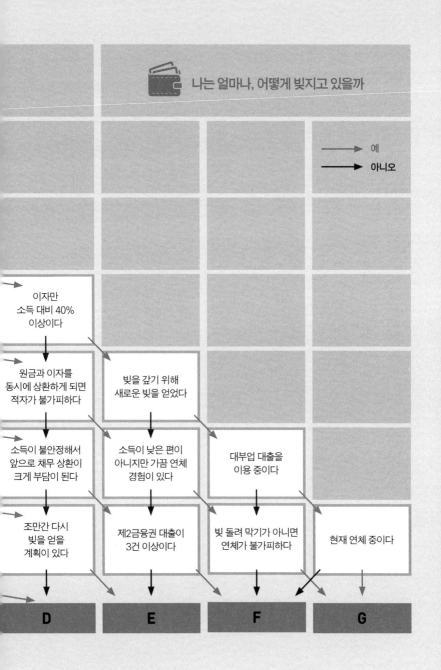

나는 얼마나, 어떻게 빚지고 있을까

예
아니오

이자만
소득 대비 40%
이상이다

원금과 이자를
동시에 상환하게 되면
적자가 불가피하다

빚을 갚기 위해
새로운 빚을 얻었다

소득이 불안정해서
앞으로 채무 상환이
크게 부담이 된다

소득이 낮은 편이
아니지만 가끔 연체
경험이 있다

대부업 대출을
이용 중이다

조만간 다시
빚을 얻을
계획이 있다

제2금융권 대출이
3건 이상이다

빚 돌려 막기가 아니면
연체가 불가피하다

현재 연체 중이다

D

E

F

G

A타입

"합리적 재정 운영 및 안정적 재무구조 상태입니다."

현재 당신은 빚이 없거나 있더라도 소액의 채무만 지니고 있습니다. 저축을 안정적으로 유지하고 있고 가계 유동성도 건전한 수준이라 매우 합리적인 재무 상태로 평가됩니다.

이후에도 현재와 같이 지속적으로 빚을 줄여나가거나 만들지 않는 재무 습관을 들이고 비상금을 적정 수준으로 유지함으로써 가계 유동성에 문제가 생기지 않도록 관리하면 됩니다.

B타입

"위험한 채무 상태는 아니지만 심리적으로 빚에 대한 스트레스가 있다는 게 문제입니다."

부채가 있지만 심각한 상태는 아닙니다. 비교적 관리 가능한 수준의 부채 규모입니다. 빚에 대해 스트레스를 받기 때문에 적극적으로 채무 관리를 해온 것으로 보입니다.

다만 빚에 대한 심리적 압박감으로 가계 재무 유동성은 부족합니다. 대출을 두 종류 이상 보유하고 있다면 빚이 늘어날 위험도 있기 때문에 단기적인 긴축재정을 통해 마이너스 통장이나 신용대출은 없애는 전략을 세워야 합니다. 혹은 전문가와의 상담을 통해 전반적인 가계 자산 부채 조정을 하여 적은 규모의 대출을 없애고 가계 유동성도 확보하는 대안을 마련해볼 수 있습니다.

C타입

"현재는 비교적 큰 위험은 없지만 향후 빚이 늘어날 수 있습니다."

부채 상환 비율이 20퍼센트 전후이기 때문에 큰 문제는 없습니다. 다만 소득이 매우 낮은데 상환 비율이 20퍼센트 전후라면 긴장감을 가져야 합니다. 유동성은 매우 취약한 수준이기 때문에 부채 상환 비율이 크게 문제가 되지 않더라도 향후 빚이 늘어날 위험이 매우 높습니다. 빚에 대한 각성 수준이 낮은 것은 아니지만 부채 비율을 줄이려는 노력은 부족할 수 있습니다. 한마디로 스트레스를 받으면서도 부채 감소를 위한 적극적인 노력이 부족한 상태입니다.

전문가와의 상담을 통해 부채 상환에 대한 구체적인 계획을 수립하고 최소한의 가계 유동성을 확보하려는 단기 계획이 필요합니다.

D타입

"점점 빚이 늘어나고 부채 악성화가 우려되는 상태입니다."

빚을 여러 건 갖고 있거나 여러 금융회사에 빚을 지고 있는 상태입니다. 동시에 상환 비율이 높거나 조금씩 높아질 것이 분명한 상태이기 때문에 당장 빚으로 빚을 갚는 악성화 단계는 아니지만 오래지 않아 위험한 수준이 될 가능성이 있습니다.

이미 부채로 인해 재무적 무력증마저 갖고 있습니다. 적극적으로 관리해봐야 빚을 갚을 수 없다고 포기하려는 듯이 보입니다. 이 상태는 혼자서 문제를 해결하기 어렵습니다. 특히 재무적 무력증이 과다 부채 상태에서 심화된다면 부채 악성화는 순식간에 벌어집니다. 재무적 무력증은 충동적인 소비지출마저 유발하기 때문입니다. 따라서 반드시 전문가와 상담을 해야 합니다.

E타입

"부채 규모가 지나치게 커서 악성화 단계가 코앞에 닥친 상황입니다. 경우에 따라서 연체를 시작하는 것이 낫습니다."

현재는 이자만 갚고 있기 때문에 겨우 적자를 모면하고 있거나 새로운 빚이 생기지 않는 상태이지만 원금 상환을 동시에 하게 된다면 현금흐름에 문제가 발생합니다.

부채 상환 비율이 현금흐름의 위험치를 넘어섰고 향후 새로운 빚이 발생할 가능성도 매우 높습니다. 원금 상환 유예가 불가능하거나 신용상의 사소한 변동에도 급격하게 악성화가 시작될 수 있습니다. 소득 또한 불안정해서 부채 상환에 대한 구체적인 계획 수립이 거의 불가능할 수 있습니다.

반드시 전문가와 상담을 해야 하고 경우에 따라 채무 조정 절차를 준비해야 합니다. 어떤 경우에도 새로운 빚을 내지 말아야 하며 경우에 따라서 차라리 연체를 하면서 채무 조정 절차를 사전에 준비할 필요가 있습니다.

F타입

"현재 악성화 단계로 채무 조정 절차를 위해 연체를 시작해야 합니다."

현 상태에서 무리하게 빚을 갚으려는 노력 자체가 오히려 더 심각한 부채를 초래할 수 있습니다. 악성 부채를 일으키게 되고 연체를 회피하려다 일상생활이 무너질 수 있습니다. 부채가 담보 대출이라면 채권 규모만 늘려 최악의 경우 최소한의 주거 안정 자금도 확보하기 어려운 극단적인 상황으로 치달을 수 있습니다. 고금리 대출을 받아서 연체를 반복하고 그로 인한 추심에 노출되면서 심리적으로 큰 장애에 부딪히게 됩니다. 따라서 절대 무리하게 빚을 갚으려고 빚 돌려 막기를 해서는 안 됩니다.

우선 모든 부채 상환을 멈추고 연체를 감행하되 전문가와 상담을 받은 뒤 추심에 대응해야 합니다. 불법 추심을 당했다면 오히려 채무 조정에서 유리한 입장이 될 수 있습니다.

따라서 추심을 지나치게 두려워만 하지 말고 적극적으로 대응할 필요가 있습니다. 물론 이것이 심리적으로 쉽지 않기 때문에 전문가와 지속적으로 상담을 유지하면서 추심에 대한 적합한 대응 방안을 마련해야 합니다. 중요한 것은 절대 좌절하거나 극도로 스트레스를 받지 않는 것입니다. 만약 이러한 감정 조절이 어렵다면 아예 추심을 피하고 대출의 종류에 따라 추심 대리를 이용할 수 있으니 이 또한 금융복지상담센터와 상의하길 바랍니다.

G타입

"이제 당신에게 맞는 채무 조정 절차를 선택하시면 됩니다. 자책하거나 극도의 패배감, 수치심에 주저앉지 마십시오."

새 출발은 국민 누구에게나 주어진 당연한 기본 권리입니다. 살다 보면 누구나 실패를 경험할 수 있고 실패의 모든 책임이 개인에게만 있는 것이 아닙니다.

건강한 사회라면 실패한 사람에게 과도한 책임을 묻기보다 실패의 원인 중 일부가 사회 구조에서 비롯되었음을 인정하고 실패한 사람에게 재기의 기회를 광범위하게 제공합니다. 우리 사회는 실패한 사람에게 가혹한 책임을 묻고 있지만 그럼에도 새 출발의 기회도 존재합니다. 다만 공공연하고 눈에 쉽게 띄는 형태로 존재하지 않다 보니 많은 사람들이 새 출발 자체가 불가능하다는 극도의 좌절감에 내몰립니다.

과도한 채무 상태는 고용 문제, 주거 불안, 교육 및 의료비 등의 안전망이 부재한 가운데 만들어집니다. 개인의 실패는 실패한 개인만의 문제가 아닙니다. 이런 이유로 새 출발의 기회 또한 적극적으로 주어져야 하는데 그동안 우리 사회는 국가가 당연히 제공해야 하는 이러한 기회가 제대로 제공되지 않았습니다. 오히려 법률시장과 부실채권시장을 보면 연체자들을 둘러싸고 또 하나의 돈벌이에 혈안이 된 모습들만 가득합니다. 사회가 그토록 야만적일 수 있는지 씁쓸할 뿐입니다.

절대 패배감과 수치심에 주저앉지 말고 추심에 유연하게 대응해야 합니다. 금융복지상담센터를 통해 적극적인 채무 조정 절차를 진행하기 바랍니다.

1. 연체에 대한 거부감 줄이기

채무 상환이 어려워지면 매월 결제일이 지옥같이 여겨지기 시작합니다. 하루 이틀 결제일을 맞추지 못하는 일이 발생하고 대부분의 사람들은 이 상황에서 비이성적 상태가 되어버립니다. 특히 연체에 대한 금융사의 독촉 전화가 조금씩 잦아지기 시작하면서 어떻게든 돈을 마련해 결제를 맞춰야 한다는 압박감에 시달리게 됩니다. 이 과정에서 빚이 심각한 수준으로 악성화 되기 시작합니다. 연체를 막기 위해 더 높은 금리의 대출을 받을 수밖에 없는 거죠.

만약 우리나라 채권시장이 빚을 쉽게 얻기 어려운 환경이었다면 채무자들 대다수가 다른 방법을 택할 수도 있었을 것입니다. 빚은 갚아야 하는 것이지만 기존의 빚을 갚기 위해 새로운 빚을 얻는 것이 차단되어 있었다면 적극적으로 채무 조정의 절차를 알아보거나 상환 유예 방법을 찾아 대처를 했을 수도 있습니다.

그러나 우리나라는 돈 빌려주겠다는 곳이 넘쳐납니다. 기존 빚을 갚기 위해 새로운 고금리 빚을 하나둘 늘리다 보면 연체에 대한 압박도 강해집니다. 추심의 빈도는 갈수록 늘어나고 경우에 따라서는 험한 말을 한두 번 듣기도 합니다.

채무자는 점점 심리적으로 궁지에 몰리고 자신감이나 자존감이 크게 훼손되기 시작합니다. 이런 상태가 지속되면서 극단적으로 불법 사금융까지 동원할 수밖에 없는 상황에 내몰립니다. 빚으로 빚을 갚게 되면서, 이제 빚은 하루 이틀 잠시 공포의 시간을 쉬어 가게 해줄 임시방편이 됩니다. 결국 억지로 연체를 하지 않는다는 것은 위험한 빚을 하나둘 짊어지게 된다는 것을 의미합니다.

여기서 멈춰야 합니다. 빚을 갚아야 한다는 압박을 멈춘다는 것은 두 가지를 의미합니다. 첫 번째는 빚을 갚을 획기적인 방법이 생겼다는 것이겠지요. 만약 이런 상황이라면 더 이상 고민할 것이 없습니다. 그러나 대부분의 채무자들에게 이런 횡재는 거의 발생하지 않습니다.

두 번째는 연체를 적극적으로 시작하는 것입니다. 빚은 반드시 갚아야 하는 것이라는 믿음을 지닌 대부분의 사람들에게 이러한 처방은 황당하게 들릴 수 있습니다. '갚을 방법을 알려줘야지 왜 연체를 하라고 하지?' 이렇게 반문할 수도 있습니다. 이렇게 극단적인 처방을 먼저 제시하는 이유는 우리나라 채무 조정의 환경이 기형적인 구조인 탓입니다.

우리나라의 채무 조정 절차는 크게 사적 채무 조정과 공적 채무 조정, 법적 채무 조정, 이렇게 세 가지가 있습니다. 사적 채무 조정으로는 신용회복위원회를 통해 개인 워크아웃 등의 제도를 이용하는 것입니다. 공적 채무 조정은 한국자산관리공사를 통한 국민행복기금 등의 신용회복 프로그램과 지자체를 통한 금융복지 상담센터를 이용하는 방법이 있습니다. 마지막으로 법적 채무 조정은 법원의 파산 면책 및 회생 제도를 이용하는 것입니다.

바로 연체를 시작해야 답을 찾을 수 있다고 한 이유는 위에 설명한 채무 조정 제도들이 정상적으로 빚을 갚고 있는 사람들에게 작동하지 않기 때문입니다. 모든 프로그램들이 연체가 3개월 이상 진행된 채무자에게 적용됩니다. 간혹 신용회복위원회의 프리워크아웃처럼 연체가 시작되면서 동시에 채무조정이 가능한 프로그램도 있지만 이 프로그램은 채무 조정의 내용이 채무자가 감당하기 어려운 수준으로 결정되는 경우가 대부분입니다. 프리워크아웃 제도가 상환 기간을 연장하거나 이자율을 적은 수준으로 줄이는 정도의 지원에 머물기 때문입니다. 예를 들어 프리워크아웃 내용은 연체를 피하기 위해 고금리 대출을 많이 이용하게 된 채무자들에게 30퍼센트 이상의 고금리를 15퍼센트 정도로 낮춰주는 정도, 혹은 상환 기간을 조정해 원금과 이자를 함께 10년 동안 나눠 갚도록 하는 식입니다.

이미 연체를 회피하기 위해 여러 고금리 대출이 쌓여 있는 상태에서 신용회복위원회의 프리워크아웃 제도를 이용하면 매월 상환 원리금의 부담을 줄이는 데에 한계가 있습니다. 물론 아주 일찌감치 자신이 현재 보유하고 있는 채무 수준이 빚을 늘릴 수밖에 없는 상태, 즉 위의 상태 중 D타입 이전에 연체를 결정한다면 프리워크아웃을 이용해볼 수 있습니다.

그러나 이미 악성화 단계에 접어든 상태에서 프리워크아웃 제도를 이용해봤자 매월 부채 상환 원리금 부담을 낮추는 데 한계가 있습니다. 결국 3개월 이상 연체를 지속해서 다른 채무 조정 절차를 이용할 수밖에 없습니다.

연체에 대해 좀 더 유연한 마음가짐이 필요합니다. 우선 죄책감을 갖지 말아야 합니다. 연체는 빚을 더 늘리지 않고 자신의 재무 상태에 맞게 채무 상환 프로그램을 새로 구성하기 위한 선택입니다.

담보 대출의 경우 좀 더 일찍 냉정하게 판단해서 집을 포기하

> ※주의
> 담보 대출을 가진 경우, 빚 돌려 막기를 끝내기 위해 연체를 시작하게 되면 집에 대한 소유권은 포기해야 합니다. 좀 매정한 말이 될 수 있으나 이 또한 빚 돌려 막기가 막다른 길에 이르렀을 때 어쩔 수 없이 마주해야 하는 냉엄한 현실입니다. 빚 돌려 막기를 통해 이러한 냉엄한 현실을 회피하려 할수록 시간은 조금 지연시킬 수 있겠지만 부채 규모는 계속 늘어납니다. 이렇게 되면 집을 빼앗기고도 빚이 남아 이중으로 고통을 겪을 수 있습니다.

고 월세 보증금을 남겨두어 주거 문제에 있어서 극단의 위험을 피해야 합니다. 더욱이 채권단에서 담보권을 행사한 이후에 빚이 남지 않도록 사전에 냉철한 결단을 내릴 필요가 있습니다.

이렇게 조언을 드리면 상당히 많은 사람들이 황당하게 여기거나 서운해 하면서 극단적인 상황으로 내몰리는 경우가 많습니다. 다시 한 번 강조하지만 빚은 절대 무리해서 갚으면 안 됩니다.

무리해서 갚으면 추심을 겪게 되고 빚이 늘어나면서 심리적으로 자아고갈 상태에 빠집니다. 이는 가족 간의 불화를 심화시키고 현 상황을 이겨낼 만한 마음의 안전장치마저 잃어버리게 만듭니다. 업무에도 굉장히 큰 지장을 초래할 수밖에 없고 결국 자포자기 상태, 극도의 우울증 증세와 함께 부채 상태는 더욱 심각한 상황으로 치닫게 됩니다. 절대 무리해서 갚으면 안 됩니다. 빚은 능력 범위 내에서 갚는 것이라는 사실을 기억해야 합니다.

2. 채권 추심에 대응하기

물론 큰마음 먹고 연체를 작정했다고 해서 상황이 바로 해결 국면으로 접어드는 건 아닙니다. 이제부터 본격적으로 더욱 마음을 단단히 해야 합니다. 다만 이때부터는 혼자 문제를 해결하지 말고 금융복지상담센터 혹은 시민사회 단체의 도움을 받아야 합니다.

정부에서 운영하는 서민금융기관들이나 신용회복위원회의 도움은 크게 기대할 것은 못됩니다. 여기는 연체가 3개월 이상 진행된 후에, 혹은 최근 6개월 이내에 연체 기록이 없는 경우에 대해서만 해법을 줄 수 있습니다. 금융회사의 빚 독촉 압박을 함께 고민하거나 방법을 찾아주는 것은 아닙니다. 금융복지상담센터와 시민단체는 정해진 매뉴얼의 해법만을 가지고 상담하는 곳이 아닙니다. 여기는 좀 더 포괄적으로 채무자의 새 출발을 지원하고, 채무로 인해 발생하는 모든 문제를 함께 고민하며, 해결 대안을 찾는 곳입니다. 따라서 혼자 채권 추심을 겪는 것보다는 이런 곳의 상담사와 지속적으로 상의를 하면서 마음을 단단하게 유지할 수 있도록 해나가야 합니다.

우선 채무 독촉 전화를 받게 되면 어떤 대응이 가능한지 알아보기 위해 다음의 질문에 답해봅시다.

□ 나는 평소 물건을 구매할 때 판매자가 나를 속이는 줄 알면서도 잘 따지지 못한다.

□ 다른 사람에게 할 말이 있어도 자주 참는 편이다.

□ 다른 사람에게 할 말을 하기는 하지만 하고 나서 오랫동안 후회를 한다.

□ 신경 쓰이는 일이 있으면 잠을 잘 못 잔다.

□ 내가 진 빚은 순전히 내 잘못이라는 생각이 든다.

☐ 다른 사람들에게 빚을 진 사실을 자주 숨긴다.

☐ 아이들이(혹은 가족, 지인) 돈 이야기를 꺼내면 화를 낸다.

☐ 누군가와 논쟁을 벌여본 적이 없다.

☐ 내가 빚을 질 수밖에 없는 가난한 사람이라는 현실이 고통스럽다.

위의 질문들 중 세 가지 이상이 '그렇다'라면 채무 독촉 전화는 피하는 편이 낫습니다. 적극적으로 대응하는 것도 좋지만 그러다 오히려 우울증에 빠지거나 참지 못하고 고금리 빚을 얻을 위험이 있기 때문입니다. 자, 그럼 다음 질문에 답해봅시다.

☐ 내 빚은 적지 않은 부분이 가족이나 타인들로 인해 발생했다.

☐ 나는 평소에도 사회적 불의에 내 일처럼 분노를 느낀다.

☐ 부당하다고 여기는 것은 참지 못하고 반드시 문제 제기를 한다.

☐ 나는 가난이 개인의 문제라고 여기지 않는다.

☐ 종종 우리 사회가 구조적으로 불평등하다고 여긴다.

☐ 나는 돈을 많이 버는 일보다는 사회에 보탬이 되는 일을 한다.

☐ 나는 다른 사람과 나를 거의 비교하지 않는다.

위의 질문 중 3가지 이상에서 그렇다는 답변이 가능한 경우 채무 독촉 전화를 받아봅시다. 채무 독촉 전화는 받을 때 반드시 녹취를 해야 합니다. 추심 전화를 적극적으로 받을 수 있다면 불법 추심을 입증할 수 있기 때문입니다. 불법 추심을 발견해 입증할 수 있다면 경우에 따라 직접 채권자와 채무 조정 협상이 가능해집니다. 금융복지 상담센터는 지자체의 대부업 관리 감독과 연계되어 운영되기 때문에 불법 추심을 받은 경우 해당 대부업체에 대해 과태료 처분이나 영업정지 등의 조치가 가능합니다. 이 과정에서 채무자의 채무 조정도 함께 제안할 수 있습니다. 혹은 대부업체 대출이 아닌 신용정보회사의 추심에도 불법적 요소가 있을 수 있는데 이는 금감원에 민원을 제기해야 할 사안입니다. 민원을 제기함과 동시에 상담사와 함께 채무 조정을 요청할 여지가 생기므로 독촉 전화를 받을 수 있는 심리적 여유가 있다면 전화를 피하지 않는 것이 좋습니다.

3. 불법 추심 신고하기

대부업체의 불법 추심은 업체의 주소지 관할 구청 혹은 기초 단체에 신고하면 됩니다. 대부업체들은 대부분 수도권에 집중되어 있습니다. 그런 경우 서울시와 경기도에 적극적으로 신고 접수를 해야 합니다.

대부업체가 아닌 경우에는 대부분 신용정보회사가 금융사로부터 추심 업무를 위탁받아 운영하기 때문에 금감원에 적극적으로 민원을 제기해야 합니다. 특히 빚 독촉 전화라면 무조건 녹음부터 해야 한다는 사실을 잊지 말아야 합니다.

4. 채무 조정 상담하기

오래 연체된 채권이라면 대부업체 등으로 여러 차례 매각이 반복되면서 채권의 가격이 낮게 형성되어 있을 겁니다. 따라서 채권자의 독촉을 피하려고만 하지 말고 적극적으로 채무 조정을 요청해볼 수 있습니다. 다만 채무자들 대다수가 직접 채무 조정 요청을 하는 데에 심리적으로 위축되어 있어 어려움이 많습니다. 그렇다면 금융복지상담센터의 상담사와 상담을 진행하면서 채무 조정을 요청할 필요가 있습니다.

5. 채무자 대리인 제도 이용하기

대부업체의 경우 연체를 시작하면 추심이 시작되는데 이때 변호사를 대리인으로 지정하면 직접 추심을 받지 않을 수 있습니다. 대리인 지정이 성립되면 대부업체는 모든 방문이나 전화 등의 연락을 대리인을 통해서만 가능합니다. 서울시와 성남시는 시 차원에서 저소득 채무 취약 계층을 위해 이 제도를 지원하고 있습니다. 소득이 일정 이상 있는 채무자라면 일반적인 변호사 사무실을 통해 채무자 대리인을 요청해볼 수 있습니다.

찾아보기

빚 권하는 사회, 빚 못 갚을 권리

왜 빌린 자의 의무만 있고 빌려준 자의 책임은 없는가

ⓒ제윤경

초판 1쇄 펴낸날 2015년 8월 21일
초판 3쇄 펴낸날 2018년 1월 25일

지은이 제윤경
펴낸이 최만영
책임편집 유승재
디자인 정계수, 전나리
마케팅 박영준, 신희용
영업관리 김효순
제작 박지훈

펴낸곳 주식회사 한솔수북
출판등록 제2013-000276호
주소 03996 서울시 마포구 월드컵로 96 영훈빌딩 5층
전화 02-2001-5817(편집) 02-2001-5828(영업)
팩스 02-2060-0108
전자우편 chaekdam@gmail.com
책담 블로그 http://chaekdam.tistory.com
책담 페이스북 https://www.facebook.com/chaekdam

ISBN 979-11-7028-006-4 03320

책담 다른 내일을 만드는 상상